The
LEADING
INDICATORS

A Short History of the Search for the
Numbers That Rule Our World

经济指标简史

[美] 扎卡里·卡拉贝尔（Zachary Karabell）◎著
刘静◎译

THE LEADING 测试题 INDICATORS
你究竟对于经济指标了解多少

1. 在"征服者"威廉王的统治下,英国进行了声势浩大的普查活动,其最终成果一般被称为(　)。

   A.《末日审判书》　B.《政治算术》

2. 拉普拉斯的(　)一文,塑造了我们构建统治世界的经济指标的方式。

   A.《关于概率的哲学随笔》　B.《概率计算对伦理学的应用》

3. (　)签署了建立美国劳工部及其统计局的法案。

   A. 林肯总统　B. 切斯特·阿瑟总统

4. 起初,经济学是一门描述性的学科。(　)使其转变成了依靠数据进行实证检验的学科。

   A. 库兹涅茨　B. 凯恩斯

5. (　)被公认为微观指标的教父。

   A. 詹姆士·托宾　B. 乔治·卡托纳

6. 为编制美国消费者信心指数而设计的调查问卷,包含(　)个问题。

   A.5　B.6

7. 消费者物价指数的样本规模为(　)。

   A. 每季度 7 000 户　B. 每季度 70 000 户

8. 对于高增长和供不应求的劳动力市场,经济理论表明应该有更高的通货膨胀,而美国的实际情况却与此相反。为了解决格林斯潘提出的这个悖论,经济学家提出了(　)。

   A. 多要素生产率　B. 产出缺口

想了解更多关于经济指标的故事吗?
扫码下载"湛庐阅读"APP,
搜索"经济指标简史",
获得测试题答案及其他丰富的内容

The Leading Indicators
前言

塑造我们对世界认知的那些指标

现在的世界是一个由经济数据所定义的世界。根据这些数据所表明的内容，人们评估个人和集体做得如何：国家的经济增长多快或多慢，价格上涨了多少，个人的收入有多高，是否就业……这些数字勾勒出了人们的生活状态。我们把经济统计数据，即我们的关键性指标，当作成功或失败的绝对标志。

然而在这些数据当中，没有哪一个存在于一个世纪之前。大多数指标在1950年几乎都不存在。在随后短暂的数十年里，一系列的数字开始决定我们的生活，然而在我们之中很少有人意识到，它们被创造出来的时间竟然这么短。可是这些数据不仅是新出现的，它们衡量的，也只是发明它们之时，设计者希望它们衡量的内容。然而这个世界并非一直维持着原样。

或许你还没有注意到，2013年美国的经济总量在一夜之间增加了4 000亿美元。然而，这并非是因为真实的经济增长。毕竟，考虑到美国的国内生产总

The Leading Indicators
经济指标简史

值（Gross Domestic Product, GDP）已达到了十几万亿美元，即使以中等的速度增长，每年增加的数字也会达到数千亿美元。

统计数字骤然增长的原因，并非是经济活动的突然增加。不，只是一天，从字面上来说是一夜之间，这数千亿美元就出现了。而且不仅仅是出现而已，很明显它们一直都在那儿。在2013年的某一天，负责统计美国经济规模的政府机构美国经济分析局（Bureau of Economic Analysis）宣布，它改变了衡量国民产出的方式，结果就是4 000亿美元的调整。

根据该机构在宣布这次数据变化时所使用的语言，假如你忽略了说明，也是可以原谅的。我们中很少有人在面对这一标题时，还能够坐直身子，并且注意到所有的事实，这个标题是"2013年国民收入及生产账户（National Income And Product Accounts）综合调整预览：定义及陈述的变更"。接下来的描述也很难吸引人们的注意力。在描述这种新方法的公告里，经济分析局声称："基于系统的视角从事创造性的工作，以增加知识库存（Stock of Knowledge），并且利用这些知识库存来发现或开发新产品，包括改善现有产品的版本或质量，或者是发现、开发新的以及更有效率的生产过程。"

这种粗糙的言辞掩盖了某种方式的深刻转变，即我们是如何理解经济运行的？在大萧条之前，从未有哪个国家衡量过其国民产出。20世纪30年代的全球经济危机，导致美国和英国都开始尝试开发统计数据，以在一定程度上揭示经济的运行状况。国民收入和国内生产总值，是那个年代出现的统计数据中最重要的两个。到了20世纪中叶，世界各地的国家都开始做同样的事情。

然而，这些数据所衡量的世界，在很大程度上是民族国家制造的物质产品世界。各国的经济均是以商品的产量为衡量标准，建立在制造业、农业和生产的基础上。然而，从那时开始的数十年里，美国及其他许多国家的经济已经发生了重大改变，从制造业转向了服务业，从在工厂里制造产品，转向了创造想法。

在许多年里，这些统计数据的管理者意识到，创意和知识产权是当今经济的一个核心方面。然而在这些数字创设之初,管理者做出的决定是,不将研究与开发这类活动作为国民产出的一部分。这意味着在经济分析局宣布其转变之前,某家制药公司为开发新药物所使用的数十亿美元,尽管可以拯救生命并改善人们的生活,却只能看作一项支出,而非将来可能产生巨大回报的一项投资。当一家公司为某一工厂购买了一台机器人,这一活动被统计为国内生产总值的一部分。当苹果公司花费大笔金钱去开发苹果手机的时候,这笔支出却并未计入国内生产总值。

一直以来未计入国内生产总值的,还包括许多电视节目、电影及音乐方面的创造性工作。流行天后嘎嘎小姐(Lady Gaga)在写歌时花费的金钱,苹果公司在研发下一代平板电脑上的开支,辉瑞制药(Pfizer)在某一新药物上的投资……将所有这些投资加总,经济分析局发现,它将美国经济的规模低估了4 000亿美元,而这一数值比100多个国家的国内生产总值还要高。

不过,尽管世界已经发生了变化,但我们的经济指标并未改变。用来标记我们生活的统计数据,都是20世纪前半叶的产物。它们都是出于某一具体的原因,而在某一特定的时间被创造出来的。它们与我们的生活紧密交织在一起,并且深深地嵌入了我们对周围发生的一切的感知之中,以至于我们忘记了在人类历史大多数时间中,并没有经济指标存在,而没有了这些数字,就没有所谓的"经济"。

如今,"经济"是我们生活中的一个核心要素。2008—2009年的金融危机强化了这一事实。然而最初我们是通过数字,通过政府、行业团体和公司定期发布的统计数据,才和经济产生联系的。关键性指标是我们用来指引生活方向的一张数据地图。

因此,当负责维护这张地图关键要素的机构,决定重新定义这些数据中的一个时,也就改变了我们对现实的感知。经济分析局在关于4 000亿美元的数据"修正"公告中使用的措辞背后,隐藏着这样一个事实:这些改变勾勒出了

The Leading Indicators
经济指标简史

我们评估集体和个人经济生活的方式。我们中的大部分人很少关注日复一日的经济数据波动，与此同时，少数人则对所有这些数字的综合效应毫不敏感。铺天盖地的统计数据淹没了我们，而世界上几乎没有哪个国家不是用这些统计数据所揭示的内容，来标记成功或是定义失败。

今天的美国总统选举，取决于这些统计数据的好坏。由于整个欧洲是根据债务和国内生产总值间的联系来制定经济政策的，这导致它的经济一直陷于螺旋式下跌之中。当然还有中国，其经济管理部门正根据中国的实际情况设定和调整经济增长目标。世界各地的领导人都在鼓吹强劲的经济统计数据，而挑战者们则利用一些疲软的数据来非难现任的管理者。

国内生产总值、失业率、通货膨胀率、进出口贸易额、消费者信心指数以及其他的许多关键性指标，都在我们的世界里占有举足轻重的地位，而发明这些指标的那些人，可能从未想象过这种状况。它们都是出于有限的目的而被创造出来的，但是现在，管理者完全将其当作衡量我们现在做得如何的绝对指标。或许这正是当新闻说美国的经济规模比我们所想的更大时，它引发许多人嘲笑的原因。探讨这次数据修正的某个新闻标题是这样表述的："美国的国内生产总值：美国看起来将会更加富有——但是不要上当受骗。"各式各样的批评都有，从指责奥巴马政府正在加工这些数字，以使执政记录更加辉煌，到认为这种新的计算方法只会扩大当今国家间在经济上的鸿沟，加大做得好的国家和处境艰难的国家之间的差距，不一而足。

的确，仅仅在统计上变得更加富有，并不会真的让任何人更加富有。假如我在5年前告诉你，你拥有的财富比你认为的要多出1 000美元，你的银行账户上并不会突然多出来这笔钱，你也不会重新评估你过去的经历。为了维护国内生产总值数据的完整性，经济分析局并非只是简单地改变了其当前的计算方法；它修正了自1929年以来的所有数字，所以现在，华纳兄弟影片公司在1955年花在那些大片上的支出，惠普公司和福特公司在20世纪中叶全盛期的研发预算，在相应的年份都可以计入国内生产总值之中。然而追溯起来，这些

前言 ▶ 塑造我们对世界认知的那些指标

事实中的任何一个，都不会改变你的父母或祖父母买得起一幢房屋或一辆新汽车的能力。

知识工作（Knowledge Work）如今将获得关键性指标的合法地位，这一事实的确会让当代经济之中，胜者和负者之间已存在的明显差距变得更加严重。尽管国内生产总值是一个国民数据，人们却并未以同样的国民立场来体验它。这也是经常被我们忽略的统计数据的一个缺陷：它们从总体上对经济活动加以衡量，却往往被我们充当做个人决定时的依据。它们没有从个体角度来衡量经济，而且其设计的初衷也不是这样。它们是为了充当衡量国民体系经济，而非个体经济创造出来的工具。2013年关于统计数据的修正表明，那些在创造新观念和新体系的人，一直以来获得的利益，甚至比原来的统计数据所揭示的还要多。集体上变得更富有的这一事实，以及因此使得另外一个统计指标"人均收入"（per capita income）产生的增长，并不意味着我们每个人都在同等程度上变得更加富有。

以上只是一个例子，用以说明数据如何勾勒出我们对现实的感受。在将近一个世纪的时间里，人们一直不断创造统计指标来衡量人们的生活，而且自20世纪中叶开始，普通人对这个世界的感知一直由这些指标的数字所描绘。然而，这幅统计地图正显示出岁月的痕迹。所有人都希望用具体的简单数字来感知一个复杂的世界，但是人们从未意识到，所有这些数字都有其历史，有其最初被创造出来的原因。透过它们的这一历史可以显示出其优势及局限，正如每个人的个人史所起的作用一样。了解所有人是如何开始生活的，在一个由经济关键性指标所定义的世界，是评估它们是否仍然能够很好地为我们效力的第一步。

除了那些为了指导要如何前行而回顾过去的专业学者和统计学家之外，这些统计指标的历史并没有很好地为大家所知。发明统计指标来衡量我们如今称为"经济"的这一体系的动力，其来源是我们征服未知世界的好奇心和热情，以及创造更多社会公正与公平的愿望。我们的经济关键性指标，是渐进式改革

The Leading Indicators
经济指标简史

运动的产物，也是由通过量化而对经济加以控制的科学力量推动而产生的。它们是绝妙的发明，但是和许多杰出的发明一样，它们会随着时间的流逝而过时。

接下来的文字，讲述的是这些指标和其创造者（是的，他们大部分是男人）的历史。这些历史片段也将告诉我们，统计指标是如何在大萧条和第二次世界大战中由政策制定者和经济学家所使用的工具，一跃成为世界各国管理经济生活的法宝。这些指标的数字决定了各个国家在世界的排名，并且它们也约束和描绘出美国政府是如何花掉数万亿美元，承担债务或不承担债务，并且衡量其成功的。

然而，随后我们将看到，我们所居住的世界，和这些数据所描绘的世界并非完全一样。过去人们依赖于这些关键性指标帮助自己认清现实，但是在今天，利用它们来为我们的经济导航，就像为了从 A 点到 B 点，而使用一张 20 世纪 50 年代的公路图一样。有可能你还是能到达终点，但是更有可能出现的情形是你会迷路。考虑到这些情况，经济政策经常不能实现政府承诺或预期的结果，就不足为奇了。因为在新的现实面前，我们依靠的是旧的方法。

那么现在迫切要做的，是找到新的方法、更好的指标，还有新的统计数据。寻找更好的统计指标，就像追求新的技术来改善我们的生活一样，绝对是值得的。不过，一些简单的数字、一些基本的平均值，就可以充分体现一个国家及世界经济体系的各个层面，这一信念绝对是个神话。与其去寻找新的简单数字，来替代旧的简单数字，我们还不如利用信息时代的力量，以及现在我们拥有的能力，来构建我们自己的世界地图，解答我们需要回答的问题。

不过，在这之前，我们需要追溯历史，回顾遥远的过去。为了搞清楚用统计数字了解这个世界而做出的那些最初尝试，我们将回到上一个千禧年，而非这个千禧年的开端，并且重温世界上最著名的一些战役。这些战役的产物，并不仅仅是政治趋势上的一次转变，更是为了衡量这个世界而进行的早期尝试。

目录

前言　塑造我们对世界认知的那些指标　　/ III

01 ▶ **世界末日的涟漪**　　/ 001

02 ▶ **失业**　　/ 017

03 ▶ **国民收入和来自平斯克的男人**　　/ 039

04 ▶ **经济概念的发明**　　/ 063

05 ▶ **经济的全貌**　　/ 079

06 ▶ **通货膨胀率：从关键性指标到政府的骗局**　　/ 099

07 ▶ **边际收益递减**　　/ 121

08 ▶ **沃尔多在哪里**　　/ 145

- ⑨ ▶ 国民幸福总值　/ 167
- ⑩ ▶ 化身　/ 193

结　语　/ 221

01

世界末日的漣漪

The Leading Indicators

The Leading Indicators
经济指标简史

  1066年，诺曼底公爵威廉二世（Duke William II）跨越英吉利海峡，来争夺撒克逊（Saxon）国王哈罗德二世（Harold II）的王冠。那年10月，正如英国小学生一直以来所学到的，当时天气异常清爽，天空略显灰色，两支军队在东萨塞克斯（East Sussex）①的黑斯廷斯（Hastings）相遇。最终，哈罗德被杀死，威廉及由其支持者、封臣和雇佣兵组成的军队大获成功。于是，英格兰开启了诺曼人的统治时代，威廉因此也永久赢得了"征服者"的美名。

  20年之后，征服者威廉王以和平的方式统治着王国，然而这并非是一剂安逸的处方。这个世界不是一处和平之地，而与国外或国内任何敌人的争夺，都需要资源。可是，他的王国事实上拥有些什么资源呢？有多少土地？庄稼和牲畜的收成可以有多少？国家有多少人口，而实际财富和潜在的财富又有多少？为了回答这些问题，同以前的统治者和自那时起所有的政府一样，威廉迈出了他所能做的第一步。他向王国的每个角落都派出了下属，询问这些问题并记录下答案。

---

① 英国英格兰东南部的郡，首府刘易斯。——译者注

正如这位国王的编年史家所解释的:"他将他的人派到英国的每一个郡,以查明每个郡有多少被'隐匿'的土地;在这个国家,国王自己拥有的土地和牲畜的数量有多少;每年来自于各郡的合法税捐又是多少。他也将他的大主教们所拥有的土地记录在案,还有他的教区主教、男修道院院长及他的伯爵们的土地(我的叙述可能过于详细了)。英国的每位地主拥有什么,或者说有多少土地或牲畜,以及值多少钱。他十分仔细地完成了这项调查,结果是没有一项隐匿的财产能幸免,即使是一头牛,或是在他的调查中逃避注意的一头猪。而且所有的这些调查的结果随后都呈到了他面前。"

这项工作在 1086 年完成,当时每个封建领主的领地都已经调查完毕。每一个村庄都接受了调查,居民人数得以统计。来自各郡和各教区的信息,都已呈报给威廉王并检阅完毕。调查结果被装订在一个巨大的手写本中,从那时起它就以《末日审判书》(*The Domesday Book*)①而闻名于世,该名字源自"审判日"(the Day of Judgment)。"因为对最终账户的判定是严格和可怕的,无法用任何诡计来逃避",后来的一位朝臣解释道,"所以当这本书里所包含的那些事物被判定后,它就不能够被撤销,或是驳回"。

这本书因其严苛和全面而受到欢迎,却也因自身的许多缺陷而饱受诟病。某一个郡的巡视员所提的问题,并非总是和其他郡的巡视员提出的问题一模一样。北方的某些郡是通过对诺曼人发动战争而夺得的,这些地方并没有被包括在这本书之内。物质商品在财富统计中处于绝对优先的顺序;人口则次要一些。教会是一股强大的势力,也是主要的土地拥有者,但是在全国各地的统计中完全被忽略了,或许是因为主教们和牧师们拒绝与国王的代表合作,又或者是因为调查者们并不认为这些土地和商品应当包括在内,因为它们属于某一个仅在一定程度上对国王负责的宗教机构。

尽管如此,《末日审判书》还是自罗马人之后首次对英国经济生活进行的统计调查记录。古代人有着他们自己的记账工具,希腊人、罗马人、波斯人、

---

① Domesday 是 Doomsday 的中古英语拼法,意为"世界末日",旨在凸显最终性和权威性。也译为《土地调查清册》。——译者注

巴比伦人、埃及人都是如此。中国人及他们的各个朝代也有记账工具。所有的统计者都明白计算其拥有的资源的重要性，比如有多少武器，有多少谷物，以及从他们的国民那里可以收多少的税，哪些项目可以征税，哪些军队可以召集。在计量这些数字时，有些人做得好一些，有些人则表现得差一些，但是所有人都已经做出了尝试。不过，只有少数人成功地做到了不让这一记录成为一个暂时的、不固定的和最终有瑕疵的概况描述。

在一千年以前这种情形是真实的，而且在今天，同样也与现实相符。两者主要的区别在于，那时的瑕疵是缺少完善的模型，也未能完全理解计数和加法之间的差别；而现在则会创造出一些指标，以便对不同的时间段进行衡量和比较，看看你做得更好、更差，还是仅仅在白费力气。

《末日审判书》也暴露出了统计资料和经济指标的主要困境：你定义事物重要性的标准，决定了哪些事物将会统计在内。任何一位商业人士或政府人士都可以证实，只要是能够度量的事情，就能做好。那些没办法度量的事情，从它所得到的关注来看，或许压根儿就不存在。由于没有按照和封建领地一样严格的标准将教会包括在内，《末日审判书》低估了英国的物质实力和潜在的产出水平。因为其目标是评估国王和王权的实力，所以忽略教会是有一定道理的。不过，这也令英国看起来比实际要更弱。随后的君主慢慢意识到了这一点，并最终导致亨利八世（Henry VIII）剥夺了教会的巨大财富，从而使英国所有的资源都归于国王的支配之下。

在随后的几个世纪里，历任英国统治者及欧洲其他国家的统治者，均对其王国展开了一些调查，几乎都是为了弄清楚到底可以征收多少税赋。各国对衡量其国民产出所做出的最早的、最初的努力，可以视为当代衡量国内生产总值的先声。尽管这些努力一直在继续，所用的方法却并没有显著的发展。创新和想象力都用在测量宇宙、为地球绘制地图，弄清楚地球是圆的还是平的，发明新的导航工具和更好的战争工具，以及提升艺术、音乐及建筑方面的技能上面。在创新的成熟的和激动人心的领域，统计活动榜上无名。

16世纪,欧洲的帝国开始向大西洋扩张。到18世纪时,这一范围扩大到了全球。为了保证自己能在西欧得以幸存,从弱小的荷兰到西班牙帝国这样的大国,都想在新世界的资源中分一杯羹,起初是北美洲和南美洲,接着是亚洲,最后是非洲。为了开发和利用贸易的成果,政府需要尽可能多地掌握有关贸易的数据。

那时的政府和现在的政府一样,都依赖于一致的收入来源来维持其运行,并提供人们期望的各种服务。在近代之前,政府主要的收入来源,是从贵族那里征收的土地税,以及在贸易方面征收的关税。数世纪以来,对此进行完美记录的不是政府,而是商人们。他们不断改进会计方法和簿记方法,完善成本和收入的概念,并且成了推动银行业和信用票据发展的中心力量,而这些正是所有当代金融的前身。

然而,统治者需要并垂涎于商人们所创造的收益。于是,重商主义逐步形成,它见证了各种各样的帝国试图垄断与其遥远的殖民地之间的贸易往来,阻止外国势力以及外国商人进入这一领域。无论是哪种方式,不管是否采取重商主义,政府都强调要将对外贸易限制在有限的入境口岸,然后对这些口岸严密监控。装载的货物都被记录在案并进行评估,然后征收相应的关税。由英国议会历经数十年才批准、于1651年开始生效的著名的《航海条例》(Navigation Acts),将英国和美洲殖民地之间的贸易限定于英国船只和英国商人,并且要向英国王室缴纳英国的关税。法国和西班牙通过了它们自己版本的类似法律。这一系列法律的要点在于,很少有人能够自由地开展贸易活动,而不用面对国王的不满和沉重的处罚。

随着贸易成为国家的一个主要收入来源,并成为支持王权之间频繁战争的关键。贸易因此受到严密监控,而海盗行为则变得非常猖獗。如此一来,便激发了弗朗西斯·德雷克爵士(Sir Francis Drake)和沃尔特·雷利爵士(Sir Walter Raleigh)这类突击者的勇敢行为,他们拦截了西班牙国王的银船。美洲殖民地对这种状况也非常不满,随着18世纪逐渐逝去,这种不满变成

经济指标简史

了愤怒,并且很快转变成对英国王室的彻底反叛,而王室原本是想强化对美洲的控制,并垄断对美洲的所有贸易的税收。

进出口贸易额和税收、关税和分类账,这些都很好,也能充分确保王室的金库足够充裕,并不断得到充盈。然而,它们并不是现代的统计数据或者经济关键性指标。科学和数学对这些数据的演变,显然滞后于它对其他各行各业科学和数学的影响。

尽管如此,当数学从哲学中分离出来、艾萨克·牛顿(Isaac Newton)和戈特弗里德·莱布尼兹(Gottfried Leibniz)等17世纪的巨匠探索微积分学时,有一些人开始思索概率的本质以及理解概率的必要性,为的是准确衡量曾经处于动荡之中的物质世界。在这个世界中,有出生、死亡,有战争、饥荒,同时这个世界也是令人困惑的各种政治变化的万花筒。布莱斯·帕斯卡尔(Blaise Pascal)和皮埃尔·德·费马(Pierre de Fermat)均是17世纪中叶的数学家和哲学家,他们都曾深思过概率的本质。他们在书信中讨论了赌博的本质,以及所有概率游戏的最基础的东西:骰子的基本原理。费马因其未解答的长长的数学定理而更为出名,他深深地被可能性游戏所吸引。与费马通信的帕斯卡尔,更为有名的则是他在晚年撰写的随笔。在那段时期,他陷入了对某些基本问题的雄辩之中,比如人为什么不严肃地对待生命,这使得他找不到时间来玩17世纪版本的双骰子赌博游戏。出于对骰子的共同热爱,他们的沉思跨度很大,从如何确定一个人口稠密的城市的人口数量,到寻找方法去解释和调整看似简单的表格中不可避免的差错。他们并没有用当代统计学或统计学家那样的语言来发言;他们也不使用"抽样误差"这类的术语,但是他们把握了一个基本的事实:当试图对复杂系统进行统计时,人类经常会犯错。当人们试图,正如他们经常做的那样,将复杂的系统缩减为简单的数字时,他们会犯更大的错误。

在18世纪之前,"统计学"这个词甚至用得都不太多,而且人们常常将它的起源归于一个叫戈特弗里德·阿亨华尔(Gottfried Achenwall)的德国人,他将拉丁语和意大利语的词语组合在一起，创造出 *statistic* 这个术语，以指代有关国家的数据。最初的统计学领域，实际上不如说是一片旷野。通常只有那些极其稀有的、天天摆弄字母和公式的人对这一领域感兴趣，这些人往往具有天文学家、炼金师和工程师等多重身份。以"法国的牛顿"（French Newton，至少对于讲英语的世界而言）而为人们所知的皮埃尔-西蒙·拉普拉斯①最终赋予了其现代形式。在日渐衰落的法国旧体制下，拉普拉斯最关注的其实是绘制太阳系的地图，而他出色的工作完成于 18 世纪末，正好是旧体制将要在革命的血泊之中崩溃之时。在这些年里，他一直继续着自己的工作，而且在一定程度上得到了拿破仑的恩宠，后者永远留心于那些有可能阐明宇宙的意义，并帮助他统治宇宙的科学家。随后拉普拉斯撰写了《关于概率的哲学随笔》，自那时起，这本书便一直在塑造着我们构建统治世界的经济指标的方式。

在这本有几百页的简明随笔集之中，拉普拉斯阐明了一些基本的原理，即为何概率与几乎每一件事都相关，无论是陪审团的选择，还是评估人类的寿命有多长，都是如此。在我们当中，很少有人不熟悉"平均值"这样一个概念，然而拉普拉斯向我们展示了那些看起来简单的数字有多么复杂。仅仅取得出生登记和死亡记录，随后将它们加总再做除法，依靠这种简单的办法来计算死亡率显然是远远不够的。为什么呢？因为这样将极大地夸大人们在早年的死亡概率。其中的逻辑很清楚，然而却很容易被忽略。在那些年里，许多婴儿和刚刚学步的孩童很不幸地在成年之前就去世了。他们的死亡率要高出很多，如果在计算平均寿命时把他们包括在内，将会显著地降低整个社会寿命的平均预期值。可是一旦某个孩子跨过了最初的那些危险年份，预期寿命会长很多。这一点看起来或许很明显，然而事实并非如此。

---

① 皮埃尔-西蒙·拉普拉斯（Pierre-Simone Laplace，1749 年 3 月 23 日—1827 年 3 月 5 日），法国著名的天文学家和数学家，天体力学的集大成者。1749 年生于法国西北部卡尔瓦多斯的博蒙昂诺日，1816 年被选为法兰西学院院士，1817 年任该院院长。1812 年出版了重要的《概率分析理论》一书，在该书中总结了当时整个概率论的研究，论述了概率在选举审判调查、气象等方面的应用，导入"拉普拉斯变换"等。在拿破仑皇帝时期和路易十八时期两度获颁爵位。拉普拉斯曾任拿破仑的老师，所以和拿破仑结下了不解之缘。——译者注

拉普拉斯阐述了收集准确的统计数据所面临的挑战。他向我们更多地展示了一点，即你需要一个大样本，来确保你能克服生与死的各种特例，从而获得全方位的概率。除非在统计时将其他的许多样本包括在内，否则某一地区可能会因为遭受疾病、瘟疫或干旱的袭击，而扭曲死亡率的结果。他写道："一张死亡率的表格，就是一张人类生命概率的表格。"想让这张表格足够准确，需要做的事比简单计数、做加法和除法多得多。拉普拉斯谱写了一首在数学和社会方面利用概率的颂歌，从而将统计学领域引入它的现代轨道。

在接下来的200年里，数理统计成为日益专业化的一个领域，与此同时，在19世纪中叶之前基本上不存在的一些学科体系，慢慢地完善起来。同时，另一套更加政治化、对数学关注较少的测量方法也逐步形成。当西方政府接受了代表工业和科学特点的精确和创新的精神时，它们更加渴望了解自己所统治的社会。这一点在美国体现得最为明显，在其颁布的《美国宪法》中，至少嵌入了一个统计数值。

尽管《末日审判书》与《美国宪法》间跨越了700年，但是在某些方面它们是一脉相承的。制宪者们必须掌握土地、财产和公民数量的准确值，因此，他们对这方面的调查非常敏感。考虑到所组建政府的代议制本质，他们尤其需要定期掌握人口和收入方面的变化。比例代表制[①]，即每个公民都应当通过一名当选代表在国民商议中表达其愿望，要求美国政府清楚每个州究竟有多少选民。没有这些数据，就不可能决定每个地区有权选出多少名国会代表，也无法确定每个州应当有多少张选举人票。国家的税收体系也无法加以管理，虽然与以后的年份相比，这一体系还处于初步阶段，却仍然需要对国民财富做出一个评估。

最终，这些制宪者在《美国宪法》中插入了一项条款，它要求每10年进行一次常规的人口普查。这并非是后来才产生的想法。它是面向未来的核心观点，而且几乎是处于文件的开头，在第一条的第二款，仅仅在创建立法

---

① 指每个政党在议会中的席位与其得票数成比例的制度。——译者注

分支机构和国会的条款之后："众议院议员人数和直接税税额应当按照联邦所辖各州的人口数进行分配。人口数应当将所有自由人的数目加总而确定，契约仆役也应计算在内，但应排除未纳税的印第安人。在这个数字的基础上，再加上所有剩余人口数的 3/5。实际的人口普查应当在首次国会会议举行后的 3 年之内进行，以及随后的每个 10 年期限内，以法律所规定的这种方式完成。"

人们假如能记全这一条款，通常是因为关注它对如何统计奴隶的数量所做的特殊妥协。实行奴隶制的美国南方诸州希望能将奴隶的人数计算在内，以增加总人口数，进而提高在国会的代表数目。北方诸州则表示反对，理由是奴隶们几乎没有法定权利，不能参加投票，因而不能算是真正意义上的合众国公民。这一妥协很有必要，但在美国历史上并不光彩，它将奴隶当作自由人的 3/5 来加以计算。在接下来的 70 年里，相对于其选民总人数，南方的势力有所增强，但是最终也未能实现其主人们永久保留南部特殊奴隶制度的意图。

1790 年，美国人口普查开展，这是这个新国家的首次官方统计，也是当时联邦政府为了收集有关美国人民的信息，花费最高且耗时最久的举措。当人口不断增长、国民经济活动日益多样化并且规模更大时，这个普查的复杂性和费用也在增长。今天，美国政府仍会每 10 年进行一次人口普查。第一次普查始于 1790 年 8 月的第一个星期一。政府雇用了 650 名执法官，他们分布在 13 个殖民地。从收集数据到加以汇总，整个过程持续了 18 个月，花费达到了 45 000 美元。与之相比，2010 年的普查雇用了超过 600 000 名人口普查员，花费了 120 亿美元，仅仅耗费了几个月的时间，就形成了初步报告，后来又花了不到一年的时间，就向总统及国会提交了庞大的报告。

在所有的官方统计里，人口普查仍然是综合性最强、最广泛和最耗时的一个。在整个 19 世纪，人口普查逐步发展，远远超越了统计人口数字的内容。托马斯·杰斐逊（Thomas Jefferson）极力想让美国远离给欧洲带来痛苦的战争，而这一点对他建立一个农业国的理想提出了挑战。美国人停止从欧洲进口工业制成品，开始转向国内制造，而这反过来产生了一种需要，即弄清楚美国的产出是多少，正在生产着什么。1810年，美国又增加了有关制造商的一项普查，这是美国人首次试图对迅速成长的工业化局面进行测量。在这数十年里，调查并获得的数据越来越多，从铁路部门雇员人数，到马萨诸塞州制鞋厂的数目，密歇根州家庭平均规模，堪萨斯城的教育水平和文化层次，再到1850年巴吞鲁日自由黑人的数目。

最初这些普查完全依赖于派往全国各地的个人，挨家挨户地进行提问。没有抽样，没有使用任何的统计学方法，也无法核实这些数字的准确性。1790年，调查者的任务是询问每个家庭一些基本问题，而他们要负责一丝不苟地记录下来（当然是手工记录），然后将这些数据带回美国当时的首都费城，制成表格。1850年，美国的版图已经扩展至加利福尼亚这个新州，后勤开始变得更有挑战性。此外，国会命令对从工业到家庭构成的许多新领域展开研究。询问的问题如此之多，海量的信息涌入普查办公室（它在1840年才正式建立），以至于这一机构完全淹没在大量的纸张之中。

由于人口普查有极强的政治敏感性，它在划分国会选区和代表名额方面起着决定性的作用，所以普查办公室在处理信息方面的无能，常常被政敌拿来当作腐败和邪恶意图的证据。这绝不是人们最后一次将政府在统计方面的努力，视为黑暗控制势力的帮凶，认为它通过歪曲真相或是传播谣言，从而让一股势力或另一股势力来控制数百万人的性命。

真相总是平庸的，现实总是乏味的，古往今来都是如此。普查当局对这项工作不胜其烦，它的工作量是如此巨大，甚至可以压倒最为勤勉和专注的人员。19世纪中叶，人口普查当局的职责大大超出了它的能力范围，太多的信息令它不知所措。这些问题在1850年变得愈发严重起来，当时普查的范围再次扩大，包括更多有关奴隶制度的本质，以及奴隶和自由人生活的详尽信息。美国北部和南部、奴隶和自由人之间的冲突正不断加剧，几乎要将这个国家分裂成两半。

来自纽约的辉格党参议员威廉·苏厄德（Whig Senator William Seward）不久之后成为反对奴隶制的共和党创始人之一，而且是林肯战时内阁的核心成员。在他的支持下，1850年的人口普查广泛调查了奴隶的生活。这些问题很容易刺激到某些人的神经，以至于苏厄德遭受了这样的指责："助推那些将要分裂这个联邦的悲惨的狂热情绪。"这次人口普查的领导约瑟夫·肯尼迪（Joseph Kennedy）则被指控不称职及腐败，雇用的调查者超过了必要数量，为的是帮助他拉拢到更多的支持。民主党所控制的参议院对他展开了调查，指控他存在各种违规行为，包括私自占用位于华盛顿特区的新普查办公室4栋楼中的2栋，并逼迫他辞职。

然而，相比政府信息的极度膨胀，并以及时、准确的方式将它们汇编的特别挑战而言，这一极小的丑闻，仅仅是一个小事件。当然，在奴隶制度上的剑拔弩张，远超过了"有关制表的人是谁，表的内容又是什么"的争论。实际上，美国生活的一个方面奴隶制度是首次被细致且严格地记录下来。从这一意义上来说，有关奴隶制度的数据，可以算是反映美国南部诸州经济生活的首批关键性指标之一。有关出生和死亡、贩运的记录追溯到了17世纪，并且一直保留到了美国南北战争废除奴隶制度的时候。奴隶制度是南部经济的一个重要的部分，而那些记录被用于衡量南北战争爆发之前，南部的财富数量和繁荣程度。

1860年，就在亚伯拉罕·林肯赢得选举及南方诸州脱离联邦之前，最后一次划分奴隶和自由人的人口普查开展。这次人口普查向联邦（the Union）及南部邦联（the Confederacy）提供了有关各自实力的关键信息，包括各自应对战争需要的制造能力。假如这次普查是客观公正的，那么，它证实，在为战争提供补给方面，从枪支、弹药到士兵的制服，北方拥有压倒性的优势。它也证明，尽管南方通过将奴隶当作3/5个人来计算而获得了更多的代表席位，然而在南北战争中它并未得到任何好处。它没有武装这些奴隶，因为很难找到某种方式来调动其积极性，使其为维护奴隶的长久存在而战。

美国的人口普查，是20世纪无所不在的关键性指标的基础。在南北战争之后，尽管有一些州，尤其是马萨诸塞州开始汇编有关工作和劳动力的数据，每10年开展一次的人口普查仍然是有关家庭、生活水平、教育和预期寿命的唯一的国家信息集。第一批的统计学家，以及其他试图描绘国家的状况、探索工业化引发的问题的人，充分挖掘了这些普查报告中所蕴含的丰富信息。

不管怎样，人口普查并非一个统计数值。它也不是一个关键性指标。它是原始数据，海量的原始数据。对于未来的关键性指标而言，它是必要的基础，然而还需要耗费数十年的更多的应用性工作，才能将其数据进行转换。接着，再加入一些东西对其进行扩展，其中既包括针对具体问题的抽样方法，也包括全新的教学理论。

在19世纪美国生活的其他方面，能够用同样的水平加以衡量的，只有贸易额和农业产出。自古以来，农业连同贸易界定着每个社会的运行能力。尽管直到1862年，美国农业部才得以建立，但为了衡量栽种的棉花、烟草、小麦和玉米数量所进行的努力，却可以追溯到18世纪。在19世纪初伊莱·惠特尼（Eli Whitney）发明轧棉机后不久，农业机械化的萌芽出现了。农民们逐渐从收获足够的作物以防止饥荒的古老困扰，转变为种植尽可能多的作物，并且其关注点变成尽可能利用农作物来赚更多的钱。简而言之，农业从满足人们原始需求的必要活动，转变成了一个产业，而这意味着更多地关注于市场、谷物交易、价格的变动，尤其是产量。

没有任何争议的是，直至19世纪末期，农业一直是最为重要的国民经济活动。然而，随着20世纪人们开始聚焦于创造衡量劳动力和产出的指标，在这样的工业化、快速城市化的大跃进中，农业逐渐从国家的舆论和公众意识中淡出。假如你研究一下美国历史，或者是相关的英国历史和欧洲历史，就会发现除了散落在各处的一些参考信息之外，有关农业和耕作的内容少得可怜。杰斐逊想要建立一个属于自耕农的国家，亚历山大·汉密尔顿

（Alexander Hamilton）则致力于工业、城市和金融的发展，两人之间的争论①，你可以有所感受。不过，以农作物为中心的内容，比如有关土地是种满作物还是休耕、土壤科学以及为产出食物而进行的土地改良方面的信息，大多数都已经遗失，并且看起来很遥远。当然，如果你是在艾奥瓦州和内布拉斯加州这样的农业州长大的，那么情况可能会有所不同。

不过，在19世纪的大多数时间里，了解农场正在发生什么事情，对于美国能否繁荣颇为关键。在英国人建立的"农业社会"的基础上，在19世纪最初的数十年里，美国的各州开始调查农场产出，而马萨诸塞州是典型的领路人。1840年，对农业进行了首次初步调查，随后在1862年美国农业部成立了。同年，美国还颁布了《宅地法》（Homestead Act）②，这一法案开启了移居和开垦美国西部的宏伟事业。在历史上具有讽刺意味的一个小事件是，美国农业部的创立在当时被誉为通过科学的观察和计算，迈向更优政策和更高产出的重要一步，而它的第一任长官名叫艾萨克·牛顿。

尽管人口普查中包括了一些与农作物相关的信息，但这个新部门在收集农业信息方面则走得更远。这个部门拥有庞大的统计职员，还有第一批定期去欧洲旅行，并与伦敦、巴黎、柏林和维也纳的同行会晤的特派员。他们分享彼此在工作中采用的方法与途径，而这代表了各国首次做出的超越国界的共同努力之一：为了衡量和交流共同面临的社会挑战，而建立起共同的应对方法。20世纪中叶，这些经济指标从西方政府所使用的工具，转变为世界上每个国家用以评估国民幸福程度的度量指标，这种局面完全源自各国不间断的合作。我们应当看到，联合国在聚集各国政府的专家，以及随后在全球范围内散播这一信息方面，起到了关键的作用。19世纪的农业统计可谓是当代关键性指标的先驱。

---

① 在美国建国初期的政治舞台上，两位伟人尖锐对立，根源在于两个人有不同的社会理想及不同的建国方略。杰斐逊的政治理想是以农业为基础的民主共和国，汉密尔顿则想把美国建设成像英国那样的以发达的工商业为基础的资本主义强国。——译者注

② 1862年，美国总统林肯签署了著名的《宅地法》，法案规定：成年美国公民只需交纳10美元的登记费，就可在西部获得160英亩的土地，耕种5年后就能够拥有这片土地的产权。——译者注

The Leading Indicators
经济指标简史

通过这些统计数据，我们也可以领略到，想要真实地衡量这个世界有多难。人口普查在雇用职员方面花费不菲，主要是因为它需要在全国各地派出职员去询问问题。即使这样，这其中还是出了许多的错误。美国农业部和它的统计部门依靠样本来获取信息，但是相对于后期统计学家的标准而言，它们缺乏任何的"抽样方法"。它们依靠各个州立机构所收集的数据，但是每个州都有它自己的一套优先顺序，而且各州统计资料的质量和数量变化极大。19世纪中叶，这个部门依赖于几百个机构，而到了19世纪末，则变成了数千个。即使这个数量也远远不够。光靠几千个机构，是无法深入美国每一个农场的，而且即使它们能够找到方法，也会受到访问时间的限制。假如它们是在冬天拜访，田里会空空如也，而调查者就不得不完全依靠农民告诉他们的信息，来完成调查工作。在春天，调查者只能统计种下的种子数量，而非收获的庄稼有多少。气候模式也可能显著地改变估计值，直到今天也依然如此。而且，有些农民害怕政府向他们征收更高的税，或者仅仅是不相信政府，还会少报农作物的数量。到20世纪时，为防止供给过多，从而导致价格的走低，政府会向农民付款而让他们不种植农作物，由此产生的一些联邦的新项目又激励了农民多报农作物数量。不管是哪种方式，都证实了农业数据很难获得，数据质量不可靠，而且一贯不准确。

雅各布·道奇（Jacob Dodge）是美国农业部任职多年的首席统计学家，他在19世纪80年代观察到："一条溪流不可能上升到比其源头更高的位置；纯粹数学和完美判断的联合，也无法彻底解决错误的原始数据引发的不准确性。无论是一次需要花费数年时间和数百万金钱的人口普查，还是其他任何官方或非官方的农作物调查，都是今天要获得正确统计结果所面临的最大困难。"几乎自官方统计开始的时刻起，试图通过数据来描绘一幅有关世界的完美地图，总是会因为实际汇编数据的缺乏而功亏于溃。从那时起，关键性指标的编制者一直在艰难地前行，不断地加以改进和完善，从过去的失误中汲取教训，发展新的数学理论和新的抽样方式，并且利用每一代的新技术来捕捉和分析更多的数据。他们过去知道，现在也依然明了问题和瑕疵所在。不过，在 20 世纪，当这些数字脱离了汇编它们的无名的官方机构，出现在政治和社会的聚光灯下的时候，公众对于简单的要求，超越了这些统计数据所代表的无尽的复杂性。在确定这一年的玉米或者牛肉的价格时，金融市场不想知道有关农作物和牲畜的报告存在哪些方法论方面的局限。在考虑通货膨胀率和由国内生产总值所衡量的经济增长时，政治家们也对抽样误差或是多年的数据修正不感兴趣。他们想要的只是一个数字，并且想让它成为"事实"，或者至少是真实状况的极佳代表。

然而，尽管与那些为了收集信息而刻苦工作的人的雄心壮志并不相称，但比起完全没有任何统计资料，19 世纪末和 20 世纪初的统计资料还是明显要好得多。和没有任何信息相比，不准确的信息也是一大进步，这一点不可否认。就像与现代的 GPS 定位系统相比，早期的导航设备存在着缺陷，但是比起光凭眼睛和天空来航行，它还是更为可取一些。最早的时候，所有的社会一直盲目行动、瞎猜各自国家的实力和资源存量，最多做做计数和加法，比起当时所处的阶段和虚无的方式，正式形成经济指标的第一次尝试，给政府和市场提供了提前计划和评估优势与劣势的有力工具。

然而，在 19 世纪最后数十年，社会的急剧变化，成为推动社会获取更多经济和社会生活方面信息的动力。对于更多数据和新统计资料的这种需求，并非源于因经济繁荣而产生的对实力的感知，而是出于这样一种强烈的感觉：经济上的不平等正在扩大，社会正义正在削弱，工业化步伐带来的伤害，和它带来的益处一样多。不管怎样，为了证实那一点，需要相关的数据，而非仅仅是意识形态和一些好的论点。人们最想获得的数据并不只是食物，还有工作。

02

失 业

The Leading Indicators

经济指标简史

美国内战之后不久,身高一米八三、生来口吃的埃塞尔伯特·斯图尔特(Ethelbert Stewart)在伊利诺伊州的迪凯特(Decatur)谋得了他的第一份工作。表面上这份工作令人羡慕,实际上却是在迪凯特棺材公司的装配线上班。由于口吃的缘故,斯图尔特一直在家接受父母的教育,以免遭受其他男孩们的无情嘲弄,或是忍受老师们的不耐烦。因此他保持着阅读的习惯,在为殡仪馆装配无穷无尽棺材的同时,他开始为当地一家报纸工作,撰写自己所在工厂及其他工厂工作条件的文章。

在与当时新闻界的巨头之一《芝加哥论坛报》的德马雷斯特·劳埃德(Demarest Lloyd)会面时,野心勃勃且满怀愤怒的斯图尔特与其发生了争执。在19世纪80年代,劳埃德正处于强烈的愤慨之中,怒斥镀金时代(Gilded Age)的种种新弊病:极少数人掌握着大量财富;垄断部门当权;工厂的工作条件骇人听闻……这种状况正如蝗虫一般四处蔓延。

斯图尔特建议撰写一系列有关于伊利诺伊州劳工状况的文章。《芝加哥论坛报》拒绝了这一提议,不管怎样,斯图尔特还是写了几篇相关的文章,并设法将它们发表在当地的几家劳工刊物上。这些文章给德马雷斯特·劳埃德留下了深刻印象。与此同时,斯图尔特所揭露的事实也引起了改良派州长

02 ▶ 失 业

的注意，后者在 1885 年任命这名年轻人担任伊利诺伊州劳工局秘书一职，职责相当含糊的一个岗位。

就这样，斯图尔特开始了其职业生涯，并在 1920 年达到职位的巅峰，成为美国劳工统计局（Bureau of Labor Statistics）局长。这样一来，当这个小小的、资金不足的机构协助政府确定有关大萧条的参数时，他又成为这项工作的核心人物。在他的职业生涯里，斯图尔特一直主张更好地揭示反映工人阶级挣扎和需求方面的信息，后来他的最高成就在于参与创造了国家失业率这样一个指标。从那个时候起，这一指标就开始勾勒出美国通常的就业状况。

20 世纪初，当斯图尔特和其他圈内人统治美国劳工统计局时，就业率和失业率最多还只是模糊的概念。这使得当大萧条开始时，没有人真正知道事态有多糟糕，因为没有方法去衡量事态的糟糕程度。1930 年，经济崩溃的迹象随处可见，但是实际上没有人能够确切地说出正发生些什么，而又会对谁产生影响。奇闻逸事很丰富，但是铁一般的事实并不是这样。对于在意这些数据的少数官僚而言，20 世纪 30 年代之前官方信息的寒酸状态只是一个笑话。当沃伦·哈丁（Warren Harding）总统召集了一次会议，问起 1920—1921 年严重的经济衰退之后的失业人数，出席者的观点存在极大的分歧。最终，他们不得不诉诸投票来表决这一问题。最低的数字是 350 万，而最高的数字则是 500 万。

一个事实，或者应当是事实的某件事情，竟然需用投票方式确定。然而，现实是，和每个指标一样，失业率指标也是一项人工构造的产物。它并不是简单地统计哪些人拥有工作，哪些人没有工作的例子，而且即使是这一任务，也远没有它看起来的那样简单。就业意味着什么？全职的工作，兼职的工作，临时的工作，季节性的工作？农民是否处于就业状态呢？处于两份工作之间的演员，或者是休耕月份的农场工人，又该如何处理？而且你是如何计数的？通过问卷调查？又是谁主导了这些调查呢？你又需要多少调查人员，才能对遍布数千英里范围的数百万人口中的每一个已就业和失业人员进行准确的衡量？你不可能定期地向足够的调查人员支付工资，以确保每一个人被统计在内，除非以一个过高的、并且难以实施的代价来完成这件事。人口普查是美国民主最显而易见的支柱之一，然而很少有人质疑过其背后的巨大花销。尽管如此，它仍然是每10年才会发生的一笔开销。直到1902年，美国联邦政府才建立起一个永久的、并持续提供经费的人口普查局（Bureau of the Census）。然而，统计失业率比统计人数要复杂得多；人要么在那里，要么不在，但是工作和就业却没有固定的形态。在19世纪末期之前，几乎没有人为此烦扰过。

假如你去问一名古典经济学家有关失业的问题，答案很可能让你大吃一惊：绝对没有这种事。在任何社会里，总是存在一些需要由某个人以某个价格去从事的工作。因此从理论上来说，不存在失业；只存在由个体所做出的工作或不工作的选择。然而，假如你去询问某个没有可获得报酬的工作的人，他对这一答案的看法如何，他的反应很可能不宜印成文字。

直到19世纪之前，"失业"一直是一个不可思议的概念。大多数人并没有获得一份工资；他们并没有"工作"。他们务农，或是进行贸易活动，或者提供服务，或者战斗。某些人是工匠，铁匠，或是装卸工人，但是大多数人在土地上耕作，以从难以应付的土壤那里获取食物。那时的工厂很少，规模也小，往往只有几十个工人。各处都会有一些矿井，当然也有雇员。不过，当时并没有就业相对于失业的对比框架，只有缺乏与富足的对比，努力工作与无所事事的对比，繁荣时期和不景气时期的对比。

随着所谓的工业革命的到来，这种情况在西欧开始发生了改变。随着蒸汽动力促进了规模较大的工厂的发展，并且由于铁路的修建，使得工业制成品的大批量运输成为可能，工作和薪水成为社会更为核心的特征。当更多的人得到雇用并且获得一份工资时，也有更多的人处于失业状态。然而在美国，直到南北战争之后，才有人想要认真统计哪些人拥有工作，而哪些人没有工作。

02 ▶ 失 业

一直到 19 世纪末之前，人们会以懒惰且无所事事来起诉没有工作的人。每个城镇都有反对"闲散"和"流浪"的法律，并且你有可能因为无家可归，或游荡在街头寻找工作而被逮捕。

认为政府（任何政府）有责任帮助那些有能力、却无法养活自己的人，这种想法与当时的社会格格不入。这是慈善行为，而慈善应当是教会或当地协会组织所管辖的领域，绝非政府的义务。

然而，自 19 世纪 70 年代以后，人们对上述观念的态度开始慢慢发生了动摇。在某种程度上，这种动摇之所以产生，是因为随着铁路和工厂的出现以及大量移民的涌入，镀金时代的美国突然陷入了一片混乱。不过，在相同的时间，欧洲也发生了类似的改变，起因当然不在于移民。认为政府应当采取某些行动来解决失业问题，在欧洲和美国随后数十年的历程中，这种信念变得愈发牢固起来。人们普遍认为应按照曾令 19 世纪的工业化成为可能的同一科学原则，来组织和管理这个社会。

专业化运营的政府可以通过应用科学原则，来使一个社会的产出最大化，并达到最高程度的稳定，这种观念有着广泛的吸引力，但是几乎每个国家都缺乏一个关键的元素：信息。尽管长期以来政府一直在记录贸易和农业方面的数据，它们是自古以来财富和力量的两个主要来源，但是，对社会进行科学管理需要更多的数据。在这一点上，大多数社会和大多数的政府在很大程度上并不了解。在 19 世纪中叶，从卫生统计数据到经济数据，几乎每一个我们如今视为给定的度量标准，在当时几乎都不存在。

在美国，经济统计学的诞生，可以算得上是社会和政治全面改革中的一部分。越来越多的国民怀疑，大型公司、垄断部门、铁路和银行正在获得与其付出不相称的过高回报，因此在掠夺普通人辛辛苦苦获得的报酬，而这一怀疑有力地推动了政府去创造这些统计数据。在欧洲，对于社会存在的类似的感觉，这导致社会主义运动蓬勃发展。在美国，它导致了工会的诞生。反过来，工会坚信劳动者未能获得与其产出相称的应有份额，但他们无法证实这一点。因此，他们试图衡量社会正在发生些什么，为的是进一步证明许多人正在遭受不必要的苦难的普遍观点。

那些被衡量美国状况这个新职业所吸引的人（他们几乎都是男人），可以分为两类：学者和技术专家，或者是像埃塞尔伯特·斯图尔特这样充满激情的改革者。19世纪末，美国涌现出无穷无尽的新诞生的协会。美国政治学会（American Political Science Association）和始于1885年的美国经济协会（American Economic Association）是偏学术的协会。1895年在克利夫兰，一群商人担心每10年至少发生一次的严重的经济恐慌，会阻碍美国进步，于是他们建立的美国制造商协会（National Association of Manufacturers）。美国统计协会（American Statistical Association）于1839年在波士顿成立，比以上的协会都要早。然而，假如没有后来成立的协会提供的工具，在定义衡量当代经济的指标方面，统计协会的工作所产生的影响将微不足道。

无论如何，假如没有那些充满激情的改革者，统计学和经济学将一直停留在社会的边缘，或者是和鸟类学及登山运动一起待在幕后。大多数美国人努力工作，却只能获得菲薄的收入，并且劳动条件令人震惊，这些事实所带来的愤怒，促使斯图尔特下决心进行改革。通过开发一些工具来精确衡量工人的劳动条件有多糟糕、有多么地不安全以及工人的境况究竟是怎样地如履薄冰，斯图尔特相信这种劳工状况可以改变，他可以说服美国国会颁布相关的法律，创造保护工人的条件。然而，只要这个世界没有得到衡量，奇闻逸事总是会被新的趣闻所取代，而那些拥有权力和金钱的人，总是会争辩说，事情比那些不满现状的人所宣称的要好一些。

在1897年被沉寂的美国联邦劳工部招募之前，斯图尔特一直在为伊利诺伊州工作。这个机构当然资金不足，破坏性暴力罢工浪潮使美国产业界千疮百孔，它正是在这个过程中产生的。其职责是处理劳工关系的危险情况，并且同时担任工人的支持者和工人与业主之间的调解人。连同其他的机构一起，它的诞生是所谓进步运动（Progressive Movement）的一部分。在19世

02 ▶ 失业

纪即将结束之际,这一运动抓住了美国社会许多人的心,而在这一方面,斯图尔特完全是一个紧跟时代的人。今天,我们很少关注数不清的公务员,正是他们保证着众多机构顺利运行;政府已经变成了一个拥有一定历史的官僚机构。不过,在迈向20世纪之际,这些机构全都是新的,甚至很多机构还没有创立。随着1883年《文官制度法》(Civil Service Act)的通过,文职公务员成为一个职业,而非政治分肥的奖赏,并且随着改革的精神日益高涨,政府作为积极改变的代表,吸引了更多的人加入。斯图尔特正是这一精神的具体体现,他带着自豪和紧迫感,着手开展他的工作。接下来的10年,他的时间都花在从管理人员到调停者的各种角色上面,直到1913年,美国劳工统计局的局长罗伊尔·米克(Royal Meeker)招募其去担任副手。

这个统计局的创立,紧随着几个州的积极行动。马萨诸塞州在1869年一马当先,创建了全美第一个劳工部门,一个专业的行政机构,该部门关注于收集和汇编有关就业和工作条件的各种信息。在接下来的20年里,有十几个州纷纷开始效仿。就每一种情况而论,创立这些机构的动力是一样的:工会极力催促官方收集相关的信息,来支持其论点,即工作条件恶劣,工资微薄,缺乏安全设备,并且公司对此漠不关心。美国联邦政府在当时受到了鞭策,尽管有些不太情愿,还是采取了行动,时任总统切斯特·阿瑟(Chester Arthur,一位意外的总统①)在1884年签署了一项法律,规定要创立美国劳工部及其统计局。

等斯图尔特到达劳工统计局的时候,它已经存在了将近30年,但是就衡量就业而言,可以说它从来没有存在过。是的,劳工统计局里充满了一种崇高的目标感,斯图尔特并非是带着热情孤独前行。它在界定和衡量现实方面所做出的努力被普遍称赞,作为这个普遍趋势的一部分,在这个机构工作的许多人,都将他们的职业视为对文明的一种追求,为的是让世界变得更美好。他们相信,更好的数据可以减少疾病,增加农作物产量,让世界变得富足,增加国家的自主权。第一任局长卡罗尔·赖特(Carroll Wright)说

---

① 因美国总统辞职、被弹劾或死亡等原因而由副总统接任的总统。——译者注

道:"统计资料可以告诉我们有关现状的一切,是适宜且永远不变的象征。"赖特本人曾是美国统计协会的前任领导,他极力主张,在构建一个更加强大的国家方面,更好的统计资料可以发挥积极的作用。赖特穷其一生在四处宣扬统计数据对于一个好政府和更好的劳工关系有多么关键,宣称它们是政府和企业用来构思恰当的政策的工具,并且说假如给人民这些工具的话,他们就有可能以史为鉴,通过对比自己现在和过去的状态而学到一些东西。

可是斯图尔特不太像一个知识分子,反而更像是一名拳击手。他在改变的能力这方面抱着理想主义,但同时他也是一名坏脾气的实用主义者。因此他将数字和数据都视为对抗无知和愚蠢的武器。他将事实当作一股强大的力量,只要有数据的支持,就不可能驳倒它们。"只要劳工统计局严格忠于事实,那么所有我必须说的……就是任何不喜欢事实的人都在走厄运!"斯图尔特同样热心于捍卫其所属机构的职权范围,不管是多么小的事情。当美国国会的一个委员会让他提交有关个人汽车制造商劳工模式的数据时,他基于保密的理由拒绝了这一要求。随后,当这个委员会的主席用传票来威胁他时,他断然地加以拒绝。他说道:"你尽管去做吧,而我会先用火把它们烧掉。"这件麻烦事很快就不了了之。

假如马克·吐温曾经是一名统计学家的话,那么斯图尔特就会完全像他那样,语言充满讽刺却简洁有力。他极少说教,并且将统计资料视为一种方法,它能推动社会正义、公平和正派方面的紧迫问题的解决。他宣称:"美国的劳动人民有权知道变化中的产业状况如何……也有权了解职业再调整的本质和程度,这是在不损失赚钱能力的情况下,应对这些变化所必需的。"作为《最低工资法》(*Minimum Wage Law*)的倡导者,远远早于这一切流行之前,斯图尔特将这个议题看作是一个简单的社会福利问题:除非人们拥有足够的财力来满足其需要,否则他们的健康和生命将会削弱,而伴随着这些,整个国家的实力也将削弱。

即使这样,他还是对过多的科学和数学持怀疑态度。统计学是一个向导,

02 ▶ 失业

可以给人们提供一张地图，但是他也对 20 世纪初严格度量准则的"统计学狂热"保持着警惕。该理论是有局限的，它认为可以将社会当成机器来对待，只要弄明白投入，你就可以确定产出。"人类生活与机器并不一样，它不太适用相同的统计方法。"他这样写道。数十年以后，正如我们将看到的，罗伯特·肯尼迪（Robert Kennedy）表达了类似的感想，不过后者的说法更有诗意。

在其进步信念方面，斯图尔特并不是孤身一人。事实上，许多为美国劳工统计局工作的人，都为社会正义而奋斗过。罗伊尔·米克是斯图尔特上任前的局长，他就曾提倡为工人的事故损害提供赔偿。他评论道："我并非恰巧是一名社会主义者，但是假如正是社会主义为生命、健康和就业人员的幸福提供充足的保护，那么就让我们多拥有一些同样的保护吧。"这些感想与推动社会去界定和描绘直到当时还未定形的一个议题密不可分，即哪些人处于就业状态，哪些人处于失业状态，而原因又是什么。

1890 年和 1900 年，人口普查的问卷将与"可获报酬的工作"相关的问题包括在内。1910 年，这方面的问题进一步增加，这样人口普查就可以确定哪个人在哪个行业就业，并且判定他们在前一年之中的任何时点有没有失业。不过，1920 年的人口普查又放弃了这些问题。那时美国刚遣散了第一次世界大战的大量士兵，而美国的经济即将陷入非常严重、且出人意料的一次衰退。这次经济衰退给了美国的政策制定者当头一棒，并且令当时相当温和的沃伦·哈丁（Warren Harding）政府大为震惊。哈丁手下精力最为充沛的幕僚部长、商务部的赫伯特·胡佛（Herbert Hoover）在 1923 年利用这次衰退召集了一次"有关失业的会议"（Conference on Unemployment）。

作为采矿企业的高官，胡佛很早就功成名就了。在接受哈丁的邀请而加入其内阁之前，他正担任着第一次世界大战期间美国粮食总署（American Food Administration）的署长。商务部是联邦政府最小的机构之一，人们更多地将其视为对政党忠诚支持者的一种政治回报，而不是通往更大事业的垫脚石。不过，胡佛对这种恩惠不感兴趣。相反，他致力于实现科学和产业的联姻，随后是科学与政府的联姻，事实上他所付出的努力，比对任何有血有肉的人付出的要更多。胡佛拥有多个特征：相当聪明，专注的、激烈的、有条理甚至是空想家，但是他不是温暖、友好并且富有同情心的人。

胡佛是最早倡导"效率运动"（Efficiency Movement）的人之一，这一运动推动了20世纪初期许多的进步改革，也是那些年驱动商业和工业发展的因素。本质上，这次运动力图运用科学原则来管理社会的所有主要方面。支持这次运动的人坚信，假如做到这一点，就会带来持久的繁荣、高生产率、普遍的富裕以及国家之间的永久和平。在工业领域，弗雷德里克·温斯洛·泰勒（Frederick Winslow Taylor）花费了数十年的时间，研究工厂作业的本质，并且创建了一些方法来增加产量，并且最大程度地利用每一道工序和每个工人。作为在亚洲的矿业高管及第一次世界大战时期管理粮食计划的行政官员，胡佛致力于开发度量工具和建立相应的组织，作为消灭浪费和提高效率的手段。随着他获得的喝彩和赚取的财富逐渐增加，他更加地确信这些方法可以改变美国和全世界。

然而，当他成为美国商务部部长的时候，这个国家的经济刚刚因为一次衰退而遭到破坏。产量和价格骤然下跌；银行也陷入了恐慌；而且数百万人发现他们自己正在为工作而挣扎。不管怎样，由于缺乏硬数据，有多少人失业，或是失业实际上意味着什么，都太不清楚。假如一名复员军人连续几个月都找不到可获报酬的工作，那么他是不是处于失业状态？假如是这样的话，这是整个经济系统出现了不可调和的矛盾，亦或仅仅是这个国家从战争转向和平时，一种自然发生但让人不太舒服的调整？虽然在那时候没有人真正知道它，1920—1921年的那次经济衰退曾经是，而且仍然是美国历史上最为严重的衰退之一。只有当回顾过去，看到1921年之后这种状况迅速得以改善，它给人带来的严峻感才稍有缓和。不过，当胡佛就任时，哈丁政府必须让人民看到他们在应对危机，因此由胡佛匆忙召集的有关失业的会议，就成了这些行动的先锋。

02 ▶ 失 业

基于那个时代的主流精神，有权势的人很少认为政府应当采取积极且直接的行动。胡佛关于"新的经济体系"的观点，并没有扩大政府支出或救济规模，它是强调政府应当成为私人部门的协调者，提供更多的公共产品。志愿精神，而非政府的行动，是当时的准则。当所有的参与者将普遍缺乏或丧失工作看作一个严重的问题时，政府的作用是激发工商企业以及各类团体的积极性，来解决这一问题。人们将经济衰退和低迷视为市场失灵引发的一个持续的问题，而社会从来没有解决过市场失灵这一难题，但是人们并没有从本质上将失业本身当作一个问题。人们纯粹将它视为市场失灵的一个症状来加以感知。

缺乏有关就业的可靠信息，使得人们认为大规模失业是经济系统的顽疾，改革经济系统而非增加就业成了政府政策的首要问题。事实上，和许多人一样，胡佛将这一问题看成是经济体系所能生产的东西和它目前实际产生的东西之间的不相匹配。问题不在于缺乏工作岗位，而在于社会缺乏效率。胡佛宣称："没有哪种经济失败有这么可怕……一个国家拥有的每一样生活必需品都过剩，但是愿意工作并且渴望工作的人被剥夺了这些必需品。"这个国家很富裕，有充足的食物和工业，因此不存在任何失业的理由。显然，这台经济机器暂时发生故障，而能把它修好的人仍是那些最初创造这台机器的人。

没有证据证实这次会议实际上改善了失业状况，而这个国家的确很快恢复了繁荣，胡佛很乐意因为这一点而接受赞誉。他继续涉足当时的劳工部部长不愿解决的一些劳工问题，并且花了相当大的精力迫使钢铁行业终结每周工作7天、12小时换班的做法，因为他相信过多的工作会导致生产效率降低。

不管怎样，那次有关失业的会议得出了一个不会引起争议的结论，即有关就业状况的统计资料实在太匮乏了。这并非是一个美国才有的问题，欧洲国家也正在努力克服它们想要的信息和它们实际拥有的信息不匹配的问题。

大西洋两边的政府,都越来越擅于计数和收集数据,但是很少会进入下一步,来创建实用的统计学。本质上,这一挑战在于如何将信息转化成数据。这些数据能够随着时间的推移,始终如一地描绘出正在发生的事情。

这些年来,政府和社会所面临的问题,在于承认这一事实,即世界上所有的统计并不会让你更接近于清晰的现实,也不能让你更加有效地管理社会。统计将计数和数据当作原材料,但是它并不等同于计数和数据。19世纪初统计学的兴起,与同样推动工业革命的科学运动密不可分,这一运动认为,通过量化可以精心设计出能让经济更加繁荣、国家实力更强的体系和制度,并且消除人类历史上大部分时间都具有的混乱和不安全的特征。统计是将原始数据转换成简单、一致的数字,是"描绘社会问题的权威",而反过来,这一工作也是解决那些问题所必需的第一步。

然而,20世纪30年代的就业资料,完美地说明了堆积如山的数据不存在任何的一致性。大部分的人关心的是就业状况,而每个在乎的人都意识到,就业统计存在的问题。不过,很少有人觉得做出补救措施是一件紧迫的事,而这正是问题所在。于是像埃塞尔伯特·斯图尔特这样的技术专家只好尽自己所能施加各种压力,不断地用证词来提醒国会委员会,并且用文章来提醒公众,在就业方面美国正在盲目前行。他们的论点确实产生了一些影响,并且说服了来自纽约州的参议员罗伯特·瓦格纳(Senator Robert Wagner,当时他刚刚当选,还不具有后来那种影响力)在1927年向国会提交了一些议案,来纠正这种状况,并且改善政府收集失业信息的方式,以便其采取行动来帮助那些失业者。不过,这些议案最后都不了了之了。

与此同时,美国正处于繁荣之中,而且公众对于政府应在统计上面花费更多的金钱,也鲜有兴趣或是压力。斯图尔特和他的同伴们竭尽所能,勤奋工作,不断改进方法、完善调查,并且努力让1930年的人口普查能够更准确地界定"失业"所代表的含义。随后,大暴风雨来临了。

在管理社会需要方面的杰出表现,给胡佛带来了良好的声誉,帮助他在

02 ▶ 失 业

1928年顺利当选美国总统。他本人的高傲并未妨碍他上台，要知道在同时代的选举中，以这种性格几乎是不可能当选的。他对自身能力的极度自信，连同他在联邦官僚机构中运用科学方法的狂热信仰，这些使他成了这个繁荣世界的合适选择。然而，当危机吞噬了这个国家的时候，这种自信和狂热几乎是一场灾难。

公平地说，1929年年末到1930年年初，经济体系瓦解的速度非常惊人。无人真正知晓正在发生着什么，这一点让人们更加难以把握当时的状况。由于缺乏有关价格、产出量和就业的一致的政府数据，要对我们如今所称的大萧条进行计量是不可能的事。政府和社会就如同驶入一场暴风雨的飞机一样，除了肉眼所能感知的一切外，只拥有最低限度的工具。每个人都知道天气非常糟糕，但是没有人能说清楚到底有多糟糕，范围有多广，而它又可能会持续多长时间。

在缺乏清晰的信息、缺乏可靠的统计资料的情况下，人们只好以他们一贯的方式来行事：根据他们的世界观来筛选可以利用的信息。胡佛和共和党人把1929年10月股市崩盘后紧随的经济衰退，看作是和早些时候的恐慌和衰退类似的事物，就如1921年席卷美国的那次严重的经济衰退一样。按照这一观点，可以做的唯一一件事情，就是采取众所周知的措施未雨绸缪①，然后一直等待这一体系自己恢复平稳。

表明经济体系正在瓦解的证据于1929年年末开始显现，并在1930年进一步强化，此时胡佛仍然深信，坚定的领导、毫不慌乱以及不对当前的政策做出根本性改变，才是行政部门和美国联邦政府应当选择的正确道路。有关等待领发救济食品的队伍，还有美国产业界的大规模裁员，并不足以改变这一路线。公平地说，胡佛对于工业失业状况的自满，折射出这样一个事实，即劳动力大军中只有一部分在工业领域就业。1930年，美国仍然有相当多的农民。在12 000万的总人口中，有将近3 800万的男人和1 000万的妇女得

---

① 原文中作者用了一个比喻，原意是在暴风雨来临前，封闭船舱，这里指的是采取果断措施以迎接困难。——译者注

到雇用，超过一半的人在服务业或者工业领域工作，但是还有1 000万人是在农场工作，并且几乎所有的农民都是男人。然而几乎可以肯定，胡佛低估了农民们所面临的挣扎。假如你拥有全国600万农场中的一个，你就不可能处于"失业"状态，但是你当然可以是贫穷的、饥饿的，并且在经济上缺乏安全感。即使你失去了那个农场，假定你此前并没有拥有一份由雇主支付薪水的"工作"，从统计学上来讲，你并没有失业。不管怎样，你只是处于严重的困境之中。

人们通常将大萧条理解为这样的一次危机：由金融体系的危机为导火索，随后是伴随着价格和产量严重紧缩的一次就业危机。然而，它还有另一层意义深远的含义，就是整个社会与农业美国永久的决裂，工业的兴起、农业的机械化以及好几年的农作物歉收为这次决裂做好了准备。尽管这些潮流是如此的明显，但让人吃惊的是，当时没有人真正知道正在发生着什么。

这其实也正是胡佛一心想要释放的力量压倒其总统职位的地方。一个在政府治理中热心支持应用科学原则的人，很快会发现他的总统职位正摇摇欲坠，声望也跌入谷底，因为许多人要求用确凿的证据来面对就业问题。这就意味着，不能依赖就业状况会在危机期间有所起伏这样的意识观念来解释现实，而是要切实地试着去衡量哪些人处于就业状态，哪些人没有就业，以及失业实际上意味着什么。在过去，胡佛一度是硬数据和理性分析的化身。而今，在经济体系大崩溃时，将它们应用于就业领域的这一要求，不可避免地削弱了他为捍卫总统职位而做出的努力。

与其他的许多人一样，斯图尔特一直积极倡导对失业进行真实的衡量。无一例外地，在美国统计协会和迅速发展的经济学领域之外，他们的声音在很大程度上一直被人们忽略，或是没有得到认真对待。然而，当危机爆发时，胡佛想用硬数据来反驳他的批评者，他确信这类数据将会证实自己的坚定信念，即1929年发生的那些事件只不过是一次短暂的混乱，并不是一次系统性危机。因此在1930年年初，他授权劳工统计局针对雇用条件，着手实施一

02 ▶ 失业

周一次的试验性调查。在得到表明就业状况有所改善的某一周数据之后,胡佛放弃了对科学方法的任何炫耀,并且宣称:"就业趋势已经朝着正确的方向发生了改变。"

很明显,就业趋势并未发生这样的改变。当情况进一步恶化,民主党人和共和党人就哪些数字能反映现实展开了争论。形形色色的机构都在收集信息;并且提供各不相同的画面。正如罗伊尔·米克所描述的,考虑到当时无法提供明确信息的糟糕状态,"在标志着经济周期结束的不定期的间隔,经济将自己击成碎片,而在令人恐惧的威胁之下,失业问题突然爆发,引发兴奋的猜测,而每个参与其中的人,都在慷慨激昂地发表自己的演说"。

自1930年起,基于人口普查数据和有关商业的调查,美国政府开始有了关于就业方面的初步统计资料,但是没有关于失业方面的统计资料。作为一个统计项,失业并非是就业的反面那么简单;它是需要定义的一个种类。可靠和一致的就业统计资料,是获得准确的失业数据的一个必要前提,而在1930年,即使是有关美国就业状况的数据也很粗略。另外,要创建一个有关失业的统计数据,还需要从失业的定义开始,进一步再确实需要采取的实质性措施。由于缺乏对失业的度量,想要评估20世纪末期的经济危机所带来的损害几乎不可能,而这种缺乏所引发的风险,在1930年变得格外清晰。作为回应,参议员瓦格纳再次提出一项议案,授权劳工统计局收集有关"就业量及就业变化"的月度信息。这一次,因为许多人已经注意到了人们的认识与这项议案的责任之间的差距,它获得了通过。

有这样一种说法,接受和承认一个问题,是解决它的第一步。在1930年以前,缺乏有关就业的清晰并且一致的信息,这让那些热心于劳工问题的人及少数职业统计学家中的某些人很焦虑。这些统计学家意识到,统计就业的人数,与识别有多少人不能获得工作,或者正在失去工作不是一回事。而在1930年的这次严重的经济危机之前,人们并没有普遍地认识到,缺乏这一信息是一个问题。

这并不是说以前的危机就很温和。实际上，19世纪的"恐慌"和经济衰退所引起的混乱，用今天的标准来衡量的话，也将是灾难性的。某些人已经估算过，在19世纪70年代任何给定的时点，美国劳动力大军中都有多达一半的人处于失业状态。当然，由于没有任何可靠的统计数据，所以很难了解实情是不是这样。假如贸易中断，在纽约市码头工作的装卸工人无事可做，他们失业了吗？他们实际上拥有"一份工作"，并且一直处于雇用状态，或是随着对他们服务的需求的波动，他们总是作为短暂的劳动力而存在？在20世纪30年代之前，上述问题从未得到适当的处理。可以明确的一点是，在20世纪之前，重大的经济困境与人类的历史和经历如此紧密地交织在一起，以至于人们并未将它视为一种真正的偏离。只有将一次严重的危机与一种信念结合起来，才会产生对于清晰并且一致的就业信息的需求。该信念就是这类危机不仅可以，而且应当通过共同的政府行动来阻止。随后，这也引发了对于其他统计数据的需求，包括价格、产量和工业产出，还有21世纪一整套的关键性指标。

在胡佛当政期间，为了开发更好、更准确衡量危机的工具而做出的改变，并没有让胡佛本人受益。事实恰恰相反。到1932年，美国劳工统计局所调查的企业数达到64 000家，大约是当前就业调查的规模。尽管当时仍然没有任何官方的失业率数据，或者是对于劳动力规模的一个清晰概念，但是关于1930年和1932年之间，究竟有多少人失去了工作，这方面的信息越来越好。这一信息几乎不可能让胡佛敦促美国人安定下来，说服他们坚持到底，等待暴风雨结束。这些硬数据描绘出了一幅糟糕的图像，以此作为支撑，富兰克林·罗斯福和民主党在1932年谴责胡佛是一个随波逐流的人，并且要求采用一种新的方法。

新的估计结果表明，超过20%的劳动力失去了自己的工作，而取消农场的抵押品赎回权，更是大大增加了这个国家的不幸。罗斯福打败了胡佛，在1932年的11月成为美国总统。自此以后，罗斯福的统治哲学开始逐渐清晰起来，而在那次竞选活动中，它还一直很模糊。与胡佛的"美国不能通过立

02 ▶ 失业

法，让自己从一个经济萧条的世界脱身"的坚定信念相反，罗斯福采取了行动。罗斯福并没有像胡佛那样，强调通过自愿的行动来救济共同的苦难，而是许诺政府将主导一场类似于战争的运动。正如我们所知道的，他的胜利带领美国进入了一个新时期。在这期间，政府采取了积极的行动，这些行动以1933年春天如飓风般席卷美国的新政立法开始。该立法旨在支持农产品的价格和产出，并且直接干预美国的产业界，从而达到恢复国民信心、刺激经济活动，并且创造就业岗位的目的。鲜为人知的是，美国政府对于更好的信息以及可以证实这些计划正在发挥作用的统计资料，有一股强大的热情，这一点对于美国社会的未来发展产生了至关重要的作用。

这股热情的部分动力来自于罗斯福的核心集团，尤其是拥有多重角色的哈里·霍普金斯（Harry Hopkins）。还有一部分动力来自于弗朗西丝·珀金斯（Frances Perkins），她曾经担任过罗斯福在纽约州的劳工专员，并最终被任命为劳工部部长。不过，新政将数年来一直在政治团体中漫无目的地打旋的各种趋势融合到了一起。最重要的是，人们需要铭记这样一个观点，即政府有一个不变的并且是持续性的责任，减轻①经济周期所带来的痛苦，并且提供安全网。这个观点已经在欧洲部分地区生根，但是它也引领美国的新政在国民中灌输类似的看法。收集可以证明这些新计划正在发挥预期效果的硬数据并没有立刻获得大众的关注。考虑到统计乏味的本质，它注定成了新政最无趣的一面。然而，用21世纪初我们这个世界的措辞，对比关键性指标的重要意义，新政时期对数据和统计资料的迫切要求是革命性的。

对珀金斯的任命，以及美国国会授权提供大量的资金，必然会让劳工统计局有所震动。珀金斯是高层政治精英中少有的女性。她是第一位在美国内阁任职的女性，因此也是美国历史上第一位与总统站在同一战线的女性。在罗斯福的三任任期期间，她也一直在任，并且与包括社会保障在内的许多早期新政的显著成就密切相关。尽管珀金斯在政治领域熟练地航行，但并非总是能轻易地穿越权力的大厅。不过，她所受到的新英格兰式教育，确保了没

---
① 原文是 lesson the pain，而与痛苦联系更紧的，应当是 lessen 一词。疑是作者笔误。——译者注

有人曾经怀疑过她的正直与清廉，这一点也使很少有人能够发现她的温暖或魅力。

尽管劳工部顶着内阁的头衔，它几乎算不上一个引人注目的角色。珀金斯改变了这一切。劳工问题处于不断加深的大萧条的最前列，而罗斯福又承诺将与工会一起打造一张安全网，这些都促使珀金斯成为20世纪30年代最强有力的声音之一。她任命了一位受人尊敬的统计学家伊萨多·卢宾（Isador Lubin）来取代年老并退休的斯图尔特。正是在卢宾的领导下，我们如今称为失业率的这个指标终于诞生了。当然，仅仅是诞生，因为美国政府直到20世纪50年代起，才开始收集有关失业率的实际数据。尽管如此，1933年左右发生的变化与后来的年份里所发生的变化相比，如果后者是算术级别的，前者就可算是几何级别的。

珀金斯任职的美国劳工部士气低落，人员也不稳定。她马上意识到，强有力的头脑和个性对于领导劳工统计局有多重要。斯图尔特任职期间成绩斐然，但他已经抵达了其职业生涯的终点。珀金斯个人并不认识卢宾，但是她从美国统计协会提供给她审查的候选人名单中，选中了卢宾。她的结论是，他会比其他大多数人更牢记"统计数据并不是一些数字，而是那些正在应对或是无力应对生活打击的人们"。在20世纪30年代，除了就业和它所引发的各式各样的挑战之外，没有什么其他的事情对人们造成严重冲击。

卢宾看起来、听起来都像是那个正确的人选，而他最终要做的工作，与他的前任所做的事情并不一样。谢天谢地，他能够胜任这项工作。他的努力很及时地转化成了失业率这样一个指标，这并不是一项很简单的统计任务。这一数字在影响我们的政策、决定选举中的成功与失败以及塑造我们对于未来的普遍态度时，显得如此的重要。或许你可以统计出就业的人数，但是对于失业而言，它的准确含义又是什么呢？这就是20世纪30年代，卢宾及劳工统计局，还有各种各样的团体所定义的内容。尽管他们以过去的工作作为基础，但是也推进了这项工作迅猛发展。

02 ▶ 失业

失业意味着界定没有工作和想要拥有一份工作的人之间的差别,以及成为劳动力中的一部分与处于劳动力市场之外的区别,而且它首先意味着,在任何给定的时点,确定劳动力的规模。劳工统计局在20世纪30年代对失业做出了界定。从那时起,这一概念不断地发展。要想处于失业,你必须首先是劳动力中的一部分,而为了成为劳动力中的一部分,你必须在积极地寻找一份工作。统计学上对于失业的定义,并不是缺少一份工作;它指的是当你正在积极寻找一份工作的时候,却无法找到工作。当然,即使是这一定义,也依赖于个体在面对调查者的提问时,对于他们正在做的事情的准确描述。当然,事情并非总是这样。某些人或许会说他们一直在找工作,而事实上他们并没有在找工作,因此他们被计入劳动力的一部分,但他们并不是劳动力。某些人可能也会说他们拥有一份工作,而实际上他们没有,不管是出于自尊心还是羞耻心。随着时间的推移,劳工统计局开发出了从没有工作、暂时的工作,到未充分就业的各种衡量失业状况的数据。不过,在20世纪30年代,最初的挑战已经非常严峻了。

为了弥补只能调查家庭和个人这类不可避免的问题,劳工统计局利用了两个来源的信息。有关就业的信息来自于对企业及其工资名单的调查,以及人口普查局断断续续开展的有关家庭的调查。其背后的想法是,企业不会在工资名单上谎报雇员,但是个人或许不能准确报告他们的就业状况。直到20世纪50年代,这两个来源的信息才合并到一份报告里,每月发布一次。这就是我们今天所知的月度就业报告。1959年,美国政府开始大张旗鼓地向新闻界和公众公布那些数字,随后开始将它们当作常规的参考要素来使用。在20世纪50年代末之前,情况并不是这样。正如我们将看到的,这意味着在失业率和总统竞选的成败之间的关系方面,许多人们信以为真地老生常谈,比如,"没有哪位美国总统曾经以高于8%的失业率而再次当选!"这其实是仅仅基于50多年的信息而得出的结论。这几乎只是时间轴上的一个小点,而这点儿时间远不足以确切地得出一些不容改变的结论。

在这个统计学家们非常注重细微差别的世界里,20世纪30年代所发生的最为重大的改变是广泛引入了抽样技术。在美国政府开始进行第一批统计资料汇编时，它所基于的假定是，你必须将每个人和每件事情都计入总数内，比如人口、价格、工作、家庭以及农作物等。然而，现代的统计领域完全依赖于抽样，无论要衡量什么事物，都只对其中的一部分进行统计。今天的就业数字，是基于64 000家样本企业及400 000户家庭所做的调查得出的。用于抽样的相关数字，比总人口的0.25%还要少。

显然，在抽样中所使用的技巧和面临的挑战，是要确保"样本集"能够代表整体的集合。显然，以曼哈顿上西区（Upper West Side of Manhattan）、帕洛阿尔托（Palo Alto）、埃文斯顿（Evanston）和奥斯丁（Austin）[①]作为样本集，而得到的价格或就业情况的一个样本，如果用于确定全美国的数字的话，将会极度扭曲对于现实状况的描绘。基于威奇托（Wichita）、底特律和纳瓦霍县（Navajo County）所建立的样本也同样如此。以西尔斯公司（Sears）[②]、通用汽车公司和通用磨坊公司（General Mills）作为主要的样本集，而得出的一个工商企业样本，也只会呈现出一幅极度扭曲的画面。以一个有6口人、有3名工薪族的家庭为样本，其所代表的收入水平，要比以一个有6口人、只有1名工薪族的家庭为样本要高得多。对于20世纪30年代和40年代的劳工统计局和其他政府机构而言，确定恰当的样本，是正确描绘美国国家全貌的关键。样本误差是一个主要的问题，而且在我们不断尝试用数字界定这个世界的过程中，它依然是薄弱环节之一。从20世纪30年代开始，这些政府机构的大部分核心工作，一直都聚焦于改进样本，并且评估它们是否能充分地代表整体，以得出全国性的结论。

另外，正如历史上一直存在的那样，有一些人为的错误总是难以避免的。今天的调查通常是通过邮递（而且越来越多地采用电子邮件）的方式来发送，然后由接受调查的企业来填写。今天的家庭调查是通过电话来实施的。然而，

---

① 在美国有两个名为奥斯丁的城市，一个是得克萨斯州首府，一个是明尼苏达州东南部城市。——译者注
② 美国最大的私人零售商，由理查德·西尔斯于1884年创建，后于2005年被美国凯马特并购，成为美国第三大零售业集团。——译者注

02 ▶ 失业

在20世纪30年代，这些调查都是依赖于调查人员来完成，就像以前的人口普查那样。这些工作岗位并不需要很高的技能，它们也无法吸引能够胜任的调查人员。派某个人出去，给他一份问题清单，以及一些关于询问谁的指示。在这些被派出去的人当中，总有一些人会笨手笨脚地把事情弄糟。在20世纪30年代的一次家庭调查中，一名劳工统计局的监察人员注意到，有什么东西发生了偏离：一位调查人员所提交的问卷结果，在职业栏中表现出了显著的一致性。在一次调查中，一组家庭以面包师居多，另一组则多半是机械师。这种一致性在统计上看起来不太可能。随后，当更深入地询问这名调查人员，他是如何着手开展工作的？他承认自己已经感到厌烦，并且深受挫折，因为要无止境地按门铃，却没有人回应，即使人们回应了门铃，也总带着敌意或根本没有反应。最后，他就坐在路边，开始用他的想象来填写那些表格，随意地选择不同的职业。

20世纪30年代的许多调查人员，是作为新政救济计划的一部分而被雇用的。尤其是公共事业振兴署（Works Progress Administration），向数千人提供了调查员的工作。尽管公共事业振兴署履行了其为体格健全的工人寻找工作的职责，但它的主要职责并非寻找胜任这些调查工作的人。因此，20世纪30年代，调查的质量很不稳定，而这只会把一项已经复杂的工作变得更复杂。不管怎样，到了20世纪40年代，各种各样的政府机构和劳工统计局已经开始雇用永久的、并且受过训练的职员，而这也清除了一些最为突出的问题。预算增加了，美国联邦政府的整体规模在扩张，以及对于统计资料的狂热，这些在华盛顿创造出了一个关键的团体。另外，统计团体开始跨越机构之间的界限一起合作，从而将反映国家全貌的画面，转换成了用关键性指标描绘的世界。

还有另外一个问题：从政府开始编制官方数字开始，一些人就怀疑这些努力与政府的控制力关系更大，而不是斯图尔特、珀金斯和许多其他的人所表述的进步力量。劳工统计局领导者们，一致赞同给予劳工更多的支持，并且提供失业保险（1935年作为社会保障法的一部分而颁布）、最低的工资保证以及在和公司的谈判中施加更大的影响力。这些进步力量几乎总是会引来批评者。负责创建这些统计数据的人，是新政政府行动主义的拥护者，在这种情况下，他们本人和其工作必然会遭遇到阻力。

或许人们会认为阻力主要来自推崇自由市场的右翼人士（Free-Market Right），然而，美国政府创建官方经济统计数据的努力，也会引起了左翼人士的反应，认为美国政府的目的是控制而不是救济。20世纪60年代和70年代的学者，倾向于用不信任的透镜来观察政府的行动，将新政的组成部分及随后的计划，视为美国政府为控制大众而做出的努力。起初是要求大众登记，接着再把他们调入让其行为变得可以追踪的政府计划之中。构建关键性指标一开始就遭到了左翼的批评，随后右翼又开始针对它塑造恐怖的意象，它们都认为，对于建立一个将生活的所有方面都纳入其控制之下的强大、独立的政府而言，这是第一步。

认为政府为了它自己的目的，正在有意地歪曲这些数字，这种看法从这些数字越来越成为公众生活的核心之时起，就与大众的意识交织在一起。尽管这种怀疑必然也适用于失业率指标，但是在通货膨胀率和国内生产总值这两个指标上，这种怀疑则更为严重，而它们都是与失业率指标同时面世的。对于现代的关键性指标而言，20世纪30年代就像一个经受严峻考验的熔炉。失业率的发明勾勒出了那个时代的概况，也标记了我们的时代，但是对于20世纪剩下的时间而言，没有什么比国内生产总值的发明更为重要了。它是所有指标的指示器，并且是衡量我们称之为"经济"的实体的最为重要的一个指标。

03

国民收入和来自平斯克的男人

The Leading Indicators

1968年，美国处于动荡之中。质疑越南战争的多层次抗议，抨击种族隔离墙（Jim Crow Walls）被拆毁之后仍然普遍存在的种族歧视，要求在性别之间取得更公正的平衡，这些问题都在扰乱着美国。被暗杀的总统的兄弟、前司法部长、参议员罗伯特·肯尼迪（Robert Kennedy）从前是冷战斗士，最终却转变成了改革者。他捕捉到了时代精神，带着重塑美国的热情，号召美国人反思他们衡量成功的标准，并且要求用一种新的方法来衡量集体利益。1968年3月，在堪萨斯大学进行的一次竞选演说中，肯尼迪做出了如下的严厉批评：

> 在单纯积累物质事物的过程中，我们看起来已经放弃了太多的社会美德和价值观念，而且这种状况持续了太长的时间。我们的国民生产总值……假如我们应当用这一指标来对美国做出判断，它将包括空气污染、香烟广告以及高速公路上清理尸体的救护车。它包括我们家门上特别的锁，以及为入室盗窃者准备的监狱。它包括我们所摧毁的红杉林，以及我们因无序扩张而损毁的自然景观。它包括了惠特曼（Whitman）步枪、斯佩克（Speck）刀具，以及为了向我们的孩子们销售玩具，而美化暴力的那些电视节目。

03 ▶ 国民收入和来自平斯克的男人

然而，国民生产总值并没有考虑到我们孩子们的健康，他们所受教育的质量，或者是他们在嬉戏时所感受到的快乐。它也不包括我们的诗歌之美，或者是婚姻所展现的力量；也不考虑我们在公共辩论中所展现的智慧，或是公职官员的正直诚实。它既不能衡量我们的才智与勇气，也无法衡量我们的智慧和学识；它无法衡量我们的同情，也无法衡量我们对祖国的忠诚。一言以蔽之，它可以衡量一切，却不包括让生命变得有价值的那些东西。而且它告诉我们有关美国的一切，却无法告诉我们身为美国人而感到骄傲的原因。

然而，仅仅几个月之后，在洛杉矶一家工业酒店的厨房中，肯尼迪的生命、候选资格以及对于许多美国人来说，迈向未来的一条不同道路的希望，都被暗杀者所射出的子弹打断了。在几年之内，他关于美国社会已经变得过度关注物质，却将用心生活排除在外的感叹，在社会中所产生的回音就逐渐消散了。在20世纪80年代和90年代，以及我们所处的这个千禧年，美国在肯尼迪曾警告我们不要选择的那条道路上，走得越来越远。社会的成功或失败，越来越多地由经济所确定，而反过来，经济是否成功又是凭借有限的一组数字来衡量。决定我们的经济是否正处于繁荣的，不是关注那些不易量化、对于社会却至关重要的方面，而是取决于这些关键性指标：在过去的每一年，这个国家是否有更多的收入和更多的商品及服务？个人是有了更多的财富和更多的物质商品，还是收入变少了、且更不能满足他们的基本需要了？

另外，最重要的是，自1968年以来，美国及世界各国都是如此，开始依赖于一个综合的、简单的数字。这恰好是罗伯特·肯尼迪曾慷慨激昂地质疑过的那个数字，然而在他生命中的最后时光，这种质疑却未能产生预期效果。

在过去的50年里，没有哪一个数字比国内生产总值更能成为社会关注的焦点。在全世界，国内生产总值已经成为衡量成功和失败的指标，衡量对未来信心的指标，也是衡量当前幸福感的指标。它拥有赢得选举或失去选举的力量；拥有推翻政府的力量；也有激发民众运动的力量。国内生产总值的增长总是会刺激人们会对它的预期水平，它就像是一枝强有力的箭，如果得到充分利用，就可以增强一个国家的实力和权力。一个正在收缩、或是未能随着希望和梦想相应增长的国内生产总值数字，会迅速地加热社会的大锅，并且常常会到达沸点。

然而，在100年以前，这个指标并不存在。在多数时光里，人类历史都是在没有它的情况下展开的。没有一个反映经济产出的数字，帝国和王国就这样开展着贸易活动，而美国则进行了一场革命，打了一场内战，在没有衡量国民收入的情况下，征服了一个大陆。直到20世纪初的数十年，年轻的经济学界才开始衡量原来一直无法衡量的事物，这恰好与美国政府和政治家们量化其政策效果的愿望不谋而合，于是就给后来的国内产生总值指标提供了首张通行证。

在20世纪30年代，当时英国和美国的经济学家们努力的方向，都转到了计算国民收入方面，而到了20世纪60年代，国内生产总值在世界各国的重要性越发凸显，在这两个时代之间，该指标的数字在很大程度上还不可靠，并且是纯理论的。20世纪50年代，美国梦成为社会造势运动的主题，这正好与联合国要求新兴国家衡量其经济的要求巧妙地融合在一起，国内生产总值成为衡量各国经济的指示器。

到20世纪末，国内生产总值连同它的表亲失业率和通货膨胀率（在接下来的一章我们将要讲到）一齐，可以决定总统职位的命运和选举的走向。马林·费茨沃特（Marlin Fitzwater）当时是乔治·赫伯特·沃克·布什（George Herbert Walker Bush）手下有时慈祥、有时凶狠的新闻秘书。1992年，在强烈反对民主党候选人克林顿的运动中，他在一次会议上详细地做了阐述。在那一年的晚春，经济顾问委员会（Council of Economic Advisers）的主席向布什概述了经济发展状况，并且告诉他"第二季度的经济增长将低于第一季度，降幅可能在1.5%左右。第一季度的经济增长率是2.7%"。总统的脸变得煞白。

03 ▶ 国民收入和来自平斯克的男人

他跌坐在椅子上,并且说道:"这是我听到过的最糟糕的消息。"接下来布什就在选举中失利了。

然而,和失业率非常相似,国内生产总值是20世纪30年代的一个产物。它是一个新的发明。尽管自那时起,它一直深深地隐藏在我们的集体意识之中,不过,它其实是为了满足特定的需要,而在特定的时间被创造出来的。在20世纪30年代的英国和美国,我们如今称之为大萧条的经济危机亟待解决,而那些解决方案都依赖在一定程度上准确地洞悉经济现状。国民生产总值、国内生产总值以及基于它的国民经济核算,为了满足这些需求,都在不断地被修正。随着第二次世界大战的爆发,它们的作用也越来越重要。战争和萧条所产生的双重需求,是催生国内生产总值的父母,而即使是最热心的大批数据的创造者,也未曾想象过对于世界上的每个国家而言,它们会在未来短短的数十年里,变得如此重要。

与英国的一位公民,或者更确切地说,与热衷于统计学起源的少数人中的一位谈话,他将会告诉你,国内生产总值是几位伟人集体智慧的结晶,尤其要感谢的是约翰·梅纳德·凯恩斯(John Maynard Keynes)与牛津和剑桥大学的教授及诺贝尔奖获得者詹姆斯·米德(James Meade)和理查德·斯通(Richard Stone)。在美国,对这一指标贡献最大的是另外一位诺贝尔奖得主西蒙·库兹涅茨(Simon Kuznets)。库兹涅茨具有非凡的创新精神,而且能够博采众长,这使他成了最有影响力的头脑之一。然而,在经济学界之外,很少有人认识这个名字。

库兹涅茨一直被誉为他所在领域的巨人之一。不过,在他刚着手国民经济核算体系方面的工作时,只有少数人对此表示关心。伦敦教授威廉·斯坦利·杰文斯(William Stanley Jevons)在1879年首次用到了"经济学"这个概念,他当时主要是想与"政治经济学"的概念区分开来,后者一直是历史学家和哲学家深入思考关于社会形态的重要问题时,所涉足的众多学科之一。作为替代,他建立了关于体系如何运行的一门"科学",这个体系被称为"经济"。他和其他人在很多年里都缺乏的是，可靠的数据及有用的统计资料。他们有丰富的理论，希望确凿的事实和数字能够让他们的研究达到和物理学同样科学严谨的水准，但是它们并不存在。

缺少这样的度量指标，深深地困扰着年轻的库兹涅茨。1901年，在罗曼诺夫沙皇（Romanoff Tsars）的俄罗斯帝国的平斯克（Pinsk），他出生于一个犹太皮毛商人家庭。家人将他送往哈尔科夫（Kharkov）①大学城的一所大学，并推动着他走向了博学之路。不过，1917年的俄国革命妨碍了他的学习生涯，随后爆发的内战让正常的大学学习变得不可能。由于对那些意识形态不感兴趣，1922年，库兹涅茨从遭受战争破坏的乌克兰移民到了美国。然而，在一段剧烈动荡的时期成年，还是为他以后的道路留下了印迹。已经建立的关于社会秩序的思想，正遭受着猛烈的颠覆，就在此时，库兹涅茨开始了他的研究。库兹涅茨非常清楚，在社会发生转变的时期，俄国古老的秩序是如何导致穷人受苦的。因为当事物出现严重偏差的时候，他们微小的或者说是不存在的安全边际（Margin of Safety）②，为他们提供的保护余地非常小。在哈尔科夫大学度过的那些时光里，他开始了为理解收入分配而进行的终身探索，主题是谁拥有它，而谁没有，以及为什么要进行收入分配。

到达纽约之后，他获准进入哥伦比亚大学。在不到5年的时间里，他通过努力获得了一个学士学位和一个博士学位。那时他只还是不满30岁的年轻人，却被新成立的美国国家经济研究局（National Bureau of Economic Research）雇用。大多数美国人从未听说过这一机构，然而作为官方的经济周期指示者，这个机构在每个人的生活中起着关键的作用。正是美国国家经济研究局的经济学家决定了美国经济衰退何时开始，并且在何时结束。然而，在1920年，这个研究局还只是由一群相关的职业经济学家组成的新团体。在第一次世界大战期间，他们曾在美国政府任职，或是与美国政府合作过，而

---

① 乌克兰第二大城市。——译者注
② 也可译作安全幅度，其含义是现有销售量或预计可达到的销售量与盈亏临界点的差距。主要用于企业分析其经营的安全程度。此处作者对穷人的分析显然与企业经营无关。——译者注

03 ▶ 国民收入和来自平斯克的男人

且他们将信息和统计数据的不足，视为美国的一个重要弱点。尽管是技术统治论者赫伯特·胡佛管理着政府，但他并不打算紧急处理。

这一机构的领导者是精力充沛的经济学教授韦斯利·米切尔（Wesley Mitchell），他意识到了年轻的俄国研究生库兹涅茨的潜力。当库兹涅茨拥有博士学位后，米切尔立即向他提供了工作岗位。米切尔坚定地认为经济理论其实很完善，现在的问题是缺乏确凿的事实，而且统计学领域才刚刚开始严谨地收集数据。经济理论有这么多的理论，迫使人们去思考，或许是如此，但是不可能被证实。在当时，经济学仍然是人文科学的一个分支，与历史和哲学、而不是数学和科学靠得更近。各种复杂的公式还没像今天这样成为其特点。今天任何一名外行的读者拿起亚当·斯密的，或是同时代有影响力的大卫·李嘉图的一本书，几乎可以理解里面所写的内容。然而，这绝不意味着，某个人拿起 2012 年美国经济学会的一本期刊，还能读得懂里面的内容。

在其导师的领导下，库兹涅茨并未被经济理论的文字森林所打动，也没有得到任何的灵感。他需要确凿的事实和科学的方法。他想回答关于国民经济和政策可能性的关键问题。他需要的是数据，而不是轻飘飘的词汇之网。他认为理论占有一席之地，但是只有定义为"对经验上可识别的因素之间可经验证的关系所作的表述"的理论才是如此。当然，库兹涅茨绝不是一个舞文弄墨者，他的大部分作品几乎令所有人费解，除了受过最高教育的经济学家。他擅长于严谨地收集数据，公式化地表述及统计分析，也因此没有雄辩的论证和优雅的散文所使用的那些技巧。他所缺乏的特性，要么是性情方面，要么是因为俄语是他的第一语言、而英语是后来才学会的语言。

约瑟夫·熊彼特是库兹涅茨职业生涯中的导师之一。熊彼特是哈佛的教授，并且也是一位移民。当时熊彼特关于经济周期的理论正在流行，而在一个世纪之后的今天，这些理论仍然继续在产生共鸣。后来熊彼特还创造了描述资本主义的"创造性破坏"（Creative Destruction）这个短语。库兹涅茨并非不赞同这样一个观点，即经济呈波浪式发展，创造力和革新的时期不时地被崩溃和收缩的时期所打断。事实上，库兹涅茨本人完全相信这一观点，甚至在因定义了国民经济核算和国内生产总值而成名之后，他将自己的主要精力放在构建经济发展理论之下，而该理论恰好包括了一个贯穿整个历史的经济周期和波动的理论。

不过，对于熊彼特和其他人提出的有关人类进化的大理论，由于没有确凿的事实来支撑，所以库兹涅茨对他们重视描述的方法有一点不屑。其中的一些或许源于同行间的嫉妒；在20世纪30年代，熊彼特在哈佛是一个圣人，是全神贯注的学生们的目标，他们愿拜倒在大师的脚下，如同朝圣一般地学习。库兹涅茨要比熊彼特年轻20岁，而他正在研究一个自己知道很重要，却很难成为大众文化素材的项目。和熊彼特或是极具影响力的英国经济学家约翰·梅纳德·凯恩斯不同，库兹涅茨认为经济学首先应当是一门科学，而不是哲学，而这也令他成为新兴的官方统计领域的完美人选。

科学意味着数据集和对理论的严格检验，而非仅仅是关于历史和人类物质进化的绚丽描述。熊彼特和19世纪政治经济学的实践者，更关注于通过对历史的仔细分析，来识别经济增长的模式。考虑到要跨越数个世纪以及不同的文化，缺乏可靠的统计资料是不可避免的现实，因此，熊彼特的这一做法其实很合乎情理。不过，库兹涅茨的想法不同。他并没有逃避统计的真空，而是奋力去填满它。这需要一致的方法、细致的定义以及大量在20世纪之前根本不存在的数据。

然而，这并非只与统计数据有关。库兹涅茨对跨越数个世纪宏大叙事（grand narratives）①，以及包罗万象的经济增长和经济发展理论非常感兴趣。在其职业生涯的后半部分，他将会花很多的时间来评估经济增长；评估技术、人口、创新对于增长的效应；甚至研究所有概念中最宽泛的那一个，"文化"。和熊彼特及伟大的俄国思想家尼古拉·康德拉季耶夫（Nikolai Kondratieff）

---

① 宏大叙事本意是一种"完整的叙事"，用麦吉尔的话说，就是无所不包的叙述，具有主题性、目的性、连贯性和统一性。——译者注

国民收入和来自平斯克的男人

一样,库兹涅茨识别了经济周期的波动。在20世纪20年代,康德拉季耶夫留在了苏联,而他的理论却在无意中启发了数代华尔街交易员,后者一直想要在金融市场无穷无尽的混乱中寻找韵律和原因。他所识别的周期为15到25年,并且经常由人口统计学资料所决定。他认为人口变动常常构成了经济周期的拐点,因为人口的增长会引起公共部门和私人部门的基础设施支出。当人口稳定下来,基础设施支出减少,而经济开始收缩。这是一个描述性的理论,但是库兹涅茨的那些理论永远建立在经验研究和硬数据的基础上。

库兹涅茨一生都热衷于寻找经济增长那难以捉摸的公式,他也带着这种热情开始探讨国民收入问题。从20世纪20年代末,一直到20世纪40年代末,这是他在生活中持续关注的内容。作为一位为其导师工作、刚刚毕业的博士,他的探索始于美国国家经济研究局。不过只用了5年时间,他的工作就有了巨大的飞跃,成了全国知名的经济学家。20世纪30年代初的那次经济冲击,推动美国政府建立了可以确定有多少人失业的统计数据。富兰克林·罗斯福引领的一系列立法和新政,又激发了人们对统计数据的迫切兴趣,而这些数据可以将经济当做一个整体来加以衡量。

当时的国会参议员小罗伯特·拉弗莱特(Robert Lafollette Jr.)曾带头负责创建过失业率指标,他也在努力争取建立国民收入账户。国民收入账户与国内生产总值不同,它是理解整体经济的基础,并反映着全国的生产者正在生产什么,而消费者当前的收入又是什么。对于统计学家而言,国民收入与国民产出应该是平衡的;在20世纪30年代初,这两方面的任何一方面都没进行过具有规律性或一致性的衡量活动。在美国国家经济研究局的工作中,库兹涅茨将这些账户系统化,并取得了快速且惊人的进展,但是它与官方指标还离得很远。只有形成指标,政府才可以用其来评估萧条的严重程度,以及衡量政府的政策是否正在发挥积极(或是消极)作用。

拉弗莱特是威斯康星州非常有势力的家族的成员。他父亲"战斗的鲍勃"①

---

① 威斯康星州人民对当时的州长的敬称。——译者注

拉弗莱特("Fighting Bob" Lafollette)是进步运动中的勇士之一，并且同时担任威斯康星州的州长和参议员。拉弗莱特家族是改革和社会正义的斗士。他们不知疲倦地反对托拉斯，在普遍贫困的背景下反对大企业的巨额利润，反对那些让"人人平等的美国民主"逐步走上堕落道路的特殊利益集团，反对美国为了更多地干预世界事务所采取的外交政策倾斜，并且用极度怀疑的眼光来看待国际联盟（League of Nations）①。在许多方面，他们是托马斯·杰斐逊的继承者，也是20世纪下半叶许多抗议运动的先驱。

小拉弗莱特像他的父亲一样坚定，而且他认为缺乏有关美国工薪阶层状况的确凿证据和信息，会阻碍社会的改变。他在整个20世纪20年代做出的各种呼吁，并没有得到人们的重视。不过，1929年经济所发生的严重转变，导致许多人注意到他的倡议。美国和全球经济的裂缝，对于肉眼来说是很明显的，但是缺乏具体的事实，因此很难证明任何特定的行动是合理的。没有对正在发生的事情做出清楚的诊断，就不可能得出可靠的预后②。这解释了拉弗莱特为什么需要失业数据，还有他为什么要推动国民经济核算的研究。

拉弗莱特的最终目标，也是随后那些新政发起者的最终目标，即一场全力以赴、旨在改善失业，并且让工业的引擎重新启动的公众运动。为了达到这个目的，1931年，拉弗莱特在美国参议院召开了听证会，并且从主要的统计学家那里取得了证词。他们无一例外地证实，不管是在衡量就业和失业方面，还是在衡量美国的产出和收入方面，当前的框架都不够充分。美国商务部的弗雷德里克·杜赫斯特（Frederic Dewhurst）作为证人出席了听证会，当被问到"获得一幅关于经济状况的完整画面，对政府和美国公民会不会有帮助"时，杜赫斯特回答道："在我看来，这将非常令人满意。我可以补充说明吗？一名统计学家总是想要更多的统计资料，在这方面他是怀有偏见的。统计学家们永远不会满足。我经常会对一些要我们提供商务部现有信息的要求

---

① 国际联盟（1920—1946），联合国成立前的国际组织。——译者注
② 预后是一个医学术语，是指预测疾病的可能病程和结局。——译者注

03 ▶ 国民收入和来自平斯克的男人

印象深刻,因为其中的许多我们并没有。因此我们常常要说我们不知道,而就我们所知,也没有其他的人知道。"

1932年6月,拉弗莱特在参议会又引入了一项议案,要求建立官方的国民收入账户,而这一工作所依赖的,正是美国国家经济研究局此前的工作,以及库兹涅茨的工作。"我相信在这项议案的授权下所编制的数据……在帮助美国国会决定政策方面,将会非常重要。"这项议案获得了通过,而美国商务部所得到的指示是,同时准备"源于农业、制造业、交通运输业以及其他赚钱行业的国民收入……还有以工资、租金、版税、红利、利润及其他形式而存在的国民收入"的估算数字。

和这一步骤本身同样重要的是,并非库兹涅茨首先提出了国民收入及国内生产总值的想法。自从17世纪末以来,欧洲定期会有衡量一国产出和收入的尝试。那时的动机要么是出于求知欲,要么是源于控制的欲望。知识方面的动机很简单:理解人类社会的运作。从这层意义来讲,衡量一个国家的产出和收入的动机,和把世界上所有的动物和昆虫进行分类,或者是绘制天空图的动机,在一定程度上是类似的。而控制的欲望也很基本:当欧洲各国政府的中央集权程度得到加强之后,它们就开始寻找新的方式来获取收入并管理人口。

1665年,英格兰刚刚结束了数年的内战,威廉·配第爵士(Sir William Petty)见证了宗教动乱,它使一位国王身首异处,而另一位国王重掌王位。接着,配第进行了一项自己称之为"政治算术"(Political Arithmetick)的实验。作为皇家协会(Royal Society)的创始人之一,配第自认为是科学的实践者以及含糊概括的敌人。他广泛游历了整个西欧。尽管这些国家有的仍处于30年的战争中,但仍然给这名有进取心的年轻人提供了科学、医学和人性的教育。他回到英格兰后,成为护国公奥利弗·克伦威尔(Lord Protector Oliver Cromwell)军队中的一名医生,并且随后被任命为收税员,而这诱发了他衡量英国产出的想法。这个国家是不是比其它欧洲大陆的敌人更加富有,并且更为强大？政府是否可以获得足够的税收收入，来克服人口比法国少的劣势？他给出的是非常肯定的回答。"一个小国和少数人口"，他总结道，"可以借助他们的国情、贸易及政策，与一个人口数量和领土都大得多的国家，在财富和实力上势均力敌。"

当然，配第仅仅是基于来自财政部、纳税记录和人口普查记录的粗略信息，做出了这些努力。很快就有人质疑，相对于法国和其他竞争者而言，他对于英格兰财富状况的估计过于乐观。尽管从统计学来讲，他或许一直离题太远，但是他的工作在建立这样一个原则方面的确获得了成功：只有当统治者可以衡量这个国家的实际财富时，才能制定出合理的政策。17 世纪末，政治算术的另外一名实践者，解释了为什么这一原则如此重要："一位伟大的政治家，通过请教各式各样的人，并且通过审视这个国家的整体情形，它的权力、实力、贸易财富和收入……以及从整体上加以计算，将能够形成一个正确的判断，并且提供正确的建议：而这正是我们所指的政治算术。"

以配第为代表的 17 世纪及 18 世纪的思想，与由训练有素的经济学家和统计学家所编制的官方统计数据之间，并非是一条直线。最初的这些努力并没有立即结出果实。实际上，伴随着 19 世纪工业革命所带来的变化，各种各样的人才开始重新审视如何解释国民财富和国民产出这个问题。19 世纪，在英国、法国、德国以及俄国，有一批人将他们生命中的多年时间，奉献给了计算国民财富这一任务。好奇心、民族自豪感以及对于找到难以捉摸的集体财富和集体幸福公式的渴望，激发了他们研究的积极性。这也正是早期的工作多半是由哲学家所完成的原因，他们视"政治经济学"为一个更大的难题：即是什么使得一个社会安定和满足，却使另外一个社会毫无生气且腐朽不堪。然后到了现在，占指引地位的假定是，一国越繁荣，人民在物质上越安全，这个社会兴旺的可能性就越大。

19 世纪末，随着更多的数据可供利用，这些为了对国家进行排名，或是衡量国民幸福感和物质安全而度量国家实力的最初冲动，进一步得到增强。

03 ▶ 国民收入和来自平斯克的男人

不过，同样重要的是，想要合理解释这些数据的科学冲动占据了越来越重要的地位。在工业革命时期的西欧和美国，很流行进行度量，这与一种信念有密切的关系，即可以衡量的事物就可以被控制和塑造。那时的任务是理解海量数据的意义，以及统计学这个新学科的演变。

统计学代表着数学运算与数据的收集分析之间的融合。大多数想出经济关键性指标的人，并不是统计学家。相反，他们是哲学家、经济学家，或者是寻找问题答案的政策制定者。不过，随后改进和开发出实际的统计数字的人，都认为自己是统计学家。20世纪初，统计学领域仍然处于形成之中，但是到了20世纪中叶，它已经成为集合了复杂的数学、概率论和抽样方法以及会计学的独立学科。

正如我们将看到的，今天的关键性指标牢牢地掌握在职业统计学家的手中，尽管这些指标的发明也同样是经济学家和政策制定者推动的结果。这一点很重要。这些关键性指标的创造者，正试图在一个特定的时间，回答特定的问题。对于建立可靠的国民收入账户及国内生产总值这个指标而言，其动机在于理解大萧条的本质。这决定了什么得以衡量，而什么又没有得到衡量。统计学家们倾向于关注如何改进测量、估计、抽样及修正，而将政策问题留给政策制定者。和军队非常相像，他们关注于实施和执行，而对于大战略则不太关心。他们为20世纪30年代和40年代所确立的国民收入和国内生产总值概念提供答案。从那时起，这些概念的意义并没有发生显著的改变；然而这个世界已经发生了翻天覆地的变化。

例如，库兹涅茨及其同事们所面临的一个关键决策是，要不要将家务劳动包含在他们的计算之中。支持计入家务劳动的观点很强大：社会物质产出相当大的一部分，都源自耗费时间、提供基本需要、且使其他活动成为可能的家务劳动。最简单的例子是在家做一餐饭。采购食品、准备烹饪以及随后的清洁，都是必不可少的活动。我们都需要食物，而没有食物的话，就没有任何工作，更不用说生命了。清洁房屋和照顾一家人也是必需的，可是在家务劳动中，没有哪一样被包括在国民收入或者国内生产总值之内。

20世纪30年代，没有人认为家务劳动对于社会的物质需求不重要，也没有人认为，家务事不是经济产出的一种形式。然而，与此同时，几乎每一个相关的人都认为，这些形式的工作应当在计算中略去。理由很简单：因为这些类型的工作没有得到报酬，它们并不具有可以衡量的成本。理查德·斯通在英国建立起了国民收入账户，这使他的地位举足轻重。他在1984年诺贝尔奖颁奖典礼上评论道："尽管家务活动……在做一餐饭或重新装修一所房屋的过程中采取了生产的形式，但它们的产出并不具有可以衡量的成本，因为家庭成员和业余爱好者并没有拿他们的服务去换取任何东西；这些服务项目数不胜数，而且并未记录在案；总之，它们并没有得到很明确的界定，而且不知不觉地融入到生活之中。正因为如此，直到最近，人们一直认为家务活动和业余活动不应当包括在生产之中，而且不应当对其做出解释。"

省略这类工作的决定，在当时被视为是在度量所有的社会产出的愿望与数据及其收集的局限之间所做出的必要权衡。因为家务劳动、兴趣爱好、志愿活动及休闲活动，并不能在政府的数据很好地得到反映，所以必须将它们在国民收入和国民产出的等式中剔除。其实统计者已经充分意识到，这样做将意味着有关整个人类活动及社会福利的痕迹，根本不存在于官方的统计资料中。

20世纪30年代，这一工作继续进行，在忽略了经济生活中的一个重要维度后，它向着衡量消费、生产和整体收入的一个新体系快速前进。除了将家务活动和休闲活动排除在外的问题，还有如何解释政府支出的这个难题。20世纪30年代之前，政府开支并没有在经济活动占很大的比例，但是伴随着新政在美国的扩张，以及英国大量社会福利计划的推行，这种情况发生了深刻的改变。当然，最初的国民收入核算，并未将政府当作一个独立的类别，因为无论企业和个人从政府支出中得到什么，都会在国民收入中得到反映。假如政府在一艘军舰上花费了500 000美元，这将显示为企业收入。然而，紧急支出计划的激增，意味着政府的花费成倍增长，而这反过来不仅推动了国民收入核算，也推动了国民生产总值（Gross National Product，在20世纪末才被国内生产总值指标所取代）这术语的诞生。这一转变并非由杰出的西蒙·库兹涅茨推动的，而是由全球性经济衰退，以及宣扬能对其提供解决方案的约翰·梅纳德·凯恩斯的需求理论共同推动的。

自那时开始，每到经济低迷、对商品和服务的需求随之锐减时，凯恩斯就成了积极的政府支出的同义词。"我们现在是凯恩斯主义拥护者"据说是理查德·尼克松的名言，但事实上这是自由市场的代表性人物米尔顿·弗里德曼（Milton Friedman）带有讽刺意味的话。重点在于，在20世纪30年代的经历之后，各地的政府接受了这个观念，即政府支出可以，而且必须，弥补过度储蓄，或是在不确定的时期，弥补焦虑的消费者囤积现金所产生的需求缺口。"凯恩斯主义"（Keynesianism）的思想与亚当·斯密、大卫·李嘉图及其门徒所持有的古典经济学思想形成鲜明的对比。后者认为，经济体系运行于完美的平衡之中，但是间或会被危机时期打断。按照古典经济学的观点，经济体系会自然地做出调整，经过一段时间，危机和不平衡会被自然平衡状态所取代，这种状态主要表现为充分就业、完美的价格以及需求和供给之间的精确匹配。当然，这类修正可能会具有破坏性，并且是痛苦的，而在历史上各式各样的时刻，在有机会进行自我修正之前，这个体系就崩溃了。

正如在罗伯特·斯基德尔斯基（Robert Skidelsky）关于凯恩斯的权威传记中清楚地说明的，对于那些被推崇为现实的完美代表的纯粹理论模型，凯恩斯几乎没有用处，而事实上至多是柏拉图所说的洞穴上的阴影①。凯恩斯是英国的一名投资者和商人，运营过公司，并且在股票市场上赚过钱，也亏过钱，这些经历让他对人类的行为和非理性所发挥的巨大作用极为敏感。在他看来，被恐慌和害怕所支配的社会，从来没有什么自我修正。他坚信，量

---

① 在《理想国》第七卷，柏拉图作了一个著名的比喻，其直接目的是要揭示"受过教育的人与受没过教育的人的本质"的不同及相关问题，人们一般称之为"洞穴之喻"（Allegory of The Cave）。所有事物本质上说都只是永恒思想的影子。从早到晚，很多人都满足于虚伪的影子。他们就像洞穴人，在墙上看到影子，但从不自问是什么创造出影子。（源自柏拉图的《洞穴之微笑》）——译者注

化这个世界，并且将其缩小到可以衡量和检验程度的科学动力，在社会运作方式这个问题上，面临着严重的局限性。从经济学这个概念还处于萌芽期时，经济学家都具有这样一个特征：认为可以将社会当作一台机器来加以理解。凯恩斯对社会的看法与此不同。

和许多同时代的英国人一样，凯恩斯在剑桥接受了训练，他非常尊重数学运算和模型。他对概率论尤其感兴趣。在他所痴迷的股市赌博中，概率论一直在帮他保持头脑冷静。他接受的是上流社会的教育，却以中产阶级的方式长大成人。1919年，他设立了一只关注于货币的基金，而且做了很多乔治·索罗斯在数十年后会做的事情，但是不完全一样。凯恩斯通过打赌得到了可观的回报，但是他承担了太多的债务。当英镑币值未能如他在1920年预期的那样回升时，整只基金彻底倒闭了。不过，凯恩斯继续前行，1927年，他重新筹集到一笔大约相当于今天的200万美元的资金。1930年，作为一场全球性经济衰退的牺牲者，在他所打赌的那些商品上，他几乎失去了所有钱。在5年之内，他再次扭转了亏损，并且掌控的资金超过了2 500万美元。

投资者凯恩斯塑造了经济学家凯恩斯的思考方式。尽管他擅长于数学和模型，但最终他还是将经济学视为一种方法，一种描述的艺术，而不是科学。根据他的经验，人们并非理性的行动者。他们在应当花钱的时候储蓄，在应当持有坚定信念的时候恐慌，在不应该购买的时候购买。他们渴望安全感，迫切地希望看清未来，在逃避不确定性的绝望冲动之下，做出更糟糕的决定。凯恩斯否定了古典和新古典的经济模型，它们完全将信任置于市场那看不见的手之中。相反，他开始相信，唯一能够指导市场，并且在它偏离道路时（正如它经常发生的那样）把握方向的代理人是政府。因此他成为政府支出的主要支持者，将其视为克服经济衰退和萧条的唯一的可靠工具。

这些想法在数十年里逐步形成。它们源于他在市场中的个人经验，以及在第一次世界大战这样的关键时刻，他在英国财政部的任职经历。凯恩斯生于1883年，因此到大萧条的时候，他对这些观点已经琢磨了许多年。尽管作为支持政府行动的一个声音，他在议会大厅里很有影响力，但他也清楚地意识到，更好的数据将会极大地增加政府支出，也能够让政策制定者更精确地调整他们的支出。

凯恩斯深信经济紧缩是需求崩溃的结果，因而提倡以策略性的政府支出来刺激需求，并提供足够的短期证券，来诱导消费者增加消费。他将这称为"廉价的货币①，明智的支出"（cheap money, wise spending）。随后政府的目标就是弄清楚它需要花多少钱。凯恩斯认为，假如经济体系要维持健康的话，政府必须支出足够的金钱，来缩小消费者的实际支出和能满足其需要的支出之间的差距。然而，没有可靠的数据和一致的统计资料，政府就只能模糊地感知正在发生的事情。通常当你看到一次经济衰退时，你就能认出它，而政府当然也可以识别税收收入是否由于贸易、产量和支出的减少而正在枯竭。然而，假如你是英国首相，或者是美国总统，你又如何弄清楚多少额外的支出是必要的呢？假如实际需求和实际产量之间的差距是10亿美元，那你至少需要支出10亿美元来弥补这个缺口（而且很可能要支出更多，以启动各种经济活动）。接下来，为了评估这类支出是否实际上发挥了期望的效果，你就需要关于随后进展的硬数据，以确定这一支出是否的确产生了期望的结果。

然而，在20世纪30年代，这一信息几乎不存在。尽管推动建立国民经济核算是一个开始，但是那些最初的计算并未包括政府开支。这时便需要另外一个数字。1934年，和凯恩斯一样，克拉克·沃伯顿（Clark Warburton）深入参与了国民收入的计算，并在后来成为凯恩斯的顽固批评者之一。他提议创立一个能将政府开支包括在内的"国民生产总值"的统计指标。他的动机是寻找更好的测量指标，而不是实施凯恩斯经济学，然而，到了20世纪30年代末，罗斯福政府的政策越来越关注于支出。它急需找到一个统计数值，来证明其支出的合理性。

---

① 廉价货币制，在经济学上指为刺激投资、加速经济发展而保持低利率。——译者注

新政并不是以实践凯恩斯的经济计划而开始的。相反,它展开的一系列特定的计划,主要是为了阻止银行体系的崩溃,并让人们重返工作岗位。然而,到罗斯福第二个任期时,他认为美国联邦政府可以而且应当花钱,以抵消危机中最糟糕的情况,这一想法得到了更广泛的接受。罗斯福本人开始把国民收入核算作为政府政策正在发挥作用的证据,以解释和捍卫他的计划。1936年10月在匹兹堡进行的一次重要的竞选演说中,罗斯福的对手是共和党的挑战者阿尔弗雷德·兰登(Alfred Landon)。在演说中,罗斯福请求人们选举他连任总统,因为他所做的一切,将国民收入从20世纪30年代初的危险谷底拯救了出来,当时胡佛是在任总统。

在这一届美国政府就职之前的4年苦日子里,国民收入已经从一年810亿美元,降到了一年380亿美元。简言之,你、我以及其他所有美国人一起,在1932年所赚的收入,比1929年要少430亿美元。现在,国民收入的涨跌是反映国家兴衰的一个指标,因为它们告诉人们,你和我以及其余的每个人目前的收入是多少。它们同样是反映政府成功程度的指标。政府运作的资金来源于税收;而税收收入的多少,则取决于国民收入的多少。

他决定用赤字财政政策来对付这场经济大灾难,作为结果,罗斯福宣称国民收入大幅反弹。"在1932年它是380亿美元",他告诉匹兹堡的人群,"在1935年它是530亿美元,而今年它将大大超过600亿美元。假如它以当前的速度继续攀升,正如我相信的那样,在不征收任何额外税的情况下,政府的收入将会在一两年之内,足以应付政府的一切普通开支和救济开支。换句话说,能够实现预算平衡。"

正因为库兹涅茨和许多其他人的工作,罗斯福才能够做出这些断言,并且用这样的措辞来形容其政府的成绩。在这些年里,用统计数据来支持政治主张,对于政策制定者而言是一项重大的福利,并且让经济学的论点从纯粹的意识形态,部分地转变为现实。当然,意识形态很快将再次一统天下,而数据将会成为为党派争论服务的仆人。不过,有些改变还是永久的,那就是

03 ▶ 国民收入和来自平斯克的男人

即使最有党派色彩的人，也会援引统计数据来捍卫其经济政策。

罗斯福仍然只能以国民收入的增长，作为政府的政策正在发挥效果的证据。1937年，当开支削减时，经济活动再次急剧萎缩。罗斯福以及他的顾问们认为，财政赤字只应当是暂时的措施，在可行的情况下应当尽快实现收支平衡，但是政府比预期更早地削减开支，阻碍了本就不稳定的经济复苏进程。经济做出的反应，削减支出导致经济衰退，这些本身就是政府行为和国民收入之间存在联系的某种证据，但是仍然没有可靠的一致性数字来证实这一点或让批评者保持缄默。国民收入反映出了政府支出的影响，但是并没有将政府支出作为经济活动中单独的一个类别分离出来。比如说，美国政府在公共事业振兴署上花费了100万美元，随后公共事业振兴署又雇用了10 000个人来修复一座公园，在国民收入核算中，这将表现为那10 000个人的收入，以及那些获得合同的林场和园林绿化企业的收入。不过，在国民收入核算中，并没有明显地区分哪些是政府支出。

自1939年起，罗斯福开始在其提交给美国国会的有关国情和经济状况的年度报告中，定期引用国民收入方面的统计资料。不过，仍然不存在国民生产总值这个指标。那些提倡政府扩张支出的人，需要一个统计量来证明政府支出和整体经济繁荣之间存在着一种确定性的联系。失业率是可以悬挂那些论点的一个钩子；国民生产总值则是另一个钩子。国民生产总值和国内生产总值很像，只不过它包括了所有美国人拥有的产出，不管这一产出是在美国境内还是境外完成的。一名美国商人拥有一家在英国运营的家具制造厂，它生产的所有商品的价值，都会包括在美国国民生产总值之中，但是这并不会计入国内生产总值。相反，田纳西州一家由日本人或者是中国公司拥有的工厂，它的产出在今天会包括在国内生产总值之内，但是并不会计入国民生产总值。考虑到在20世纪30年代，外国合资企业的范围远不如现在这么广泛，国民生产总值是首选的度量标准，并且一直到1991年，国内生产总值才完全取代了国民生产总值。

开发国民生产总值这个指标的举措，是由政治因素推动的，不过，战争的需要也同样推动了这一进程。美国政府中的凯恩斯主义拥护者想证实，在限制性时期，公共工程项目和其他大型的政府计划对于经济的健康运行必不可少。不过，真正推动这个默默无闻的数字成为公共政策焦点的，并非是大萧条，而是接下来的全球性大灾难：第二次世界大战。

1939年，德国入侵波兰，而日本持续推进军事化并扩大侵华战争的规模，美国对此做出的反应是增加军费开支。1941年，罗斯福史无前例地第三次当选美国总统，他请求美国国会支出250亿美元来强化美国的军队；这几乎是整个联邦预算的三分之二。大幅膨胀的开支引发了一些担忧，即有多少钱可以用于防御准备，而又不会严重地削弱已经极度脆弱的国内经济。美国能否逐步提高防御支出，而又不引发必需品的短缺以及大规模的通货膨胀？国民收入并不能衡量这些。国民生产总值可以按部门把商品及服务的总体价值进行分类，反映出这个国家工业生产能力的概况，因而它可以衡量上述问题。

库兹涅茨再次应要求回答这些问题。1942年，他开始为美国战时生产委员会（War Production Board）工作。这一机构负责让美国的经济进入战备状态，并且调度国内制造业的力量，来生产最终让同盟国战胜轴心国的那些坦克、飞机和枪支，这使美国成了"世界的兵工厂"。过多地改变制造业的方向，将会削弱消费者对于汽车这类商品的需求，这也会导致短缺、配给制以及价格暴涨。这些都会对国内经济产生直接的影响，并因此破坏战争时期的努力。

通过实施价格管制，罗斯福政府解决了其中的一些问题。为了避免人们一窝蜂地以令美国经济陷入混乱的方式行事，美国政府也开发出了一些数字，来衡量商品的成本及通货膨胀。这一点很重要，因为美国政府害怕人们会囤积商品，并出于对通货膨胀的恐惧而过度储蓄。通过实施价格管制，发布有关通货膨胀的统计资料，美国政府希望人们能放心，食物、衣服和栖身之所这类基本要素的价格将会保持稳定。

03 ▶ 国民收入和来自平斯克的男人

1942年，为了解答美国是否将绝大多数的政府支出及社会资源投入战争的核心问题，经济学家和统计学家们开发出了一个国民生产总值的衡量指标，来精确计算政府可以花多少钱，以及为了支付战争费用，它可以增加多少税收。尽管自20世纪30年代中叶起，美国商务部就一直在致力于这些构想，但是直到1942年，才第一次正式发布国民生产总值数据。

正如在这场战争中的实际战斗一样，美国人和英国人就开发这些数字展开了密切的合作。凯恩斯再次证明了其思想的重要性。他论证了"通货膨胀缺口"（inflationary gap）这个概念，它是利用国民收入和国民生产总值的数字，来衡量相对于产出的数量，将会存在多少对于商品的超额需求。假如消费者拥有700亿美元的收入（对于1942年的情况的一种粗略计算），并且根据国民生产总值的数字，只有650亿美元的商品被生产出来，那么从理论上讲，当更多的人和更多的货币追逐更为稀缺的产品时，将会导致通货膨胀。为了防止这种情况发生，政府将不得不增加税收，或者是实施价格管制。在另一方面，这些数字让美国政府得以衡量战争对于国内经济的影响。

在战争开始的3年里，美国在战争、提供融资及装备方面所获得的惊人成功，击退了大萧条并让其成为历史。新政8年的积极努力，勉强使美国保持了稳定。长达3年的战争，将美国转变为一个世界经济强国。而在库兹涅茨和凯恩斯的领导下，政府官僚衡量经济并调整政策的能力，将这些统计资料从学术界所关注的领域，转换成亨利·卢斯（Henry Luce）所说的"美国世纪"的支柱。亨利·卢斯也成为象征美国实力的这些数字的主要鼓吹者。

管理战时经济的成功，被誉为人类创造力和技能的伟大胜利之一。作为那些有责任的政府机构职员，连同无数积极配合政府的企业领导一起，将这次胜利视为纯粹意志、国民性（national character）及科学的联合产物。正如我们所知的，第一颗原子弹的爆炸按下了这场战终止键，这其实是一个不太吉利的征兆。当时有数千名科学家和工程师在为曼哈顿计划（Manhattan

Project）^①秘密工作。大多数研发人员都在为这些努力所达到的顶峰而庆祝，除了领导这一工作的那位科学家尤利乌斯·罗伯特·奥本海默（J. Robert Oppenheimer）。目击了第一颗炸弹在新墨西哥州阿拉莫戈多试验场爆炸，奥本海默引用了《薄伽梵歌》（*Bhagavad Gita*）^②中的一段："我变成了死神，大千世界的毁灭者。"尽管他的身边围着许多欢呼的人，但只有他明白什么样的力量已经被释放出来。

在随后的60年里，对于原子弹的来历及它所产生的影响，全世界都存在各式各样的讨论。控制一直被视为不可控制的东西，并束缚对于人类社会而言一直是个威胁的那些力量，同样的冲动推动了20世纪30年代官方统计资料的开发与部署。政府的目标是驯服经济生活这头难以驾驭的野兽，急剧、痛苦且常常是毁灭性的起伏总是决定着人类的繁荣与萧条。一直以来神秘且难以理解的东西，突然间被投射成清晰事物，看起来类似于摄影中的锐聚焦（sharp focus）。这反过来给了人们希望，让他们认为至少可以精确地掌控经济之船，并彻底地终结那些具有毁灭性的周期。

可以理解的是，与征服轴心国相比，利用硬数据和新的统计资料征服经济根本不会得到人们的吹捧。不过，在人们将如何看待现在与未来，以及如何定义力量与成功方面，发明这些指标与在战场上撕杀同等重要。这场战争是严酷的考验，不过，在这场战争结束之后的那些年，这些经济指标已经渗入了经济生活和大众文化的每一个角落和缝隙，这一情况不仅发生在美国，也同样发生在整个世界，这与联合国推进全球化，以及美国极力向全球传播自己的意识形态密切相关。贸易额、就业状况及国内生产总值是关键的要素，但是当政府和私人部门都急于创造一些数字，以捕捉经济生活的各个方面正在发生着什么时，经济指标的种类很快就进入了爆发期。

---

① 第二次世界大战期间美国陆军自1942年起开发核武器计划的代号。——译者注

② 薄伽梵歌是印度教的重要经典与古印度瑜伽典籍，为古代印度的哲学教训诗，收载在印度两大史诗之一《摩诃婆罗多》中。它是唯一一本记录神而不是神的代言人或者先知言论的经典，共有700节诗句。成书于公元前五世纪到公元前二世纪。——译者注

然而，从一开始，国民生产总值和国内生产总值就被局限在它们所测量的领域里。设计它们是为了评估国家的繁荣程度，而设计者们也明白，经济生活中的许多方面被忽略了，或者是没有得到充分的反映。被忽略的不仅仅是家务劳动和业余爱好，而是将那一产出当作纯粹的正数来衡量、却不顾那一产出的本质的那种方式。对于这个从战争和经济萧条的灰烬中出现的新指标体系，艾伦·格林斯潘（Alan Greenspan）是最早的追随者之一。正如他所观察到的，假如美国南部各州购买大量空调（他们的确会这样做）来抵消酷暑的炎热，对于国内生产总值而言，这将表现为一个正数（假定那些空调是在美国制造，这种情况一直到20世纪末都是如此，此后再也不是这样了）。因此，人们花在电费上的钱也是如此。佛蒙特州没有那么酷热，很可能购买的空调数要少一些，并因此表现出比亚拉巴马州低一些的国内生产总值，至少在空调这方面是这样。然而，这些数字并没有透露任何有关这两个州的相对繁荣状况，或者是两者之中任一个州的整体生活质量信息。

库兹涅茨和他的同伴们充分理解，经济指标中包括什么、不包括什么，将会对得到的结论产生重大的影响。使用这些数字的任何人，都有必要同时理解它们的定义及局限性。然而，当这些数字变成了公共政策的试金石和媒体的参考点时，应当对其保持的警惕性都遗失了。

第二次世界大战是20世纪最后一场重大的冲突。随后而来的是一场全球性竞争，它并非由战场定义，而是靠数字来定义的。这些数字旨在证明美国制度的优越性，以及其提供繁荣、力量和幸福的能力。有一段时间，那些关键性指标看起来恰好证明了这一点，直到这个世纪末，当社会习俗和生产的本质开始发生根本的改变，而那些于20世纪30年代初开发出来的指标却并没有改变。那些指标是如何开始统治我们的世界的，这是一个与战争的结束有关的故事，与不断有新国家和新联盟产生的世界有关，并且与一个人相关，他看到了那些数字在捕捉数百万人的想象力方面的力量。

04

经济概念的发明

The Leading Indicators

经济指标简史

"过去的十几年里,我们一直在观察,在美国发生的某种情况接近于一个奇迹……美国难以置信地,已经成为一个充分就业的国家,生产的蓬勃发展令人兴奋,并且这里有比任何已知的地方更广泛的富足……曾一度不健康的美国经济,已经变成了世界的奇迹。"

1953年,在广受欢迎的《生活》杂志(Life)上,出现了一篇名为《美国及其经济》(The American and His Economy)的文章。《生活》是亨利·卢斯(Henry Luce)主办的一系列杂志中的一份。和其他任何帮助塑造战后文化的个人一样,亨利·卢斯大肆吹捧美国的富裕和创造力,谴责其他意识形态是不道德及无效的,并且利用早在几十年前甚至还不存在的统计资料,来为美国方式(American Way)提供支持。

假如20世纪美国经济发展的信念存在一个化身(avatar),那么卢斯正是那个化身。尽管他拥有《生活》《时代周刊》和《体育画报》(Sports Illustrated),但真正成为美国经济体制卓越论宣传车的是他旗下的《财富》杂志。《财富》杂志被视为对美国经济制度的一种喝彩,不过它创刊的1930年却有些尴尬,当时恰逢大萧条将20世纪20年代那荒唐、或许还有些天真的乌托邦主义碾得粉碎。不过这个出版物在亨利·卢斯的支持下重组。最终成为新喉舌，它经常对有关商业的本质以及公司如何面对时代挑战，发出尖锐的、聪明的、甚至是学术的评论。

卢斯的搭档布里顿·哈登（Briton Hadden）生性多疑。两个人都是真正热血的盎格鲁-撒克逊裔白人新教徒（Wasp）①。哈登在霍奇基斯（Hotchkiss）寄宿学校上学，并且于1920年毕业于耶鲁大学，他受过良好的教育却并不富有。他雄心勃勃、出类拔萃，然而却深深地尊重个体与生俱来的价值。卢斯的成长过程更具有非典型性，他与传教士父母一起在中国上海度过了他的青少年时期。这一经历让他终身都对有关中国的一切东西保持着热情，并在后来导致他成为对美国对华政策持激烈批评态度的人之一。他的童年竞争对手哈登，最终变成了其出版合作伙伴。不过，哈登未能从一场疾病中挺过来，他在30岁②就过早地结束了生命。

或许和其的背景很适合，卢斯将一种传教士般的热情，带到了他对美国的构想之中。20世纪30年代经济危机，接着是20世纪40年代的军事危机，这些风险迅速地让卢斯从一名有进取心的出版商，转变成为或许可以宽泛地称为"美国方式"的主要拥护者。这种美国方式包括自由市场、民主以及与其他意识形态斗争，它确定了1945年直到20世纪80年代末美国的外交政策。卢斯就是这种美国方式的传教士，或者至少他的那些出版物是这样，充满着共同的情感，有着丰富的信息，对于美国和美国人解决任何问题和应对任何危机的能力非常自大，然而奇怪的是他们缺乏安全感，并不确信自己能否应付得了上述挑战。对于确定性的自满，与纠缠不休的不安全感混合在一起，或许能在很大程度上解释卢斯以及相关的《时代周刊》和《财富》杂志那种夸张的本质，仿佛美国需要过多的豪言壮语，来迫使美国人响应他们本性中善良天使的号召③。

---

① 估计应当是 White Anglo-Saxon Protestant 的缩略，指美国英语中的盎格鲁-撒克逊裔白人新教徒（在美国社会中居中上阶层地位）。——译者注

② 相关资料显示哈登于1898年2月出生，1929年2月去世，疑是作者有误。——译者注

③ 比喻表现出本性中更好的一面。——译者注

当然，有人可能会就卢斯及其公司所理解的善良天使展开争辩。他与美国新政毫无关系，并且厌恶罗斯福和他的支持者所做的努力，即救助大企业，并且在经济活动中插入政府这个积极的代理人。卢斯极不喜欢罗斯福，反过来罗斯福的感觉也一样。然而，两人都很早就开始鼓吹，美国应该直接参与与德国和日本的法西斯主义的斗争。尽管相互鄙视，他们都主张美国在世界舞台上发挥巨大的作用。

《财富》杂志认为企业是20世纪"文明"的基础，而卢斯也并不羞于使用这类措辞。然而，随着新政的出现，公众的认知发生了大转变。他们对企业、政府和劳工之间的关系、危机产生的原因以及什么是机会的看法和以前完全不同了。有关政府和企业在美国社会中的作用问题，一直存在着巨大的分歧。进步运动一直强调这矛盾，这反过来又提出了劳工的命运这个问题。从进步运动的大锅里，产生了各种各样保护劳工和驯服企业的新法律，也诱发了创造失业率这类统计资料的最初努力。这些数字最终被视为硬数据，而不是无穷无尽的意识形态争斗。

然而，卢斯是一个空想家，而且是很喜欢走极端的那种。他拥有决定了其日程的强烈热情，而且他比某些人更倾向于用信念的棱镜来过滤现实。第二次世界大战之后，美国的世界领导权的那些信念，以及美国经济制度相对于苏联经济制度拥有无比优越性的那些信念，决定了他会用出版物来对美国经济实力进行严格的检验和说明。这意味着在《财富》杂志上会刊登约翰·肯尼斯·加尔布雷斯（John Kenneth Galbraith）和丹尼尔·贝尔（Daniel Bell）这类严肃经济学家的长篇文章，用今天的标准来说，这些都很有份量的文章，他们解释了美国从战争灰烬中产生的新经济的实力，以及在这一过程中其所面临的挑战。而且这种解释是必要的，因为正如《财富》杂志在1946年所宣称的，毫无疑问经济繁荣已经开始，但是没有人确切地知道其中的原因。"经济正在发生着什么？某种情况发生了，但是没有人知道是什么。"

对于硬数据和新统计资料的这种狂热，是美国新政时代的特征，而正是在这种背景下，对统计学的狂热进入了一个新阶段。此前，关键性指标发展的动力大部分来自于学者、公务员、工会领袖以及像参议员罗伯特·瓦格纳这样一些当选的官僚。在第二次世界大战之后，对于统计指标的需求变得更为普遍，企业和媒体都放低了姿态，想尽可能多地得到上述信息。其中的一些情况，就是对苏联想要用数字来证明其驱动生产的体系更加优越的论调，做出一种直接的反应。苏联政府不断地以制造出数百万辆汽车、轧制了数千万吨的钢、开垦和播种了多少公顷的地、生产和部署了多少武器这种措辞，来吹嘘它的工业生产。不过，改进和创造关键性指标的热情，也由一些新的力量所推动。这一方面是出于理解美国经济体系本质的需要，另一方面则是想要继续驯服并最终控制不守规矩的繁荣和萧条模式的愿望，这几乎是人类历史中普遍的顽疾。

1945年之前创造出的统计指标，总是与萧条和战争的共生危机有关联，而在这之后的世界，则以如何衡量富裕而不是危机为标志。并非只有美国人，世界各地的人们几乎都开始研究如何定义自己，这方面的显著转变也是这一时期的标志。数千年来，对于社会发展的评价标准，都是军事实力，以及让人们活着或是满足的食物和安全。20世纪之前衡量国家的那些努力，几乎没有在公众意识中留下印记。即便埃塞尔伯特·斯图尔特和他的同伴们充满热情，很大程度上，在一个关注于征服领土、推进科学和工业发展的更大文化的阴影之下，他们只能艰难地前行。

然而，作为一支物质实力空前的全球力量，美国的崛起迅速推动鲜为人知的经济指标成为国民生活中一个主要的、永久的要素。在20世纪20年代之前的任何时点，没有哪个"街头的普通人"会去考虑国民生产总值或是国民收入，这并不仅仅是因为这一数字还不存在。人们不会依据国家整体的物质产出，来思考国家、社会以及个人的生活。而且，他们也不会通过一系列的指标来标记成功或失败。

第二次世界大战之后，有两个原因使这一切发生了显著的改变。尽管失业、国内生产总值和通货膨胀（我们之后将会讨论）指标的基本轮廓形成于20世纪30年代，但是直到第二次世界大战后，它们才合并成简单、直接、可以不间断地定期追踪和发布的统计资料。本质上，这些数字在20世纪30年代就被创造出来了，但在1945年之后才得到大面积传播。当人们拥有了一些关键性指标之后，他们就开始做通常会做的事情：发明更多的关键性指标。

造势宣传非常重要；没有这一步骤，那些数字或许依然有用，但肯定依旧默默无闻。第二次世界大战之后关键性指标大量产生，部分源于政府推动，部分是由工业界的推动。卢斯的《时代周刊》《财富》《商业周刊》及全国各地类似的媒体渠道也起到了重要的作用。私人指标由美国供应管理协会（Institute for Supply Management）这样的专业协会，密歇根大学这样的高校，以及世界大型企业联合会（Conference Board）这类非营利组织开发。同时，美国人口普查局、各美国联邦储备银行分行、劳工统计局、经济分析局以及其他的机构，都在继续着它们的统计工作。这些指标在范围、规模和复杂性方面得到了长远发展。最后一个要素是，诸如联合国和世界银行这类新创立的全球性机构所收集、整理和分析的信息海量增长，所有这些引发了人们对于数据和统计资料的渴望和迷恋，而这种状态一直持续到今天。

重要的不仅仅是这些指标的繁荣发展，而是它们逐渐成了美国文化的中心，以及全世界各个社会的中心。第二次世界大战之后的那些年，它们走向全球，也因为新兴的国际社会为了评估世界是否继续处在一条良性增长的经济轨道上，而产生的对于共同标准及共同度量的一种特别需要。在那些年里，对耗尽了许多条生命、持续这么多年的世界大战，人们总是将其视为停滞不前、没落的经济哲学和体系的产物。防止一场新的崩溃，并且确保世界各地的人们每年都更能满足他们的物质需求，这一点被视为和平与安全的核心。

这些推动力量一起创造了我们如今所知的"经济"。在没有度量标准和指标之前，"经济"这一概念并不存在。在20世纪中叶之前，经济活动这种说法并没有被发明出来。不过，被称为"经济"的这一事物已经出现。在 20 世纪 40 年代以前，人们并不使用这个短语，并且他们才刚开始把有关一个国家的物质生产，看作是可以定义、衡量并持续追踪的一个一致的、有凝聚性的对象。所有人可以试着在谷歌的 Ngram 综合性网站上查找"经济"这个短语。Ngram 是一个数字化资源库，包括了版权出现以前的所有文字。在 20 世纪 30 年代以前，"经济"这个短语几乎没有出现；而在那个年代之后，它的使用量猛增。简言之，关键性指标创造了"经济"这个概念。

经济学作为一个概念，一直处于不断地演化中，它与民族国家深深纠缠在一起。让这一概念变得无所不在的那些数字，是首先由政府开发出来，用来衡量国内整体状况的。在数个世纪里，思想家和经济学家们不断地修补衡量产出的办法，为的是将自己国家的实力与其他国家进行对比。不过，创造这些数字的最初动力是，政府想要用它们来理解国内正在发生着什么。除了评估其敌手和同盟国的实力是正在上升，还是在下降之外，它们对其他国家的情况兴趣有限。因此，在 20 世纪 30 年代，不存在衡量产出和就业的国际统计数据。这些统计数字都留在了每个国家的边界之内。即使边界变得不那么重要了，并且国家之间相互渗透的程度不断提高，这一情况也只是有略微的改变。

正如我们将看到的，即使在全球化的今天，在一个更像由国家、公司及个人所组成的三维棋盘的世界，几乎所有的指标仍基于这个理念，即经济是一个封闭的系统，它被限定在国家的物理边界之内。在第二次世界大战之前，这或许是挺重要的，但是自那时起，随着每一个 10 年的流逝，其重要性越来越低。可以做这样一个类比，假如美国的经济信息是一个州一个州地收集起来的，那么将会有 50 个不同的国内生产总值数字，将阿拉巴马州和密西西比州之间的贸易额或者新泽西州和纽约州之间的贸易额，从各个州所宣称的增长之中加上或者减去，再加总 50 个州的数字，就得到了唯一的国家产出数字。

20世纪中后期，你可以发表一个很具有说服力的论点：尽管经济活动常常跨越国界，但它们还是应该被包含在国界之内。尽管民族国家作为主要的经济单位会引发一些问题，但也比没有经济单位要好。作为一门学科，经济学产生于19世纪，和民族国家崛起的时间一致；因此经济学家把国家当作一个封闭的系统来看待，它定义了被称为"经济"的这一事物。到20世纪末，经济活动深深地被地理边界束缚着。为了控制自己边界内所发生的一切，各国政府都使出了浑身解数。政府热情地设定各种货币，而黄金则充当着各国衡量其货币相对于另一货币的价值的共同标准。即使在自由贸易的名义下对关税和税收有所放松，但它们仍然是各国捍卫自己、排斥竞争的真实障碍。中央银行（而且在许多方面仍然如此）是国家政府所建立的监管实体，管理国家经济事务及国家货币的印刷。

因此、对于20世纪前半叶的经济学家和统计学家而言，将"经济"定义为一个起止于国家边界的封闭系统，是很有道理的。显然，国家并不是唯一的经济单位，但它最适合经济学家构建模型。然而，当现实仿佛是各个国家的封闭系统时，贸易、资金和人的流动还是存在的。尽管如此，经济学家还是建立了一些理论，将某一经济体当作一个最终总是会达到平衡的、封闭的系统来看待。古典经济学理论认为，供给和需求的力量支配着经济生活，而这两种力量最终会达到完美的平衡。价格、工资和产出，所有的事物最终都将相互抵消，因此在库兹涅茨和其他人开发的国民经济核算体系里，一个分类账有两个方面：产出和收入，投入和产出，每一方面都必须精确地与另一方面相匹配。对于一个经济体而言，这是一种纯粹的科学方法，就像一个真空室，没有任何物质可以被摧毁，也没有什么能被创造出来。

当人们缺乏一套理论来解释这个不守规矩的物质世界的运行规律时，用一些数字来衡量它，无疑是一个巨大的改进。它为政府提供了一种衡量和评估现实的方式，也提供了一种手段，以检验政策是在发挥积极效果，还是在造成损害。它激发起了整个社会更大的自信心（有时是错误的），即人们不必完全受神秘和危险的经济风暴支配。人们太过于依赖于20世纪末到21世纪初所演变来的经济指标,这是本书所关注的核心问题,但笔者并非是对最初创造这些指标的行为进行谴责。文艺复兴时期的航海家所使用的早期工具,比如星盘和原始的指南针,与今天的 GPS 系统相比,差距甚远。在许多情况下,这些工具甚至不幸地很不准确,这对于非常依赖它们的勇敢的海员来说,有时候甚至是致命的。然而,与凭借肉眼导航,靠天上的星星、太阳和和月亮作为参照点,以及参考数千英里海域未做任何标注的海图相比,它们是无价的。20 世纪初发明的经济指标也同样如此;与之前相比,它们无疑是一大改进。

1945 年,在个别政府的内部,尤其是美国、英国和苏联政府,往往流传着一些精选出来的指标。20 年之后,指标开始遍及各处,不再仅限于政治、商业领域,而是越来越多地出现在日常词汇之中。它们也走向了全球。到 20 世纪 60 年代末期,世界上的每一个国家都根据联合国设立的标准,建立国民经济核算账户,并且发布国内生产总值的数字。假如它们没有这样做,就会面临来自于世界银行、联合国及美国政府的巨大压力。与同一时期发生的核武器扩散相比,经济指标在全球的扩散并没有那么突然(而且远不会引起惊慌),但是在关乎数十亿人的日常生活方面,它同样重要,或许还更为重要。

今天,在谈到不同国家的国内生产总值或者国民收入、贸易额时,没有一个人会感到很新鲜了。中国和美国近年来的摩擦,大部分是围绕贸易统计数据及国内生产总值数字而产生的。20 世纪 90 年代,对于《北美自由贸易协定》(*North American Free Trade Agreement*)的担忧,也大部分集中于它对就业、贸易和工资产生的影响。这些问题并不抽象。它们激发了公众的热情。而人们对这些问题的感受如何,几乎完全是经济指标和党派引导的产物。

然而,在 1945 年,人们还难以想象一个充斥着这些数字的世界。在创造它们的那些人之中,没有谁打算让它们成为如此突出的社会标记。不过,这确确实实地发生了。卢斯这样的人在推进美国方式时,想用数字来证明自己,这对经济指标的大规模扩散,起到了重要作用。另外,在全球化进行中创建的新机构——联合国,也在这一过程中发挥了关键作用。

两次世界大战使欧亚地区的人民深陷痛苦中,造成了巨大的破坏和死亡,为了避免这种情况再次发生,人们怀着强烈的抱负和理想主义,在1945年创建了联合国。如今仍记得这一点的人越来越少了。国际联盟是构建国际社会的第一次尝试,旨在防止爆发灾难性的战争,而联合国则是它的2.0版本。联合国本应纠正国际联盟的那些缺陷,其中最明显的一个缺陷,是没有将美国作为一个成员包括在内。联合国将成为一个有关集体行动和集体安全的论坛,同时拥有联合国大会,和由得到授权的精英国家所组成的安全理事会,这些国家可以作为全球和平的管理者而采取行动。

为了和平和繁荣而创立一个多国论坛,其固有的理想主义成分再怎么多说都不算夸大。联合国设想了这样一种状况的可能性,即拥有近乎持久的和平,只会偶尔被正义战争所打断。显然,这并不是一个以近乎持久的战争、偶尔被和平的间歇打断为特征的零和世界。而且,与之前的国际联盟不同,面对各个国家都可能是侵略者,而统治者都是潜在的暴君这一现实,联合国采取了一种单刀直入的方法。由最强大的国家来监督的集体安全,不仅将成为推动和平进程的一个工具,也是将其付诸实施的一个工具。

当时的总统哈里·杜鲁门(Harry Truman)宣称:"联合国旨在让它的所有成员都可能获得持久的自由和独立。"这样的豪言壮语,是那个时代的特点。非裔美国人、诺贝尔奖获得者、联合国缔造者之一的拉尔夫·邦奇(Ralph Bunche)说道:"联合国是我们的一个伟大希望,它意味着一个和平且自由的世界。"联合国宪章在不到1年的时间里就被设计出来,并在1945年6月26日签署,它勾勒出了一个有关国际和平,以及为了保护它而精心设计的组织结构的整体构想。由于在联合国成立之后,紧接着就是美国和苏联之间的关系恶化,这一组织在安全方面的作用,比起初预期的要突出得多。随后,国际社会在数十年里一直在关注着安全理事会中上演的各种阴谋。当事实证明,它不能克服其最强大成员之间的敌意时,作为国际事务中受到尊敬的一支力量,联合国的影响正在减弱。

联合国成立后,随即在1948年颁布了《世界人权宣言》(Universal Declaration of Human Rights)。因为它清晰地界定了世界所有公民的政治权利,所以时常被人们提及。其内容包括言论自由、免遭任意逮捕的自由、禁止酷刑、法治以及宗教信仰的自由。然而,人们很少提及、甚至认为只是次要内容的是,与经济权利相关的那整个部分。

这些经济权利,在当时作为人权的特征,与宗教自由和法治具有同等的地位,包括闲暇和休息的权利,享有充足的食物、庇护所、衣物的权利,享有医疗保健的权利,享有一个针对失业、残疾、疾病和养老的安全网的权利。联合国自身的组织不仅包括一个联合国大会和一个安全理事会,也包括一个经济及社会理事会(Economic and Social Council),负责监控全球的经济活动。其目标是保护和促进经济安全,并且经济及理事会被视为是与安全理事会平行的机构。那些大国将通过安全理事会的机制来保卫国际安全,而经济及社会理事会的成员国则会保护和促进全球的增长。

然而,冷战兴起所带来的压力,将经济权利推向了一边。在随后的数十年里,分裂全球的那些斗争,几乎完全以政治哲学的措辞来定义。西方世界关注着苏联和各种由军事独裁者所统治的国家,并不断攻击它们的政治体系太压抑。经济问题当然不会也被遗忘,美国和国际机构花费了数十亿美元来援助发展中国家,以提高其生活水平,并证实自由市场的优越性。不过,这些年主要的焦点,还是美国和苏联之间的竞争,而联合国安全理事会常常处于国际危机的中心。

然而,在联合国本身,经济发展和经济权利仍然是一个有力的议题,而这个新组织首先要做的事情之一是,形成一套可以标准化,并能应用于世界上每个国家的国民经济核算体系。20世纪40年代之前,只有几个国家拥有反映其国民经济活动的基础草图。在几十年之内,世界上的每个国家,都在以同样的方式衡量产出、收入和国民财富。比较和排名随后就出现了，每个国家都会根据经济规模被排序。全球强弱排名接着又诞生了，它并非由军队的规模或是核弹头的数目来界定，而是由人均收入和国内生产总值这样的新理念来定义。

联合国是以惊人的速度创立起来的。尽管后来联合国总是因为臃肿的官僚机构和惊人的低效率而遭到人们的非议，但它生下来时其实很瘦。1944年年末，中国、苏联、英国和美国共同确定了其基本轮廓。《联合国宪章》于1945年的夏天正式被通过之前，在旧金山经过了长达几个月的充分讨论。在那年的12月，"国民收入统计委员会"成立了，并且向联合国统计委员会（UN Statistical Commission）提交了其成果。

很少人报告这些进展，而且诚实地讲，他们为什么要这么做呢？统计学家讨论全球国民经济核算规则，这很难成为让一个汇报者出人头地的素材。这一主题甚至很难形成一篇能吸引《财富》杂志注意的文章，它缺乏关于经济扩张与紧缩的争论、凯恩斯主义者鼓励支出与自由市场主义者坚持不干预之间的争论。然而，这个默默无闻、由统计学家组成的委员会，负责向同样默默无闻的统计委员会汇报，它的工作将最终形成数十亿人理解他们的生活的方式。他们将以此来衡量，在满足自己的希望、需要和预期方面，国家和政府做得有多好。

大多数在这些领域辛苦工作的人，都处于默默无闻的状态。不过，有一个人不是这样，并且和西蒙·库兹涅茨相似，他成为了其领域的偶像。最终他还因为在界定一直很冷僻的领域，即在国民经济核算方面的创举，赢得了诺贝尔经济学奖。理查德·斯通是一个典型的英国人，生于第一次世界大战前夕，是伦敦出庭律师唯一的儿子。他忠诚地追随其父亲的教育经历，成为至尊男校威斯敏斯特学校（Westminster School）的预科生。不过，斯通很快辜负了父亲对他的适度期望。1930年，他的父亲被任命为印度马德拉斯（Madras）的一名法官。在斯通后来的回忆中，他讲到过父亲向学校校长询问该如何处置理查德。"假如我是你的话,"这名校长回答,"我会带着他一起走;看起来他在这里并不能做得很好。"因此,正如斯通在生命尽头对来访者所讲到的,他"去了印度,并且度过了一段愉快的时光"。

在"帝国衰落的心脏"旅居的日子,斯通接触到了更宽广的世界。不过,他很快"依照父亲的计划"回到英国,在剑桥大学注册。在那里他学习了罗马法,研究了希腊语和拉丁语。然后,他第一次违背了他父亲的希望,将自己关注的焦点从法律转到了经济学,并因此同时为法律和经济学做出了伟大的贡献。

当年,斯通接受到的经济学教育,并不是充满了数字和等式。那些年,该学科仍然偏向于人文科学,并且需要深深地沉浸在各种作品中,不仅仅是亚当·斯密的《国富论》,还包括西格蒙德·弗洛伊德(Sigmund Freud)关于人类心理本质的随笔。另外,他们还要阅读马克思和列宁的文集,为的是理解其分析经济问题的方法及解决方案。斯通被经济学吸引的原因很简单,大萧条正在他的周围蔓延,并对当时的主流思想构成了严峻挑战。当时政界和学界都充斥着对有关社会稳定性的假定,并认为可以将社会当作一台机器来理解,官员和智者可以拉动他们的杠杆来获得更大好处。斯通遇到了一名良师益友科林·克拉克(Colin Clark),这一位关注于国民经济核算的年轻讲师,他也喜欢在独木舟旅行中带上斯通。贵宾餐桌,撑船活动,小狗爬来爬去,漫长冬夜,在异常舒适的田园世界里,斯通参与了由大师凯恩斯领导的研讨会。

随后斯通毕业、结婚,并且在伦敦劳合社(Lloyd's of London)找到了一份工作,为国际航运评估保险合同。战争的爆发打断了这一切,斯通被派往名字不吉利、匆忙被召集起来的英国经济作战部(Ministry of Economic Warfare)。不知是他的性格过于亲切,还是这份工作太不实在,他转到了英国战时内阁(War Cabinet)[①]的经济部门,研究国民收入账户。在那里他开

---

① 指战争时期由英国执政党的少数当权人物组成的内阁,目的是掌握一切大权以便集中权力进行战争。——译者注

始与凯恩斯合作，并且连同他的同事詹姆斯·米德一起，首次尝试了创立一套国民收入核算体系。这与同一时间西蒙·库兹涅茨在大西洋彼岸所做的事情很类似。在改进了英国的那套核算体系之后，斯通冒险横跨大洋去与他的加拿大同行和美国同行会面，以协调各国所做出的努力，并创造共同的标准。

在第二次世界大战结束、联合国成立之后，推进统一的国民经济核算标准的工作才得以加速。斯通在普林斯顿高等研究院（Institute for Advanced Study at Princeton）待了几周的时间，尽管他在那里的工作可能并未受到阿尔伯特·爱因斯坦这类物理学家的影响。当时爱因斯坦正在努力对付原子分裂所释放的创造性和毁灭性的强大力量。原子能对全世界的人如何理解生活呈现给他们的风险和机会时，必将对未来产生长远影响，这一点是显然的。快进60年，人们正遭受着焦虑的折磨，并且因为对经济生活不断改善怀有希望而充满活力；除了当一家发电厂发生故障，或者流氓国家威胁将发动战争，他们很少仔细考虑过核武器或者核动力问题。

并非只有联合国在推进国民账户国际标准的发展。许多第二次世界大战之后成立的欧洲组织也参与其中，美国在1948年以马歇尔计划（Marshall Plan）的形式对此提供了援助。该计划很慷慨，它与国家安全密切相联。当时的总统哈里·杜鲁门希望它能涉及更多的国家，不过美国国会在批准这一计划时，还是增添了一些附加条件。为了持续收到援助，欧洲国家必须满足特定的增长及发展标准。这样一来，衡量这一援助对经济活动所产生的影响就变得很有必要。

无论是联合国的制度上的推动力还是马歇尔计划，都致力于创立将会促进和保卫全世界的经济发展的国际体系。或许斯通一直给人以最亲切的英国人的印象，他是松散悠闲的学者，然而他深深地受到萧条和战争双重打击的影响。欧洲国家和世界花了数个世纪才创造的一切，在10年之内几乎全部被摧毁。和他的许多同行一样，他相信一个崭新的统计学框架是一个至关重要的工具，能确保这个世界再也不会不认真对待由恐惧、稀缺和无知所带来一片漆黑。

04 ▶ 经济概念的发明

第二次世界大战后的几十年，斯通接受了联合国和其他机构的职务，他开始频繁地在剑桥学术界与其他领域穿梭。在凯恩斯的提议下，斯通成为剑桥大学应用经济学系的系主任，开始致力于将学术理论研究与在现实世界的应用融合在一起。他明白，要想让一套真正的国际标准发挥作用，需要更好地把握世界各地发展水平的巨大差异。1950年，他去了尼日利亚（曾经是英国的一个殖民地），在那里研究国民经济核算。正如他后来用典型的低调说话方式所解释到的："这一工作带给我们许多新的问题。"对于英国政府而言，可以利用曼彻斯特工厂生产的细节信息，对于美国政府而言，有克利夫兰支出状况的细节信息，这些在尼日利亚这片拥有数百个部落的土地上完全不存在。英国殖民机构曾记录了一些情况，但这种资料太少。

尽管如此，斯通还是创造了一套体系。和库兹涅茨为美国所做的一切非常相似，斯通和来自全世界的志趣相投的统计学家和经济学家一起工作，来改进记录一国产出和投入的国民经济核算复式框架。有一点让问题复杂化了，斯通采用了一种与库兹涅茨不同的方法，这本质上是技术性的，然而，这一点让美国编制国民账户的方法，与20世纪70年代之前世界其他国家的做法之间，产生了一个分歧。不过，所有的模板都共享了一种评估一国经济产出的基本方法，这使得联合国在1953年颁布了一套国民经济核算体系（System of National Accounts）。

这套核算体系改变了人们理解社会物质生产兴衰起伏的方式。断断续续的历史片断都被汇聚到了联合国颁布的国民经济核算体系之中，这包括中国古代的皇帝雇用大批一丝不苟的官员，来记录农作物并且在国库称量黄金，罗马人把高卢人（Gauls）和野蛮人的贡税制成表格，中世纪和文艺复兴时期的学者们统计国家财富的偶然努力，以及从19世纪一直到20世纪初，为了通过数字和统计资料来描绘经济生活所做的那些尝试。这些账户是一幅关于国民经济活动的地图，可以应用于世界上的任何国家，而且随后它们也得到了应用。它们将一个经济体当作一个投入与产出、生产与消费、出口与进口的机械系统。国民经济核算是对该系统的系统化衡量，然后就可以被政策制定者用来完善其政策。经济周期看似仁慈,实际上难以理解,它总像天气一样难以让人们做好准备。为了避免受其支配,世界各地的政府接受了这套国民经济核算体系,希望消除那些阻止人类实现其全部潜能的破坏性力量。

  这种语言和这些目标显然都是乌托邦式的。这些统计上的创新及描绘经济活动的方式,被视为终结贫穷、缓解短缺、终结稀缺和走向富足的关键。尽管不能保证经济增长,但它得到的也绝不仅仅是对抗经济收缩的一个公平机会。这些年来的一个核心信念,是社会可以从稀缺中解放出来,不管是通过革命重塑社会秩序,还是通过增长来改善它。许多的发展机构和联合国都在积极应对疾病和饥饿的挑战,它们的雄心源于类似的坚定信念,即自战争的恐惧之中,有可能迎来进步和康复。广泛收集、比较和整理过的统计资料,可以让管理机构判断其努力是否取得了成功。

  联合国对于这些指标的全球传播极为重要,但是它并非推进这一扩散过程的唯一力量。世界银行和国际货币基金组织都是与联合国同时诞生的国际机构,其成立的宗旨是为世界各地的政府和项目提供融资,着眼于终结贫穷,并产生可持续的经济增长,这使它们对于统计数据有着无尽渴望。美国的企业积极寻求为它们自己定制的数字,以指导支出和招聘计划。各种媒体开始将一些简单的大概数字,理解为正在不断发展的经济状况的一部分。很快,这些数字就不仅仅是指南及政府和官僚机构的工具,它们变成了人们用来讨论"经济"现实的一种语言。当人们对于未来经济的焦虑开始上升时,这些数字迅速地进入了公众领域。简言之,它们变成了社会全貌的一部分。

05

经济的全貌

The Leading Indicators

The Leading Indicators
经济指标简史

扼要回顾一下迄今为止我们已知的事实：第一批关键性指标的产生源于政府的需要。实际上它们都是宏观统计数据，旨在揭示经济的整体态势如何。失业率、国民收入、国民生产总值、进出口贸易额、农业产出以及随后我们将看到的通货膨胀指标，全都是界定"经济"状况的指标。设计这些指标的初衷，并非帮助个体去掌控其经济生活。毕竟没有哪个人的个人失业率是 7.0%。我们自己的失业率要么是 0，要么是 100%，尽管这一数值有可能处于中间，比如你只达到了自己想要工作程度的一半。尽管在评估经济体系的潜在产出方面，国民收入指标对于政策制定者极为有用，但它难以反映公民个人的生活状态。因此，20 世纪 40 年代之前，这一指标组合揭示了国家经济活动的大量信息，但对于人民经济生活的反映，却显得颇为不足。

最初的指标浪潮导致宏观经济学发展成为一门主要的经济学学科。它也为凯恩斯主义经济决策及其他决策方法的兴起提供了条件。快进到当今，这种从宏观角度看待经济政策的方式，已经被政府和国家深深嵌入到我们生活的方式和政府治理国家的模式之中，很难想象没有它们的世界会变成什么样。这些关键性指标隐含在政策之中，融合在集体讨论"我们正在如何行事"的方式之中。

然而，还有其他一些类型的关键性指标，它们并不是政府创造出来的。尽管大多数宏观经济指标是在第二次世界大战爆发前和第二次世界大战时期被创造出来的，但仍有许多其他指标是在第二次世界大战之后才面世的。这些指标关注的不是经济体系和国家的态势，而是聚焦于人民和行业的状况。它们并非由服务于政府的官僚或理论经济学家们发明，而是经济学家、心理学家、统计学家、市场营销者以及经营管理者们的意见混合折衷之后的结果。

我们将再一次看到，经济学研究是基于这样一种信念，即"经济"是一台机器，也是一个封闭的体系。对这台机器的理解越透彻，对它的各个变量的测量就可以更加精确，就更能如我们所选择的那样去掌控它，以避免数世纪以来，一直令我们的社会处于兴奋和动摇状态的狂热扩张和急剧收缩。更好的指标可以带来更优的政策，而有了更优的政策，国家经济陷入萧条和崩溃风险的可能性就会小一些。显然这是凯恩斯及其信徒们希望看到的结果。

古典经济学和凯恩斯主义看起来可能非常死板——钱进，钱出。然而凯恩斯本人并非如此。他非常尊重大多数人塑造其行为、并推动结果发生的动物精神（animal spirits）。库兹涅茨也承认，在核算国民经济时特地将家务劳动排除在外，其实是过度重视宏观而忽略了微观，或者换句话说，把注意力放在国家和经济系统上，却忽视了民众。由此产生的统计数据的确有助于平抑经济周期所带来的极端状况，然而在评估现实中人们对"经济"这一极其抽象事物的体验时，却显得毫无意义。

不管怎样，一些经济学家意识到，人至少是一个重要的变量。假如说库兹涅茨和凯恩斯是宏观指标的化身，那么乔治·卡托纳（George Katona）就是微观指标的教父。卡托纳创建的指标不仅仅是最微观的，也是最不明确、最难界定、最模糊和难以捉摸的，如消费者信心指数（Consumer Sentiment）[1]。这些指标衡量的并非是产出和贸易额这类非个人所能决定的整

---

[1] 也有学者将其译为消费者情绪或消费者心态（《中国社会科学报》2012 年 7 月 23 日第 333 期，中国人民大学经济学院教授周业安《卡托纳建立"老行为经济学"》一文）。在翻译时译为目前大家所熟悉的消费者信心（Consumer Confidence），因为它们所表述的意义大体一致。——译者注

体经济状态，而是更为情绪化、个人化、更难用概数来捕捉的一些事物：人们对其经济生活的态度，以及他们对未来的预期。

很少有经济学家被这些问题所吸引，但是话说回来，实际上卡托纳并不是一名经济学家。1901 年，卡托纳出生于匈牙利首都布达佩斯的一个犹太人家庭。当时奥匈帝国正逐渐走向衰落，他的背景与库兹涅茨有着一些相似之处：两者都是犹太人，在移民去美国之前，都曾在欧洲的大学接受教育，而且在成为各自领域的伟人之前，都被政策和经济学的关系所吸引。然而和库兹涅茨不同，卡托纳被人类心理学与行为的复杂领域所吸引。他没有将世界视为一个需要用图表规定其运行的机械系统，而是将其看作不断改变的人类态度的产物。库兹涅茨想要创造一个模板来衡量经济；卡托纳力图建立一个有关欲望、倾向、恐惧和希望的数据库，它们支配着个人的经济行为，比如某个人是买了一辆车还是一台洗衣机，或者是出于过分的小心而储蓄。

第一次世界大战末，卡托纳进入德国哥廷根大学就读。在两个世纪之前，作为启蒙运动自由探索精神的庇护所，汉诺威选帝侯①、英国国王乔治二世建立了这所学校。卡托纳遵循传统取得了实验心理学博士学位。它是一门新的学科，试图通过深入细致地研究……真实的人类行为，来证实有关人类行为的理论。这一学科的基础，是通过研究主体在受控制的模拟情境中的反应，或是通过集中的调查和问卷调查，来检验有关人类行为的假定。这些实验适时地成为了"行为经济学"这门学科的基础，它主要探讨人类心理学和经济行为之间的联系。假如传统的经济理论把理性人（rational actors）这一见解奉若神明，那么行为经济学信奉的则是我们并非理性人的这一看法。

在完成了自己的学术研究之后，卡托纳首先去了法兰克福，随后去了柏林，在那里他见证了魏玛共和国时期德国②的崛起，以及在恶性通货膨胀的

---

① 德国有权选举神圣罗马帝国皇帝的诸侯。——译者注
② 1919 年刚刚推翻了封建帝制的德国选择了魏玛小城，召开国会、制定宪法，建立了共和国。不过，它只存在了不到 14 年，并且由于任命了希特勒为共和国总理，而把德国带入了纳粹德国（1933—1945 年）时期。——译者注

笼罩下，该共和国随纳粹党上台而解散的过程。卡托纳同时还是一名记者和银行分析师，并且在这些年里，他也深入研究了格式塔心理学。尽管在20世纪60年代和70年代，作为自我发现的另外一条路径，这一术语将会在美国流行文化中占据重要地位，但是在20世纪30年代，它还只是理论心理学的另外一个分支。格式塔主义认为，人类首先会识别结构，接着继续组织他们的想法和行动。当我们看一栋建筑物时，我们首先看到一个结构，而不是各式各样的地板、窗户、外壳和砌体。我们渴望秩序和意义，所以就找到它。

卡托纳对于人类行为理论不那么感兴趣，更多地是想解决人类行为所引起的社会问题。在这些问题之中，最严重的是导致了社会秩序崩溃的德国通货膨胀。社会秩序的崩溃，魏玛共和国的终结，以及纳粹和希特勒的上台，这些迫使卡托纳在1933年离开德国前往美国。当时美国身陷大萧条的需求崩溃之中，它正上演着的情况正是通货膨胀的反面，即通货紧缩。

对于20世纪30年代的大部分时间而言，卡托纳把他在人类心理学方面的兴趣，和对于市场的迷恋结合在一起。在德国，他为银行工作过，到纽约后，他加入了博采众长的社会研究新学院（New School for Social Research）的教员队伍，同时还作为一名投资顾问而工作。第二次世界大战的爆发，以及1941年12月7日之后，美国直接介入这次冲突，导致他对经济学和心理学的共同兴趣再一次融合在一起。卡托纳已经在德国目睹过通货膨胀对经济的侵蚀作用，在1939年成为一名美国公民后，他深深地担忧战争会导致美国产生通货膨胀，因为为了支持战争，商品都开始实施配给。在他的《无通货膨胀的战争》（War without Inflation）一书中，他认为，正如通货膨胀是经济学家们所强调的货币供应量这类典型因素的产物一样，它也是消费者预期的产物。卡托纳的结论是，为了防止消费者假定通货膨胀率将会上升，政府必须创建"一个格式塔"，它将缓和那些担忧，并且反过来创造价格稳定的预期。

尽管凯恩斯会将这种对于人类情感和知觉的强调，看作形成经济轨迹的一个关键因素，但对于大多数经济学家而言，关注于情感和行为的这种混合方法，不可思议且不受欢迎。"理性人"原则的假定是，个人会利用他们可以支配的所有信息，来使自身的利益最大化。在亚当·斯密和大卫·李嘉图的古典经济学里面，这一理念奠定了其基础地位。随后，在20世纪经济学作为一门学科而步入繁荣期时，这一理念又被赋予了更完整的形式。不管怎样，这一概念与卡托纳的看法形成鲜明的对比，因为他将个人决策看作是无数的原因所产生的结果，不仅包括最大化收益的欲望，也包括从恐惧、贪婪再到希望等各种复杂而强大的情绪的相互作用。

第二次世界大战期间，他在美国农业部做了短暂的停顿，在那里卡托纳继续有关消费者心理学的工作，他的看法慢慢成形。他偶然间发现，经济活动存在一个关键性推动因素，但往往被研究者忽略了，那就是消费者的态度。第一套关键性指标衡量的是行为，而不是感觉；对于卡托纳而言，那是一个明显的遗漏。卡托纳曾接受过心理学的训练，并且推测消费者的感觉会影响他们支出的内容。他们支出什么，接着就会决定经济活动是扩张还是收缩，并因此影响，从生产、产出到通货膨胀和就业的每件事情。因此感觉和行动之间存在着一种直接的联系，并且假如政策制定者并不考虑这一联系，政策就会有瑕疵。卡托纳做出了如下的推理：不管怎样，假如你可以可靠地测量情绪，你不仅可以更有效地估计正在发生的事情，也可以更有效地估计将来可能发生的情况。

第二次世界大战结束时，卡托纳结束了他在政府的职务，前往密歇根大学。连同人数日益增长的手下，他迁到了安娜堡。密歇根大学刚建立了一个问卷研究中心（Survey Research Center），正在寻找一位有活力的领导。卡托纳想要建立一个关于消费者态度的数据库，而这所大学愿意负担这笔费用，考虑到这一点，它确实是一个很好的安身之所。

事实证明，这种关系对于双方都是非常有益的。卡托纳开始将工作重心放在首次关于消费者信心的调查上，同时精心编制一个相关指数，从而在那些调查的问题中产生一个数值分数。这个指数越高，说明消费者就越乐观；这个指数越低，说明消费者就越悲观。它很容易理解，也很简单，很快就成为社会和媒体评论的中流砥柱。对于"经济"的这个新的、不定形的统计实体，"美国的消费者"感觉良好还是糟糕？它成了一个度量指标。

直到1981年逝世之前，卡托纳一直待在安娜堡。这所大学不仅继续而且不断扩展着他的工作，并靠他的工作赚到了不少钱。在数十年里，密歇根大学从该中心的研究中获得了巨大的利润，不管是从字面意义，还是从象征意义来说，都是如此。随着20世纪向前迈进，事实证明，销售这些指标变得越来越有利可图。卡托纳的工作，连同其他统计方面的实质性努力，比如说世界价值观调查（World Values Survey），让密歇根大学成了这些领域的全球领导者。卡托纳和密歇根大学的联姻，使得社会科学研究以与自然科学（Hard Sciences）[①]极为类似的方式，开始为高等教育创造收入流，关于这些，有许多故事可以写下来。最后，全球媒体企业集团汤森路透（Thomson/Reuters）获得这一指标的授权，这一集团随后进行营销并将它卖给全世界的企业、投资者和媒体渠道。这成了一笔大生意。这些数字的发布可以影响市场走势，对冲基金和交易员之所以愿意支付大量资金第一时间获得该数据，这是很重要的原因。

私人指标（private indicators）的商业化，与目前为止所讨论的统计资料的公共资助形成了鲜明对比。美国政府通过给劳工部（下设劳工统计局，负责收集失业和通货膨胀数据）及商务部（下设计算国内生产总会及各种贸易数据的经济分析局）预算，付款给那些编制国内生产总值、失业指标、通货膨胀指标、贸易额及其他的许多指标的员工。美国各州政府有自己的统计办公室，负责衡量各州的产出和就业情况。紧随卡托纳和密歇根大学的联姻模式，在整个20世纪，私人来源的数据不断涌现，它们并非作为一项公共服务而产生，而是事实证明数据和统计资料是一桩有利可图的生意。消费者信

[①] 也译为硬科学（指物理学、化学、生物学、地质学、天文学等自然科学），为了与前面的社会科学呼应，故译为大家熟悉的"自然科学"。硬科学与软科学（soft science）相对应。——译者注

心调查最初只是热情的产物，它想将消费者的态度和经济行为联系起来。当 20 世纪结束时，它成了世界最大的信息公司之一所销售的一套数据集。

卡托纳的首个重大问题是，搞清楚第二次世界大战的结束，以及数以百万计的军队的遣散，会对美国经济产生什么影响。他担心，战争的结束，以及从战时经济过渡到自由市场体系，将会导致通货膨胀率急剧上升且产出下降。在所有可能的情况里，这将是最糟糕的一种。首先，美国人被抑制了数年的需求将会释放，他们一直在储蓄，并且在战争期间拒绝了奢侈品和必需品。然而，接着就会供给不足，因为这个国家的工厂无法足够迅速地从生产坦克和弹药，转到生产汽车和家用电器上面来。当数以百万计的士兵从战场返回，并且数以百万计在战争中得到雇用的妇女回归家庭时，还会存在高失业率这样的额外负担。

然而，这些让人担心的情况并没有发生。相反，美国的经济蓬勃发展。尽管通货膨胀率在 1945 年显著上升（超过了 8%），但没有窜升到德国在两次战争之间的那种破坏性水平。美国的消费者也没有太快地打开他们的钱包，而使这个国家充斥着太多的钱。相反，在短暂的过渡期，这个国家经历了健康的增长。

卡托纳对于这个问题的贡献，在于主张通货膨胀是消费者预期的结果，而非仅仅是货币供给或货币需求失衡的产物。当人们认为将会有显著的通货膨胀现象时，他们会调整其行为。"对通货膨胀的担忧增加，（会引起）美国消费者减少他们的可自由支配支出，并且增加他们的储蓄率。"他解释道。实际上，这看起来正是战争结束时所发生的事情。对通货膨胀的担忧似乎很普遍；战争结束之后，美国消费者正如预计的那样，的确开始更自由地花钱，但接着，他们就开始担心起了通货膨胀。这反过来又刚好使通货膨胀得到控制，从而限制其损害。卡托纳已经识别了情绪和行为之间的联系，以及在宏观层面上，消费者的感觉和有形的经济产出之间的联系。

当时，卡托纳在密歇根大学进行的调查，始于这样一个假定：人们对经济状况的看法，与他们决策的形成，以及他们花多少钱密切相关。假如你可以衡量一个典型的消费者心理剖面的感受，你就可以预言在未来几个月，他们是更可能储蓄还是消费。"人们（对经济）的感觉越好，他们花的钱越多"，卡托纳说，"而当他们的感觉越糟，他们花的钱越少。"这些调查开始于1946年，并且从第一批多问题问卷的几百份回答中，卡托纳得出的结论是：消费者支出的未来前景是光明的。该信念的基础，是当时整个社会普遍存在的对于未来的乐观看法，调查范围从非技术工人，跨到专业人员和管理人员。卡托纳认为，这种乐观将导致较长一段时期的稳定支出，而不是基于恐惧的储蓄。对于通货膨胀的担忧，将会成为抑制开支失控的一种力量。这使得美国经济处于长期的最佳位置。

在那些年里，实际上卡托纳并未使用过"经济"这个词。很少有人这样做。相反，他谈到的是支出、储蓄和情绪，还有这些因素在预测未来活动中的准确性。即使对于那些年里最见多识广和最忙碌的人而言，"经济"这个概念几乎还没有形成，因为还没有数年的指标来让它成形。这并不意味着对于基本问题的关注变少了，比如"我们做得如何""接下来将会发生什么"。卡托纳认为，其调查将增加回答这些问题的可能性。

第一次调查是在1946—1947年完成的，并且其结果也被学者和官员广泛地使用，尤其是美国联邦储备委员会。考虑到这个委员会的职责是控制通货膨胀，这一切就合情合理了。最初，这些调查每年开展一次，其方式是对3 000个"支出单位"（spending units）进行长达1小时的面谈。支出单位这一笨拙的术语代表的是一个共同支出财力的家庭。卡托纳的研究人员更喜欢访问丈夫，因为他被普遍认为是担任着决定主要家庭开支的家长。如果丈夫不在附近，调查人员有可能会访问妻子，假如她完全了解家庭的财政状况的话。

你可以很轻易地批评这些调查背后的假定。丈夫真会做出最终的支出决策吗？很多妇女们其实控制着家庭采购，并且掌管着整个家。不过，至少这

The Leading Indicators
经济指标简史

一套方法清晰且具有一致性，而那些研究人员致力于正确地采样，接触主要的地理区域，并且小心地平衡城市和农村地区。20世纪50年代初，卡托纳引入了消费者信心指数（Index of Consumer Sentiment）这个新指标，从那时起它一直被保留至今。这一指数提供了确定消费者整体信心的一个简单数字，并且它是基于向500个人提出的6个问题而得出的。不久之后，问题数减少到5个，和今天仍在询问的5个问题一模一样，同时由密歇根大学和世界大型企业联合会展开调查。不过从1967年起，后者开始编制它自己的消费者信心指数（Consumer Confidence Index）。

这些问题很基本，并且几乎每个人都可以理解："你认为你的财政状况比一年前要更好，还是更糟？展望未来，你认为在未来一年里，你的财政状况是会更好，更糟，还是维持原样？现在转到整个国家的商业情况，你认为在接下来的12个月里，我们会拥有经济繁荣的好时光，还是经济不景气的坏时光，或是其他的什么情况？展望未来，你会说哪一种情况更有可能：在整个国家未来5年左右的时间里，我们将会有持续的繁荣，还是我们将会有广泛的失业或萧条时期，还是其他的什么情况？一般而言，你认为现在是人们购买主要家居用品的好时机还是坏时机？"尽管某些语言已经稍微做了适度的调整，但这些问题仍然是消费者信心指数的支柱。根据这些问题的答案，将会创建一个数值。1966年的调查数据将被当作基准，即100；在往后的年份里，这一指数曾经低至50，而在20世纪90年代令人兴奋的日子里，这一指数曾经高达110。

这些调查迅速进入了大众的意识之中。1967年，密歇根大学的调查出现了一个竞争者，由世界大型企业联合会展开的调查，但这其实有助于增强两者的公众形象。新闻机构发现这些报告很有吸引力，因为它们给出了一个月度数字，在关于美国人当下感受的文章和评论里，这可以当作出发点。盖洛普咨询公司（Gallup Organization）收集的民意测验数据可以用充当这些指数的补充。比如这家公司询问的具体问题有"你觉得苏联怎么样？美国现在应该在越南打仗吗？你对总统的表现是满意，还是不满意？"在一个其成功和失败越来越多用经济来衡量的社会，随着每一年的流逝，这些信心指数所获得的关注就越来越多。

然而，即使这些指数的公众形象和知名度有所增强，经济学家通常还是不太重视它们，也没有给予足够的尊重。卡托纳认为，这些度量指标不只在描述态度方面有用；他认为它们还可以帮助预测近期的经济前景。他也认为，在经济学模型中被当作柔性事物来对待的东西，比如情感、态度以及个人的意见，当你把它们全部放在一起时，就是一个关于未来前景的关键指标。这一假定几乎立刻遭到学术机构的质疑和挑战。1955年，美国联邦储备委员会召集了一个调查委员会，其责任就是确定密歇根大学的调查及这个指数是否真的预测了消费者的行为。这个委员会由亚瑟·史密斯（Arthur Smithies）主持，未来的诺贝尔奖得主詹姆士·托宾（James Tobin）也参与其中。它得出的结论是否定的，这些调查并没有准确地预测人们支出或储蓄的状况。任何一个学术研究对此建立了一个确定的或引人注目的关系。卡托纳做出了反击，指责他的批评者滥用这一信息。他说不能简单地通过一年后"再次采访"人们，看看他们的行为是否与他们的回答相关的做法，来判断这些调查的用处。相反，作为经济指标，它们全都是有用的。任何一个家庭，或者是一组家庭，其行为可能与他们之前所说的存在很大差异，但是合在一起，这些调查将会形成一个关于消费者信心的"格式塔"或全貌，而这种信心随后会在整体消费者的总体行为中得以体现。

然而，即使在这一点上，多数后续的研究也未能证明，这些调查和未来的支出或储蓄之间存在着一种清晰并且可靠的关系。这种情况绝非因为在这方面缺乏研究。实际上，一代又一代的学者们，试图发现消费者信心和消费者支出之间那难以捉摸的关系，或者是明确地证明不存在这样的关系。毕竟，更好并且更敏锐的问题是人们针对一组有限的问题，对他们在某一特定时间的感觉的表述，它们真的能预言消费者将如何行动吗？

例如某个人说，他们认为一年之内情况会更糟糕。然后，假如一年后这个人再次接受了采访时表示，他缩减了开支。这个调查成功预言了结果，这的确是个诱惑。然而，如果他们是因为疾病，因为突然失去工作，或者是因为意料之外的孩子的诞生才减少了支出，又会有什么不同呢？又或者是由于宏观上的恐慌，政治上的戏剧性事件，比如说古巴导弹危机，肯尼迪总统遭暗杀的事件？这些或许对决策的影响更大。在人们说他们将会怎么做，以及他们随后的行为之间建立一种关联，看起来就像因果关系，而实际上可能并非如此。当受访家庭并没有以他们说过的方式行事，某些研究者就会大叫"明白了"，认为这暴露出调查在衡量这些活动方面毫无价值。然而，其中的逻辑被证实是不稳定的。这个行为本身让它看起来仿佛是，在人们所表达的信心和其未来行为间不存在任何关系，然而行为意外改变的唯一原因，常常是世界也发生了出乎意料的变化。1962年夏天接受调查的一个家庭，或许对于他们的经济前景感觉良好，而且真的打算在未来的数个月里多花一些钱；接着古巴导弹危机爆发了。这或许是政治上的一次失败，但是它可能算不上是信心调查的一次失败。

卡托纳用防御和含糊其辞来应付这些批评。他的论点是，态度以某种方式清晰地塑造个人行为，因此它们也必定以某种方式塑造集体行为。关于人们对未来的感觉，知道得更多比知道得更少要好；即使得出明确的结论并不可行。由于二者之间缺乏牢固的联系，这导致美国联邦储备委员会停止了对该调查的资助，也使得经济学界将它的注意力转移到别处。

不过，许多职业经济学家持有的怀疑态度，与公共利益成反比，这种情况绝不是最后一次。事实证明，卡托纳的工作在吸引注意力和获取资金方面如此成功，以至于其他机构纷纷模仿。1967年，世界大企业联合会开始了自己的调查。世界大企业联合会的指数把样本规模扩大到了5 000个家庭，而且在下一期，不是再次访谈其中的一些家庭，而是重新开始对新的一组5 000户家庭展开调查，它通过这种方式将它自己与密歇根大学的研究区分开来。20年来，《货币》杂志（*Money*）和美国广播公司新闻网联合推出每周的消费者信心指数。这些指数全都获得了关注，尤其是来自媒体、投资者以及大量经济预测人士。

没有人可以很好地证明这些指数预测了任何事情，但是很少有人愿意一起处理它们。正如卡托纳主张的，不管这些调查是否预测了行为，它们都在一定程度上揭示了朦胧的个人心理状况。从好色之徒到实用主义者，各种人都有兴趣知道人们在想什么。我们中的大多数人，都对其邻居的真实想法拥有一种深厚而持久的兴趣。和许多其他关于价值观、性生活习惯、宗教信仰以及对于紧迫问题的看法的调查一样，这些信心调查都很有趣，因为它们告诉了我们一些有趣的事情：关于这个被称为"经济"的新事物，人们的情感体验如何。

这些研究表明人们的态度和行为之间不存在简单的关系，因为既不能证实也不能证否二者之间有什么关系，所以卡托纳和他的模仿者们可以继续坚持这种关系的确存在。许多研究表明，几乎不可能断言当人们对未来感到悲观时，他们会减少消费并且增加储蓄，或当他们对未来感到乐观时，他们会增加消费并减少储蓄。与未来行为之间，存在着一致相关性的唯一预期，似乎与购置汽车和购买大型耐用消费品相关。许多研究表明，曾表示他们很有可能在未来几个月购买一辆汽车的人，与那些表示他们不可能购买汽车的人相比，实际上更有可能在未来的几个月里购买一辆汽车。其中的原因是什么呢？这很难搞清楚。对于需要一些计划和研究的大额项目，人们声明的意图很可能是采取实际行动所必需的第一步，而且没有这种意图，他们就不可能这么做。毕竟，很少有人能够或真的凭一时冲动而购买一辆汽车，比如，没有人会说："嗨，你好，我刚好路过，并且决定买下那辆特斯拉。"

当这些指标预言的事情正的发生时，或当其他指标暴露其弱点时，卡托纳和其他精心设计了这些指标的人就会跳出来。人类感到悲观的原因有很多种，有些是经济上的原因，而有些不是。人们在二月份会处于季节性的悲观，这因为节日开支、过多暴露在家庭的疯狂行为之中以及这个国家大部分地区的隆冬让人们感觉沮丧和脾气暴躁。接着，在春天结束、夏天来临时，他们又会变得乐观，在8月份达到信心的巅峰，这恰好与假期、海滩和舒适的天气保持着一致。

人们也会对外部的冲击做出反应，有些时候这可以准确地预测未来行为，有些时候则根本不能。在最近的记忆里，消费者信心指数在2001年4月下滑到8年来的低点，就在股市泡沫急剧崩溃以及随后的经济衰退之后；那年4月的指数的确预示了将来会有一段艰难的时期，即使没有"9·11"恐怖袭击，情况也是如此。在另一方面，当伊拉克入侵科威特之后，密歇根大学的消费者信心指数在1990年秋天急剧下跌，而在1991年年初美国军队获得成功之后，消费者支出又显著增加。有些时候，消费者整体的悲观情绪是消费者对经济轨迹的解读的函数，比起经济预测者依赖的那些统计指标，这种解读要更早或者说更直观。他们实时感受到缩短的工时、更少的换班、即将来临的裁员、安静的商店和管理层的焦虑，他们也能迅速地注意到信贷紧缩，或者来自于当地银行的更高利率。本质上而言，这些情绪衡量指标正确的次数恰好足以让其引人注目，而错误的次数又过于频繁，以至于很难让人觉得可靠。

情绪衡量指标也弥补了进出口贸易额、农业产出、失业率和国内生产总值这类数据的一个明显缺陷。它们提供了一个衡量人的因素，否则就完全是对于物质系统的机械衡量。失业率数据只是一些数字，而在卡托纳的职员开展的一项调查中，一个家庭表达的悲观情绪，表明了一些更大的问题：幸福、满足以及这个国家和社会的结构是否最大化地实现它们。这些调查证明了人们安全感的程度，而这反过来又提出了这样的问题：社会现有的系统是否在为更多的人发挥更大潜能方面提供了帮助。人们仍然在争论社会成功的实际目标和衡量标准应当是什么，而这些调查当然不会回答这些。然而，在指标与有血有肉的人的生活体验产生的交集方面，它们的确曾经、并且现在仍然能提供一个主观视角。

直到1981年逝世之前，卡托纳一直很活跃。他更加深入地研究了预期和通货膨胀之间的关系，并且试图解开预期、态度和物质富足之间的复杂关联。他对广告业可以操控消费者去购买的假定提出了挑战，并且利用多年的调查数据证明，在行为和思考的过程中，人们会变得更聪明、更敏锐和更踏实。他们并非仅仅为了最大化其经济利益；他们期望能够通过文化、艺术、教育和休闲来丰富自己的生活。卡托纳已经离开了在经济上处于崩溃、被恐惧所统治的欧洲，他透过移民的玫瑰色眼镜来观察美国的大好河山。他的乐观态度也让自己能在20世纪70年代发现经济稳定和平衡的信号，当时对消费者和社会的评估普遍处于很偏激的状态。这类态度在当时非常缺乏，正如21世纪开端的美国那样。

尝试将情绪作为定量衡量的一项内容，并将这一数字与支出、储蓄和未来的增长联系起来，这拓宽了20世纪中叶可以利用的指标范围。经济的全貌不仅仅是由政府所编制、旨在帮助政策制定者评估政策的大型综合指标来反映，也越来越多地由视角明显不同的私人指标来反映。20世纪后半叶，企业和专业协会发明了一些新衡量指标，它们同样渴望清楚地了解市场，正如政府官员们希望清楚地了解经济的整体健康状况一样。

一些私人指标起源于大萧条时期。这其中最突出的指标之一，就是很有影响力的美国供应管理协会月度制造业调查（采购经理人指数，Purchasing Managers Index，或者PMI）的萌芽。在数年时间里，它已经发展成为经济活动中最为突出的指标之一。它创立于20世纪30年代，在某种程度上是为了响应胡佛总统的督促。胡佛不仅因为缺乏清晰并且一致的就业和国民产出信息而沮丧，还因为没有来自行业的实时可靠信息而感到挫败。他建议美国商会（U.S. Chamber of Commerce，美国当时和现在最大的企业志愿协会之一），带头展开调查并获得数据。这家机构的确这样做了，但是它想要聚集数百家企业的努力成为了泡影。

它倒下来了，而美国全国采购代理商协会（National Association of Purchasing Agents）揽下了这个活儿。在20世纪的前数十年，制造业已经用弗雷德里克·泰勒（Frederick Taylor）的科学方法进行了合理化和彻底的改革。然而工厂对于零部件和原材料的管理还是非常原始的，企业的命运被交到了采购代理人的手上,他们必须凭感觉正确地预测价格、供给和需求,否则就会让他们的公司遭受失败的厄运。这些代理商使用非正式网络来估计价格和供给,透明度极低。尽管这些个人调查有可能极有价值,但是它们的范围有限,并且实际上只包含接受调查的那些人。这就是企业开展业务的方式,而且一直以来都是如此。贸易商交易的不仅仅是港口的商品,还有传闻、信息和情报,比如遥远的城市的行情,谁正在购买什么,谁赢谁赔,什么紧俏、什么过剩。

然而,当经济萧条加深时,使用非正式网络和来自同业公会的非正式内幕新闻,显然无法运行一家企业或一个经济体。大量失败的企业和破产事件就是证明。口头传达也导致了毁灭性的反馈回路。认识到必须采用更严格数据之后,采购代理商协会致力于展开一项有关当前企业状况的调查,这些代理商成了主要的信息来源。代理商将提供新订单,以及它们的数量是在上升、下降还是保持不变的信息。另外,它们还被会问及存货和积压待办的事务,以及商品价格、雇用计划和供应商交货是否及时等信息。

这些问题的答案会及时记录在案,并且创建一个公式来将这些答案并入一个综合性数字,就像消费者指数一样。尽管第二次世界大战打断了这场调查,它还是在战争结束后得以继续,并且成为了解企业状况的一个主要信息来源。实际上,美国供应管理协会指数(ISM Index)与国内生产总值之间存在着异常高的相关性。在预测整体产出是在扩张还是在收缩,以及扩张或收缩了多少方面,它是为数不多比较准确的先行指标中的一个。

20世纪最后的数十年,指标的数量激增。住房建筑调查(home building surveys)是美国商务部和人口普查局负责的,不过该调查是由20世纪20年代的成屋销售调查和房地产市场指数扩展而来,它们原来分别是由全美地产经纪商协会(National Association of Realtors)及全美住房建筑商协会(National Association of Home Builders)创制的。人口普查局扩大了其调查的范围,并且在整个20世纪它使用的方法,更切合于企业的需要,强调从建筑到零售销售,再到小企业创建等所有事情。各式各样的联邦储备银行分支机构,在建立数据库方面也一直很活跃,从诸如纽约、费城和里士满

（Richmond）等分支机构编制的地区制造业调查，到关于全美国的工业生产和产能利用率的调查和报告。

美国商务部对指标激增做出的反应，是在20世纪60年代尝试将所有指标放在一起，创建一个巨型指数。它定期发布一个有关所有指数的摘要，并且按照先行指标（提示未来的趋势）、同步指标（提供关于现在的概况）及滞后指标（确认趋势）的类别，将它们分组。最重要的滞后指标是失业率。失业率没有表明任何有关未来失业率的信息，只与已经发生的情况有关。它也"滞后"于生产这类其他指标的整体下滑。一个先行指标预示着其他指标的变动；建筑许可或制造业订单数是先行指标，因为当它们上升时，建筑活动和生产活动也有可能增加。反过来说，假如建筑许可突然停止，很可能从建筑活动到大宗商品价格等许多其他指标，都将很快减速。

1995年，美国商务部将它的指标系列卖给了世界大型企业联合会，从此这个机构开始发布它的经济先行指标指数，并且将这一指数作为经济预测的一个重要工具来进行销售。该指数由美国政府及密歇根大学这样的私人机构编制的10个主要指标构成，接下来它还会结合标准普尔500指数中的股票表现，以及由美国联邦储备委员会提供的货币供给信息。然而，使事情变得有些混乱的是，该联合会的先行指标指数既包括经济学家所定义的先行指标，也包括滞后指标。从"主要的"这一意义上来说，它们是先行的。尽管有这些类别，但它确实是从一系列指标中合成而来的，首先由美国商务部汇编，接着由世界大型企业联合会继续编制，这样我们才得到了这个伞式术语（umbrella term）①"先行指标"。

将一个指标定义为滞后指标、同步指标或先行指标，与另外一个重要概念经济周期（Business Cycle）②有关。指标是先行还是滞后，是基于经济学家认为我们处于"经济周期"的哪个位置，我们正走向一次衰退，还是在从衰

---

① 或称伞式术语，是一种比喻的说法，表示此术语涵盖几个术语的术语，或叫做概括性术语、术语集术语或总术语。——译者注
② 也译为"商业周期"，但学术论文中一般使用"经济周期"的译法。——译者注

退中挣脱出来。正如这些指标在 20 世纪才被创造出来一样，定期发生的"经济周期"的概念也是一个近期的发明。我们将它看作经济学的一条规律，但是假如真是这样的话，那么只算它是一条新规律，而且仅仅经过了几十年的检验。

1946 年，美国国家经济研究局（库兹涅茨和其他有影响力的人开始其工作的地方）的两名经济学家，亚瑟·伯恩斯（Arthur Burns）和韦斯利·米切尔出版了一本名为《测量商业周期》（*Measuring Business Cycles*）的书，他们在经济学史上是赫赫有名的人物，但是在那时候，他们正处于职业生涯截然不同的阶段。米切尔已经建立了这个研究局，并且雇用了库兹涅茨，就像他雇用了伯恩斯一样；他正处于同时由他的组织能力和他的导师身份所标记的卓越职业生涯的末期。伯恩斯那时 40 出头，是另外一位来自东欧的犹太移民，出生于加利西亚（Galicia）。他在美国找到了一个家，并且转向经济学研究。

在美国政府和那时刚兴起的宏观统计学浪潮的中心，米切尔注意到有一些模式多年来似乎在重复，而通过数据或许能够预测它。他一直在仔细考虑这样一个问题，事实上是否存在随着时间的推移，拥有一致特征的经济周期，即使特定的细节有可能改变。是否可能存在一个共同且重复的模式，人们却已经错过了，只因为没有充分的信息？是否可能存在见证了兴衰起伏的经济周期，就如一个人的生命周期是从出生到死亡那样？

到 20 世纪 40 年代中期，人们为了界定国民收入、价格、失业和产出做了大量的工作，但是随着时间的推移，仍然没有足够的能力来比较它们的变化。正如伯恩斯和米切尔所解释的："对经济活动周期性波动的最长记录，出自当代的新闻记者。它们表明，那些以报告贸易状况为其职责的人，在明确经济周期这个概念之前很久，就对繁荣与萧条的交替变化印象深刻。它们指出哪些年被同时代的人视为经济景气的年份，而哪些年又被视为不景气的年份，因此这对识别后续的经济周期并对它们的持续时间做出粗略的测量很有帮助。"

一流研究机构的两位顶尖经济学家将对经济周期的最初理解归功于新闻记者，那么随后该领域又是如何发展的呢？米切尔和伯恩斯的工作是将经济周期从新闻记者观察到的某种事物，变成可以被当作宏观经济学"规律"来看待的统计概念。出于这样的原因，他们的工作显著提升了美国国家经济研究局的形象：这家机构成为自我任命的实体，它得到了官方认可，可以宣布美国何时存在或已经存在一次经济衰退。在最近几年里，这种确认常常是通过回顾过去而做出的，毕竟相关指标都是用已经发生过的事情来加以评估。例如2000—2001年的那次经济衰退，直到它终止之前，并没有正式地被宣布。显然，"宣称"一次衰退的权力是巨大的，并且会对整个社会产生明显的影响。

作为经济体系的关键，对经济周期进行严格的管理，显著地影响了我们今天理解生活的方式。我们使用的语言反映出了这一点。在媒体和政治活动中，我们谈到衰退及复苏，走向或走出衰退，进入扩张或进入减速阶段。所有这些术语都是基于基本的（而且未受过质疑的）观点，即对于整体经济而言，经济活动遵循可以被测量的周期性模式，并且随着时间的推移，这些模式能被人们所熟知。正是这种熟悉，甚至是可预测的特性，支持了这样一种观点，即政府、企业以及个人，可以采取措施来抵消最坏的影响，或至少为它们做好准备，并且尽可能地让它们持续的时间较短，影响的程度较浅。它将凯恩斯主义推向了一个新层次，并且证明了这样一个信念，即一直以来神秘而且强大的事物，即那些让政治家和公民未察觉到且毫无准备的经济转变，可以被驯服、描述，可以被绘制成图表并为人们所控制。

经济以规律性的周期为其特征，而后者遵循的熟悉模式，是由一系列确定我们正处于周期哪一阶段的统计数据来说明的。这种观念已经成为我们看待这个世界的重要方式。它决定着大公司的资本支出和招聘计划；它影响着一位企业家是否将创办一家小公司，并且银行的贷款人员是否会为他提供资金；它影响着投资建议的形成，以及巨型养老基金和个人的退休计划。

不过，正如本书这么多篇幅一直试图表明的，在当今的世界中，如此明显、熟悉并且被人们所接受的经济周期概念，是一个非常新的概念。直到第二次世界大战之后，当伯恩斯和米切尔出版了他们的著作后，这一概念才得以被广泛接受。经济周期的概念随后提供了更多对于这些指标有效性的验证。在几年之内，就好像那些概念和指标一直都永远存在一样，它们被广泛地报道，并且在各个政府和行业密集地使用。诸如《时代周刊》《财富》和《新闻周刊》这样的杂志，开始定期刊登有关这些数字的评论，《纽约时报》和《华盛顿邮报》等主流报纸也是这么做的。行业协会不只是创建了自己的指标，也创立了一个讨论商业的完整框架，它们常常根据经济周期来评估当前的状况。其中的假定很清楚：假如你正确地识别了经济周期，你就可以预测下一次的需求增加，或者经济的下一次疲软。

到了 20 世纪 70 年代，这些概念不仅渗入了商业和政治领域，而且渗入到了整个文化中。由于联合国和世界银行的推动，许多概念输出到了全世界，正如国民经济核算和国民生产总值（或国内生产总值）一样。即使是"大街上的普通人"，也开始用"经济"现状这样的分析框架，来看待社会问题和挑战。在 20 世纪 70 年代，由指标测量和定义的经济挑战成了社会深切关注的问题。它们对许多国家领导人提出了挑战，有可能已经导致某一位总统下台，并且将经济统计的形象和影响力提升到了新高度。罪魁祸首？是通货膨胀。因定义经济周期而使自己成名的亚瑟·伯恩斯，发现他处于正被自己的创造物拉下马的尼克松政府的中心。

06

通货膨胀率：
从关键性指标到政府的骗局

The Leading Indicators

The Leading Indicators

经济指标简史

1974年8月,《纽约时报》宣称:"亚瑟·伯恩斯是不值得受到尊敬的预言者。"沉默寡言的伯恩斯是从学者转为政策制定者的,对于这位已经71岁的老人而言①,上述论调无疑有些严苛了。不过,当时美国经济确实正处于一段艰难的时期。理查德·尼克松得到了伯恩斯的支持,反过来也对伯恩斯表示支持。在美国国会继续推进其弹劾案之前,尼克松正濒临不光彩辞职的境地。美国正体验着急速的、如逃跑一般的通货膨胀率,这一指标刚刚突破了11%,并且比任何人记忆中的数值都要高。越南战争以失败告终;美国人的信心有所动摇;第二次世界大战结束以来强有力的经济增长引擎正在放缓,许多人质疑它是否能再次加速。

接任尼克松的杰拉尔德·福特,在1974年10月8日发表的一次重要演讲中,将通货膨胀率视为全民公敌。这次演讲称为"WIN speech",意指立即对抗通货膨胀(Whip Inflation Now),它见证了福特的宣言:"我们自由的企业体系依赖于有序的资本市场,在这一市场中,人民的储蓄可以得到有效的利用。今天,我们的资本市场完全处于混乱状态……谨慎的货币约束很有必

---

① 作为美联储主席,亚瑟·伯恩斯得到的评价与学术声望并不太相称。不少人认为:他是"当代最政治化的"一位美联储主席,过于听命于华盛顿的政治需要。另外,据说他那种生硬、高高在上的态度,以及独断专行的管理作风,也与他的前任在美联储里塑造的和谐气氛格格不入。——译者注

06 ▶ 通货膨胀率：从关键性指标到政府的骗局

要。然而所有的美国民众应当知道，一直以来美国联邦储备委员会的主席亲自向我保证，货币和信贷供给的扩张将足以满足我们的经济增长的需要，并且在任何情况下，都不会发生信贷紧缩。"突然间，美国联邦储备委员会及其沉默寡言的主席被推向了美国政治的漩涡中心。而且在随后几年，创立于1913年的美国联邦储备委员会，受命管理的内容不仅包括价格稳定和对银行业的监督，还延伸到确保充分就业这一领域。

世代以来，通货膨胀从未成为美国的一个议题，但是作为一种潜在威胁，它也从未从伯恩斯这类中央银行行长的集体意识中淡出过。作为尼克松在1968年总统竞选时期的顾问，伯恩斯将通货膨胀视为经济繁荣的最大威胁，在通货膨胀率有所降低，经济显得强劲的时候同样如此。美国曾经历过大萧条，却从未遭遇20世纪早期令德国和其他欧洲国家陷于贫穷的恶性通货膨胀。即使是在这样一个国家，在极端经济状况的循环之中，通货膨胀仍然占据着特别地位。在所有中央银行行长中，对通货膨胀的恐惧最为强烈，美国也不例外。

可仅仅是保持警觉还是不够。伯恩斯担任美国联邦储备委员会主席长达8年之久，然而事实证明，对抗通货膨胀超出了他的能力范围。自那时起的数十年里，有关引发20世纪70年代"大通胀"导火索的争论从未停息，而对于美国联邦储备委员会或美国国会应该采取什么措施去改变这一经济发展轨迹的争论同样无穷无尽。与包括西蒙·库兹涅茨、韦斯利·米切尔以及欧文·费雪（Irving Fisher）在内的学术同辈们不同，伯恩斯在关键时刻成了一名政策制定者，而他在经济方面的正统观念，无论是对还是错，都被证明与20世纪70年代喧嚣混乱的美国现实不匹配。

经济方面的政治活动变得如此突出，并非始于20世纪30年代。20世纪70年代的通货膨胀，成了引发社会主要争论的透镜。第一波通货膨胀浪潮似乎一直是由国际事件引发，这一事实帮助在对内政策和对外政策之间架起了一座桥梁，并让通货膨胀成为三任总统执政期间令人兴奋的议题，它还推

The Leading Indicators
经济指标简史

动了罗纳德·里根在 1981 年上台执政。1973 年 10 月的阿以战争，即著名的"赎罪日战争"（Yom Kippur War），导致阿拉伯产油国对以色列的西方盟国实施石油禁运，而美国首当其冲。

紧随着石油禁运及其引发的能源成本猛增，从 1973 年开始，美国的通货膨胀率急剧上升。1971 年尼克松宣布美国放弃金本位制①，这一重大决定同样导致了接踵而至的通货膨胀率的飙升。这些事件中的任何一件，其破坏性都足以动摇价格的均衡，因此在当时以及后来的人都主张，20 世纪 70 年代的"大通胀"不是中央银行行长们遵循经济正统而采取的不适当政策的产物，而是超出银行家和经济政策制定者控制的全球力量的结果。以芝加哥大学的经济学家米尔顿·弗里德曼为代表的批评者，一直认为是政府创造出了太多货币，通货膨胀首先是政府控制的货币供给的产物。然而，不管原因如何，20 世纪 70 年代的通货膨胀，使经济政策恢复到了上次在大萧条期间曾看到的突出水平。在 20 世纪 70 年代被当作参考点使用的许多经济指标，正是在大萧条期间被创造出来的。

没有人质疑 20 世纪 70 年代曾经存在着高通货膨胀率，但是许多人同时想知道其背后的原因，以及它实际上达到了多高水平。第一个问题是经济理论问题；第二个问题是关于统计学中"通货膨胀率"如何计算的问题。而且，假如这些问题还不够棘手，有一个额外让人苦恼的问题：这段期间自始至终，负责计算价格的机构，即美国劳工统计局，正忙于就它是否夸大了通货膨胀率而展开多年的辩论。最后的结果并不让人惊讶，一个新公式表明，通货膨胀率并没有人们想象的那么高，也不像人们在日常生活中所体验的那样严重。

有两种力量在起作用：一种是当普通人购买杂货，比如一辆汽车，或者将油箱加满油的时候，他经历了什么。另外一个是每个月消费者物价指数（Consumer Price Index）说了什么。前者是对于价格的生活体验；后者是我们称呼"通货膨胀率"的一个统计数值，一个指标。

---

① 实质是放弃美元与黄金挂钩的固定汇率制度，实行黄金与美元比价的自由浮动。——译者注

06 ▶ 通货膨胀率：从关键性指标到政府的骗局

这一指标，和其他的关键性指标一样，是 20 世纪初的产物。它比国民经济核算出现得要早一些，在埃塞尔伯特·斯图尔特所处的时代，失业统计数据有了较大的发展之后，它才开始出现。现代的通货膨胀概念是政府努力衡量价格的一个副产品，这些努力同样源于进步运动的推动，它旨在评估工业体系是否能够让大多数公民满足他们的基本需要。在 19 世纪末期，曾经有一些为衡量价格而做的最初努力，而美国劳工统计局也曾于 1907 年和 1912 年在一些城市做了一些初步的价格调查。接下来，在 1916 年，改良派的劳工统计局局长罗伊尔·米克授权展开一项有关支出的调查，它涵盖了哥伦比亚特区超过 2 000 户家庭，旨在回答一个简单的问题："美国家庭的生活费用是多少？"这反过来又导致 1918 年官方首次发布生活费用指数（Cost of Living Index）[①]。

然而，这一指数完善得非常缓慢。隶属工会的工人是唯一坚持要求更好的衡量指标的力量。工会开始要求任何工资协议都必须与生活费用挂钩，主张"最低生活工资"应该和其定义一样，是一个人可以靠它生活的工资。确实能满足基本生活需要的工资，必须依靠由一个中立方编制的指数，从而能确定基本需要的费用是多少。这成了劳工统计局的工作，而就消费者物价指数是否真的准确报告了生活费用这一点而言，它开启了持续数十年的争论。

到 20 世纪 30 年代中期，劳工统计局仍然使用着 1917 年的基本方法，每季度在全国各个城市，对一揽子消费品展开调查。1934—1936 年进行的一次综合性家庭支出调查，涵盖了 42 座城市的 12 903 户白人家庭及 1 566 户非裔美国人家庭。新政公共事业振兴署也开展了一些调查。在第二次世界大战期间，美国政府实施的价格管制和工资冻结，使得对这些度量指标的需求有所增强。在大萧条的苦难和战争要求的工资管制之后，工会领袖认为美国的工人阶级正承受着经济困难的冲击。美国劳工联合会（American Federation of Labor）的乔治·米尼（George Meany）在未来的数十年将继续高谈阔论，他指控美国劳工统计局和美国政府与大企业暗中勾结，有组织地蓄意低估了

[①] 也译为"生活成本"。此处按照大家多数采用的习惯翻译。——译者注

生活费用。米尼指责罗斯福政府操纵了这一数字。因为未能降低生活费用，所以罗斯福（在米尼看来）感兴趣的是欺骗美国人民，并且让他们相信生活费用比其认为的要低一些。这位不妥协的工会领袖宣称："我们被引到了这样一个无法避免的结论，劳工统计局参与了冻结工资的勾当，在一定的程度上它不再是一个中立的统计研究机构。"

由此开始了一个漫长而痛苦的遗留问题：公民是如何与官方统计数据相关联的。由消费者物价指数所代表的官方通货膨胀率数字成为一直以来大争论和对抗的主题，没有哪个数字能超过它。它已经引发了黑暗的阴谋论，认为政府官员有意少报生活费用，为的是降低公民的社会保障福利（social security benefits），并且允许公司少付给工人工资。到21世纪初，消费者物价指数影响了将近8 000万人的社会福利。工资和福利中的生活费用的调整，常常是与通货膨胀率挂钩，这使得消费者物价指数或许是最直接地影响着我们所有人日常生活的那个关键性指标。

它从未打算背负这样的重量。消费者物价指数是第二次世界大战前的生活费用指数的直接继承者，并且在1945年被命名为"大城市中等收入家庭消费者物价指数"（Consumer Price Index for Moderate Income Families in Large Cities）。不过，劳工组织提出的那些挑战从未消失。1952年，劳工统计局的副局长回应了对该机构工作的批评，并且将它们放在一个发生巨大改变的大背景下来讨论。很少有专业的统计学家或经济学家预料到，人们以这样的方式使用经济指标。正如我们看到的，突然间这些数字无处不在。人们在大众文化中传播它们的这种方式，将曾经被政府或学者使用的适度指标，变成了社会、政治以及文化的试金石。这位局长警告说，统计行业"几乎没有准备好，当然没有安排就序，来应对统计数据新的使用方式带给我们的重大责任"。

部分挑战其实源于这些数字的本质。价格指数比失业率数字或国民经济核算更具有挑战性，因为它们包含有变动更为迅速并地区差异很大的那些变

06 ▶ 通货膨胀率：从关键性指标到政府的骗局

量。一块面包在纽约市的成本，与伊利诺伊州皮奥里亚（Peoria）的成本差别很大，并且两个价格都可能在一年之内剧烈波动，这取决于小麦的价格、运输成本以及工资是否保持不变。创建一个价格的代表性样本，并且确信能公平地衡量通货膨胀，这一直是指标时代所面临的巨大挑战之一。

衡量通货膨胀的指标非常重要，经济学领域的巨人之一欧文·费雪就曾进行过这方面的工作。1867年，费雪出生于纽约州的索哲提斯（Saugerties），这座城市要比伍德斯托克（Woodstock）的名声小很多。费雪是一位牧师的儿子，从小被灌输了严格的黑与白、对与错的概念。恰好在经济学正在融合的时候，他成了一名经济学家。在19世纪80年代和90年代，作为耶鲁大学的大学生和研究生，他并没有学习我们如今所知的经济学，因为到当时为止，关于经济学实际上意味着什么，只形成了一种初步的感觉。尽管美国经济学会创立于1885年，但是离20世纪初经济学学科的格局还相距甚远。费雪研究了数学、哲学与物理学，并且他的思维是物理学教授约西亚·吉布斯（Josiah Gibbs）私下塑造的。这位导师命令他的学生们遵从于牛顿热力学定律的严谨。尽管费雪是第一位从耶鲁大学获得"经济学"博士学位的人，但是他的不寻常之处其实在于，他没有根据亚当·斯密、大卫·李嘉图和约翰·斯图尔特·密尔（John Stuart Mill）更具人性化的观察，而是根据严格的定律，基于后来可以由数据证明的理论，来定义经济学这门学科。他对随后的数代经济学家产生了不可磨灭的巨大影响。

要讨论如何衡量通货膨胀率，就要涉及钻研一些在专业方面无实用价值的东西。它要求我们看看经济学家和统计学家们是如何思考的。这些人常常是用术语、数学公式和外行人无法理解的语言来表达他们的想法。简言之，下面的一些讨论并不适合作为鸡尾酒会唠叨的好题材，除非这个鸡尾酒会是由统计学家们主办的。而且即使如此……

费雪认为，经济模式可以观察和量化，正如科学现象那样。他也认为，人类被迫去衡量这个世界，解决诸如一块面包的成本这类问题。这一切都源于人类的本能，这与测量地球和月球之间的距离、或试图计算夏季昼夜平分点的举动很类似，而且要复杂一些。和他的长期的同事、美国国家经济研究局的韦斯利·米切尔一样，费雪试图引导新兴的经济学同时朝着科学和工程学的方向前进：搞清楚经济系统是如何运行的，然后为了社会利益的最大化做出相应的调整。

因为费雪被科学和数学表面上的确定性所吸引，所以他倾向于用机械系统的视角来看待经济。他将这一点延伸到生活的所有方面。他对汽车和健身设备有着强烈的爱好，前者是当时的终极机器，后者自他差点因肺结核而死掉之后就成了他的爱好，每一样都能让人类超越他们身体的限制。在任何一个个体或政府处理经济事务时，也存在类似的限制。他们需要工具来理解一个系统的运作，而对于经济而言，更好的数据、更严格的数学和一致的统计资料就是工具。人类在过去或许还没有理解或是识别经济的架构，但是有了科学的方法加上数学公式，在未来他们就能够做到。而且，对于费雪来说，严格的指标是使这一切成为可能的关键元素。

费雪的工作得到了米切尔的称赞。1892年，在洛克菲勒的资金支持下，芝加哥大学成立了，米切尔是该大学第一批本科班的成员。米切尔在美国南北战争期间沉迷于价格，这表明他是一名有着不寻常热情的年轻人。后来他又被创造可靠指数的问题深深吸引，尤其是处理调查数据过程中发生的那些问题。调查总是有人为因素在里面，因此会伴随着各种混乱：问题有没有得到正确的询问、诚实的回答以及明智的编制。在第一次世界大战期间，米切尔为美国战时工业委员会（War Industries Board）的价格部门工作，这一经历让他能够敏锐地察觉实时测定实际价格的困难。在漫长的学术生涯和短暂的政治生涯里，他一直在寻求更好的数据以及收集数据的更好方法。他对美国国家经济研究局这个机构充满了热情，因为他知道，没有哪一个人，无论他多才华横溢，也不可能分析清楚复杂、多层的系统的运作方式。你需要多个头脑同时从多个角度解决问题；而那又涉及一个非常科学的方法：将问题分解成可应付的部分，并且让杰出的人来解决它。奥本海默在着手建造原子

06 ▶ 通货膨胀率：从关键性指标到政府的骗局

弹的曼哈顿计划中，就运用了这种方式，米切尔希望运用同样的方式找到经济周期的万能钥匙。他与亚瑟·伯恩斯一起，花费了如此多的精力去描绘经济周期的轮廓。

和米切尔一样，费雪也对价格的历史运动感兴趣；他的博士论文题目是"价值和价格理论的数学研究"（Mathematical Investigations in the Theory of Value and Prices）。这反过来成为他教授的第一门本科课程。在20世纪20年代，尽管已经坐稳了耶鲁大学终身教授的位置，费雪仍然创立了数量协会（Index Number Institute），来应对他看到的劳工统计局的局限和不足。他对批发价格如何变动尤其感兴趣，因为这些是运营企业必须负担的成本。消费者同时在与有限信息（在你可以在亚马逊或万维网上核对价格之前的年份）和有限选择（当你不能轻易地从任何地方订购任何东西，并且让联邦快递明天把它放在家门口时）作斗争。不过，各家公司和它们的采购经理拥有关于商品价格的更好信息，不管是对于用于钢铁生产的铁矿石、小麦还是滚珠轴承。因此他们支付的价格与商品的"实际"成本紧密相关。费雪也在努力克服指数构建中的数学挑战，并且发明了一些公式，来慢慢靠近他自己的个人圣杯（Holy Grail）："理想的指数"。

主要的挑战在于从何处开始，以及随着时间的推移，如何以一种允许某人在多年里比较苹果和苹果的方式（无论是字面意义还是象征意义来说），来追踪价格的变化。例如以100种商品为起始基础的一个价格指数，只要随着时间的推移，这些商品没有发生改变，既不增加也不减少，这个指数就很好。然而，在现代社会中，情况并非如此，否则我们仍会将赶马车的鞭子包括在消费者物价指数中。新产品经常出现，所以你需要一个能够不断地加入新产品，同时又不会表明生活费用突然暴增的指数。旧产品退出通常在数年内慢慢完成，这会产生一种生活费用在降低的错误印象。造成这种下降的唯一原因是，人们购买的指数中的某种特定商品变少，而不是整体支出下降。

费雪和米切尔都将创建理想指数的任务，当作一个科学测量问题来处理。在这两人中，米切尔更注重应用，而费雪更偏重于理论。在描述其方法时，费雪做了一个类比：将许多不同的砝码放置在倚靠着一个支点的横杆上；当这个横杆平衡时，平均的重量将会是这根横杆平衡时的重量，并且那将是一揽子不同权重商品的平均价格。在检验了数百个不同的公式之后，费雪总结出"理想的"指数将会是不变权重和"链式"权重的结合。不变权重意味着设定一揽子商品，然后随着新产品的进入和旧产品的退出而定期修订。"链式"指数更加不稳定，并且其调整也更为频繁，主要是为了说明一个简单事实，即价格会发生波动，因此消费也会跟着波动。现实生活中最明显的例子是，汽油的价格上升引发的变化。在一个固定指数里，加油站汽油价格的急剧上涨，将转化为消费者物价指数中该成分的价格同等幅度上涨。然而，在真实的时间和真实的生活里，人们和企业会以各式各样的方式对汽油价格上涨做出反应，从购买更少的汽油，到少开车，再到更多地合伙乘车，并且找到其他的方法来满足他们的需要。当牛肉的价格上涨时，他们改吃猪肉。这一行为一直被称为"替代效应"（the substitution effect）。问题在于，编制一个固定（权重）指数更容易，因为那仅仅需要收集一个代表性的价格样本。编制一个链式指数要困难得多，它同时需要价格和有关人们实际购买数量的数据。

这些争论在当时并没有得到解决。很少有人会根据链式或非链式指数来进行思考。对拉氏指数[1]与帕氏指数[2]的对比，关注的人可能更少。只有热衷者才会将费雪的解决方案，当作这些替代选择的完美折中来赞美。费雪本人从一开始就意识到，基于算术公式的固定权数总是会显示价格在上升，而"链式加权指数"（chain-weighted index）[3]将会显示较低水平的通货膨胀率。

---

[1] 拉氏指数，Laspeyres index，拥有固定的权重，以19世纪法国统计学家埃蒂恩·拉斯贝尔（Etienne Laspeyres）命名。——译者注
[2] 帕氏指数，Paasche index，更近似于链式，并且以19世纪德国经济学家赫尔曼·帕舍（Hermann Paasche）命名。——译者注
[3] 国内也有学者将 chain-weighted 译为"滚动加权"。——译者注

06 ▶ 通货膨胀率：从关键性指标到政府的骗局

随着20世纪慢慢流逝，他认为需要将二者整合的主张显然变得更加正确了。从那时起，找到一个可以准确衡量生活费用的指数的幻想，一直都是引发激烈辩论的根源。

测量通货膨胀，将费雪的学术和科学冲动与米切尔衡量世界的注重实效和讲究实际的冲动并列在了一起。推动这一工作的是，政府评估公民是否挣到了一份最低生活工资的政治需要，以及隶属工会的工人要求企业付给他们足够体面生活的薪水的需要。最终结果是1945年美国劳工统计局发布了第一个消费者物价指数，它采用了更简单的固定权数，而且所采用的并非是更精确的方法，而是由费雪提议的既复杂又不切实际的方法。尽管劳工统计局的方法导致长期以来报告的通货膨胀率数字，比替代方法的结果要高（假定不考虑替代效应），它仍然引发了米尼及后来的工会领袖的怒火。批评者声称调查样本有问题，而且在城市地区因为人为操纵样本集，让它过于集中（而且消费者物价指数总是强调城市消费者）。他们也指控劳工统计局并没有充分区分不同的收入水平，结果是"官方"的通货膨胀率和生活费用，总是低于数百万的人民每天实际体验到的数字。

费雪和米切尔关于指数的工作，是当时正在进行的经济概念发明的一个重要方面。和19世纪的政治经济学家不同，这些人因为力学模型、统计学和数学而生机勃勃。他们接受凌乱混沌的现实世界，试图通过"理想指数"和"经济周期"来理解它。后来的观察者评论到，费雪、米切尔、伯恩斯、库兹涅茨和许多其他的人，都遭受了"物理嫉妒"之苦。他们想用物理学家达到的精确度，来捕捉经济世界的内在运作规律。然而，正如物理学家通过创造新武器来影响军事政策的形成一样，经济学家们通过创造新指标来影响政府经济政策的制定。大萧条的影响以及凯恩斯主义的优势地位，意味着不仅美国政府，还包括欧洲各政府，都将管理经济是它们的主要职责之一这个观点内在化。这意味着度量工具，以及通货膨胀和生活费用，开始与支出和工资融合在一起。

The Leading Indicators
经济指标简史

旨在量化这些问题的指标非常抽象。尽管它们得到了真实世界涉及数千家庭的调查的支撑，"今天这一数字是每季度 7 000 户家庭，并且还有另外 7 000 户家庭一丝不苟地记录下他们每天的开支"，但是这些指标本身来自于统计学家们管理且不断完善的数学模型。这并非是批评他们的工作。然而，这一点的确意味着可以被测量的得到了测量，但是不能够被测量的并没有得到测量。假如它是拥有价格的一个物体，它可以被测量。然而，正如罗伯特·肯尼迪对于国内生产总值的观察，它忽略了生活中的大片领域。它忽略了一些定性的问题，比如，人们如何决定买什么，以及不买什么；什么构成了需要，而又是什么构成了欲望；消费者如何根据变动的价格来调整支出。这些问题涉及主观的经验和决定，被认为超出了统计学的范围。正如国民经济核算忽略了家务劳动，因为人们认为它太难量化，对价格的个人的和情绪的反应，以及个人如何平衡需求和欲望，从来都不是经济演算中的一部分。

费雪、米切尔以及整个专业队伍，似乎从未因这些省略而有所困扰。经济学领域在20世纪的演变，越来越转向数学，而偏离了描述性的方向。如此一来，很多人对乔治·卡托纳的"更柔软"的方法就不以为然了。直到20世纪末，行为经济学才逐渐赢得人们的尊敬，在此之前它也遭受了数十年的蔑视和遗弃。当20世纪70年代的"大通胀"危机来袭时，和费雪和米切尔如出一辙，深受他们的模型和理论影响的经济学家正在掌权，而且这一点没有人比得上伯恩斯。

伯恩斯担任美国联邦储备委员会的主席长达8年之久，但没有人会怀念他的任期。作为理查德·尼克松在1968年总统竞选期间的经济顾问，他一向直率地表达他对于通货膨胀的担忧。尽管如此，1973年之后，实际通货膨胀率急剧上升，比伯恩斯或大多数政策经济学家预期的要更严重，并且被证实更加棘手。很多人都想搞清楚这背后的原因。通货膨胀是石油禁运之后，油价飙升的结果吗？尼克松1971年8月决定暂停用美元赎回黄金，从而引起金本位制终结，这是该事件连同工资和价格管制一起带来的延迟反应吗？是流通中的资金过多的结果吗？是因为美国联邦储备委员会屈服于尼克松对于

06 ▶ 通货膨胀率：从关键性指标到政府的骗局

充分就业的强调，甚至不惜以通货膨胀为代价，而通货膨胀一旦释放就会变得无法控制？每一解释都有支持者，而且没有人真正知道原因是什么。

随着这 10 年的流逝，通货膨胀毫无例外地成为三位前总统，即尼克松、福特和卡特，以及三位联邦储备委员会前主席（伯恩斯一直担任到 1978 年）面临的一个政治和社会挑战。伯恩斯在艾森豪威尔政府干了很多年，然后又担任尼克松的顾问，他已经远离了经济学界对数学和统计学的推崇，并且转向了政策和政治的喧嚣。然而，在华盛顿，他仍然太像是一位学者了，因而不被政治家所信任，而在学界，他又太过于政治化，因而不被学者所信任。他在美国联邦储备委员会为抑制通货膨胀所做的无效努力，并没有为他赢得许多盟友，即使没有证据证明其他人能够解决这个问题。他的努力并没有用，"大通胀"经历了连续的起伏，到 1974 年迅速上升。尽管在 1976 年有所缓和，但 1977 年之后甚至上升到更高的位置。接着，食品价格开始急剧上涨，与此同时伊朗革命又引发了能源冲击以及全球石油供给的中断。然而，在这 10 年中的一段短暂时期，伯恩斯认为通货膨胀已经得到了控制。我们现在知道实际情况并非如此。

20 世纪 70 年代通货膨胀的影响，令美国人更加习惯于官方经济指标塑造经济政策的方式，而且也更习惯于这些指标描绘出的一幅不同于他们日常生活体验的画面。保罗·沃尔克（Paul Volcker）就任联邦储备委员会主席后，开始采取更积极的策略，这最终遏制了通货膨胀，当时他已经大举提高了利率。利率不是走走停停，而是急剧上升，从 1979 年他成为主席时的 11%，一跃而到了 1980 年的 20%。这对经济产生了冲击。1980 年的总统选举，罗纳德·里根打败了吉米·卡特。1981 年美国经济急剧衰退，而接下来的数十年，美国又经历了低通货膨胀下的经济长期繁荣。不管沃尔克的行动是否是这一连串事件的主要原因，它们必定是这些原因混合体中的一部分，并由此产生了美国历史上最长的繁荣时期中的一段。

即便如此，通货膨胀率飙升的强烈影响并没有从集体记忆中消逝。世界

The Leading Indicators
经济指标简史

上几乎每个经历过剧烈通货膨胀的国家，都会因恐惧而留下创伤，无论是德国魏玛共和国，20世纪70年代的拉丁美洲，还是同一时期的美国。20世纪70年代的一个后果，是将消费者物价指数这样的政府指标，推到了政治和社会舆论的中心。这也导致了一个更为广泛的争论，即人们所编制的这些数字，事实上是否能准确地衡量价格和通货膨胀。

对于大多数生活在20世纪70年代的人来说，他们经历了汽油和食品这类基本必需品价格的迅速上升，因购买一幢房屋而承受高昂借款费用。与此同时，他们还要面对整体经济增长的停滞，这意味着并没有多少更高的工资来抵消这些增加的支出。美国国内的这些力量结合在一起，加上把尼克松赶下台的水门事件，以及美国所支持的越南战争不光彩的结局，这使得美国人对于这个国家和世界感到普遍的不安。西方世界其余国家的遭遇并不比美国好很多，英国经历了同样的高通货膨胀率，以及工人和政府之间的暴力冲突，而西欧其他国家的经济表现也非常一般。

不过，美国联邦政府的反应是，质疑通货膨胀是否像它表现出来的那么严重。经济学家和政府的统计学家们担心，使用固定的一揽子商品夸大了通货膨胀率，即使大多数人在日常生活中确信官方的统计数字实际太过于保守。劳工统计局的反应是用新的计算方式做实验。经济分析局也加入了争论，并且开发出一种链式加权的价格分析方法。想要干涉这些数字的欲望并不是某种阴谋。它源自改进指标的冲动：这些指标是基于当时可以利用的信息，设计于20世纪20年代至40年代，并且是某一个特定经济体的关键。然而，没有什么是静止不变的。随着经济系统的发展，编制这些数字的人也明白它们需要随之发展。有一些变化是嵌入在这些数字本身的：当新产品出现时，用于确定价格指数的一揽子商品总是会变动，并在随后的购买调查中得到体现。可是其他的变化并不会得到反映，除非存在整合新力量的努力。

正如劳工统计局局长在20世纪70年代末证实的，通货膨胀率是没有人喜欢的数字。"某些人喜欢不会上涨这么多的一个指数，而另外一些人则喜欢

06 ▶ 通货膨胀率：从关键性指标到政府的骗局

上涨得更多的一个指数。而且当结果没有使他们满意时，他们会觉得这个指标本身一定有问题。"几乎对于任何的数字、任何的指标都可以这样说，但是消费价格指数尤其容易引发了争议。

劳工统计局不断地对其方法进行评估并加以改进。它并非只是对通货膨胀率和消费者物价指数，而是对每一个度量指标都这样做了。在20世纪70年代，在经济停滞和成本飙升的情况下，经过重新审视之后，就业措施也出台了。新的工作类别已经出现，特别是在服务业，但这些并未在调查中得到充分反映。更多的妇女成为劳动力中的一员，这也是引人注目的一大转变。然而各州仍保留着自己的失业记录，而且这些记录并非总是与劳工统计局使用方法一致。这导致了地方数据和国家的数据之间的冲突，进而让如下的一些问题变得复杂：美国联邦政府要花多少亿美元的资金来进行培训，这些资金如何分配，以及它们应当用在何处？1978年，美国国会通过了《充分就业与平衡增长法》(Full Employment and Balanced Growth Act)，它设定了4%的失业率和适度通货膨胀率的目标。当然，和此前及之后的许多立法一样，它并没有明确说明这些目标要如何实现。不过，这一法案的通过，还是使得完善这两个数字的计算方法的任务势在必行。

在20世纪70年代，对于通货膨胀率数字的主要批评是，它们过分强调能源和食品这类不稳定成分的价格上升，并且夸大了价格上涨对整个经济系统和个体家庭的影响。1973年，当阿拉伯国家实施石油禁运后，能源价格急剧飙升，接着通货膨胀率就开始猛增。当然，它的确急剧上涨，但是正如批评者正确地指出的，在能源危机有所缓和之后，这些价格也迅速地回落了。如果政府支出、工资和养老金是通货膨胀的重要原因，那么就存在着这样一种危险：这些方面的支出的上升和下降，将使任何人或任何企业对福利和开支缺乏预见性。正如《纽约时报》所表述的："由于这个指数一直在夸大通货膨胀，它已经引起工资和养老金额外增加了数十亿美元。这个指数不但可以衡量通货膨胀，而且有助于通货膨胀。"这证实了长期以来的信念，通货膨胀率不仅仅是政府货币政策的函数，这一点乔治·卡托纳早用文献很好地证明了。20世纪70年代，人们意识到，当信心与统计资料相结合，有可能产生危险的反馈回路。当消费者物价指数上升时，政府支出将增加。价格的上涨引发了工资的增加，接着又会导致即期的通货膨胀率更高。随后这种恶性循环还会继续，结果是通货膨胀失去控制。

解决食品和燃油价格波动的具体方案是引入一个新指数：核心消费者物价指数（Core CPI）。它等于消费者物价指数减去食品和能源成本。1977年，该指数开始对外发布。在随后的几年中，人们嘲笑核心消费者物价指数是"用通货膨胀率减去所有变得更贵的东西"。然而，其要点是将易波动的价格和波动较小的价格分开，因此政府的政策和雇主就不用对急剧上下起伏的价格做出反应。正如劳工统计局所解释的："与其他商品和服务的价格相比，食品和能源的价格更容易遭受重大的冲击。主要因食品和能源价格上涨而引发的通货膨胀，与更一般的通货膨胀相比，或许有着不同的政策含义。"从美国联邦储备委员会到美国国会预算办公室（Congressional Budget Office）的政策制定者，都将核心消费者物价指数作为首选的指标，可是它标志着大众对于"经济"的认知，与这些关键性指标所表明的内容之间，存在着分歧。

关于住房问题也非常棘手。房屋是主要的消费支出之一，但是它们并不像食品、家电或者汽车那样频率地买卖。尽管如此，关于通货膨胀的指数中住房还是占有重大的比重，实际上高达25%。直到20世纪50年代，消费者物价指数试图利用房屋租赁价格，把住房作为生活费用的一部分包含在内。这是因为在20世纪初自有住房并没有那么普遍（1900—1940年之间，大约有45%的人口拥有他们自己的房屋，随后这一比率在1980年攀升到大约65%），你必须将租金和房屋价格包括在这一指数内。不过，租金管制方面的法律在20世纪早期非常普遍（目前仅纽约市非常这样的挑选出来的小块地区），这意味着租金成本不会以通货膨胀率那样的速度上涨。为此，劳工统计局改变了它的公式，并且开始使用房屋价格来代替租金。

然而，到了20世纪70年代，随着利率的上升和整体经济的高通货膨胀率，消费者物价指数中的住房部分，开始以远超过该指数其他组成部分的速

▶ 通货膨胀率：从关键性指标到政府的骗局

度加速上涨。住房的每一个因素都引发了其他的上涨：抵押贷款成本的上升，使利息支付增加；总体通货膨胀导致资产价格膨胀；住房价格上升导致抵押贷款额变大。考虑到更高的利率，这将导致月还款额增加。然而，该指数并没有考虑到这一事实，即当房价上涨时，房屋的买卖会更少，并且更多的人开始租房。简言之，因为一揽子商品是固定的，而房价和抵押贷款绝不是这样，所以通货膨胀指数表现出的房价上涨，比大多数人实际感受到的要高，尤其是假如他们已经拥有自己的住宅，并且只有最低限度的抵押贷款，或是根本没有抵押贷款的情况下。更加添乱的是通货膨胀预期的问题，就住房而言，它将会导致更高的房屋销售价格，和以更快速度急剧上涨的抵押贷款利率。

在反复呼吁改变测量住房的方式之后，劳工统计局于1983年再次改变了它的方法。从这时开始，它变得真正神秘起来。不是使用房价，即所谓的"资产价格"方法，它再次开始使用租金。它还扩大了调查范围，包括50 000个单位，遍布全国各地的10 000个不同地区。接着劳工统计局增加了一个称为"业主等价租金"（owner's equivalent rent）的新花样，它指的是假如房主租赁他们自己拥有的房屋，他们必须支付的理论租金。这一转变的结果是测量出的通货膨胀率显著降低。将这个新公式追溯地应用于20世纪70年代时，在使用业主等价租金修正后，通货膨胀率数字表明，在1967—1982年之间，通货膨胀率并非上涨了188%，它只增加了165%，尽管这一数字仍然相当大，但是毫无疑问相比而言要更低一些。不过，修正的指标表明通货膨胀更为温和，这一事实对大众的潜在看法起到了推波助澜的作用，因为他们认为美国联邦政府在有组织地虚报较低的通货膨胀率数字，以降低美国联邦政府的预算，并且帮助企业想尽办方设法降低工人的工资。

这种信念在20世纪80年代有所加深。尽管美国联邦储备委员会时任主席保罗·沃尔克采取的积极措施已经让官方控制了通货膨胀，尽管从统计学的角度来说，整体经济正处于繁荣之中，但很多政府官员仍然认为，消费者物价指数正在夸大物格的上涨幅度。在20世纪80年代末和90年代初，对通货膨胀的关注主要局限于政策专家和学者。不过,通过美国联邦储备委员会当时的充满活力的新主席艾伦·格林斯潘于1995年在美国国会的证词,所有人的视野突然拓宽了。用安静的、教授式的声调,格林斯潘说道:"官方的消费者物价指数,目前可能会夸大真实的生活费用上涨幅度,或许每年夸大 0.5%到1.5%……假如每年根据(价格)指数调整的项目和税收,可以降低1%(的通货膨胀率)……那么5年之后,每年的赤字水平大约会降低550亿美元。"根据格林斯潘的证词,美国国会组建了一个由斯坦福大学经济学教授、保守经济学家以及乔治·赫伯特·沃克·布什总统任命的经济顾问委员会(Council of Economic Advisers)前主席迈克尔·博斯金(Michael Boskin)主持的委员会。调查结果一点也不让人吃惊,这个委员会认为格林斯潘的观点是正确的,这无疑会引起相当大的争议。

很少有人质疑过消费者物价指数的综合性:调查涉及44个大都市区,并且追踪了207种不同的商品。虽然住房在物价指数中占了很大的比重,但是随后关于消费者支出的调查再一次显示,住房开支确实在大多数人的预算中占很大一部分(通常在35%左右)。显然,很可能是使用的方法有问题。博斯金的委员会和格林斯潘强调了链式指数的问题,以及要花相当长的时间来整合新产品、新服务以及改进的产品和服务。

对于这些批评,劳工统计局的回应是,再次调整计算消费者物价指数的方式,朝着欧文·费雪几十年前提倡的方向,并且将其纯粹基于算术公式的固定商品权数,与采用更多几何方法的商品权数相混合。在做出这些改变时,劳工统计局希望更好地解释"替代效应",即消费者调整他们的行为,以应对不断变化的价格(假如玉米价格飙升,则购买小麦来代替玉米产品)。劳工统计局还开始通过一个被称为"特征的"(hedonic)调整过程将产品是如何改进的这一因素纳入价格评估。

这绝对不是让鸡尾酒会中的唠叨变得妙语如珠的东西。如果你的头脑正因这一系列无尽的测量,还有我们评估通货膨胀方式上的改变而眩晕,那么

06 ▶ 通货膨胀率：从关键性指标到政府的骗局

请考虑一下，到目前为止的讨论，仅仅才触及那些术语和错综复杂事物的表面。还有各式各样的消费者物价指数的变化，从最常用的一种，针对所有城市工人的 CPI-U，到只针对城市工薪阶层及职员的 CPI-W，再到针对年长者的 CPI-E。另外，还有生活费用指数，它们与消费者物价指数相似，但并非一模一样，经济学家称之为"商品成本"指数（"cost of goods" indexes）。生活费用指数说明的是人们为满足其需求，实际的花费是多少，而消费者物价指数是有关价格的指数。然后，还有一套 CPI-U-X 指数，它包含 5 个子指数，它们试验各种方法，来说明业主等价租金。有特征定价法（hedonic pricing）[①]的多个公式，接着还有并非由劳工统计局，而是由经济分析局负责，并且源于国民经济核算和国内生产总值数字的通货膨胀率指标。经济分析局的通货膨胀率指标称为消费品的价格平减指数（Price Consumption Deflator）。它是一个链式指数，在捕捉消费者行为方面常常做得更好，因此对于格林斯潘和其他渴望找到新选择来替代基本的算术消费者物价指数的人而言，这一指数常常是他们首选的通货膨胀衡量工具。最后，它对于方法和调查规模也有很多修订，同时还有定期的统计调整，以及针对圣诞节期间零售销售额增加这样的"季节性影响"（seasonal effects）而做出的调整，其目的是为了使数字更"平滑"。

　　简言之，并不存在一个称为"通货膨胀率"的简单事物。当然，尽管有那么一个每月报道，并且还辛苦地从全国数以千计的家庭调查中收集数字，但是这个指标仅仅是用来捕捉价格和生活费用的多种衡量工具中的一个。消费者物价指数已经被修订和批评了无数次，并且这种状况还将继续。这一数字的不稳定性，助长了公众的信念，即这些数字背后的猫腻，有利于那些拥有权力和资源的部门，比如政府和企业。2008 年，在《哈珀斯》（Harper's）上，

[①] 又称作特征成本估价法、内涵资产定价法。比如在房地产价格方面，特征定价法是根据人们为优质环境的享受所支付的价格来推算环境质量价值的一种估价方法，即将享受某种产品由于环境的不同产生的差价，作为环境差别的价值。此方法的出发点是某一财产的价值包含了它所处的环境质量的价值。如果人们为某一地方与其他地方相同的房屋和土地支付更高的价格，且其他各种可能造成价格差别的非环境因素都加以考虑后，剩余的价格差别可以归结为环境因素。——译者注

The Leading Indicators
经济指标简史

凯文·菲利普斯（Kevin Philips）总结了围绕官方通货膨胀率数字而遗留下来的怀疑，他说道："从20世纪60年代以来，华盛顿一直在通过降低官方统计数字，来欺骗它的公民和债权人，而这些统计资料是衡量美国经济的活力与力量的重要工具。在过去25年里，美国政府采取这一举措的目的是，即使实际的经济增长一直比政府宣称的要低，它还是想创建一种对于经济成就和客观的错误感觉，以使我们能够人为地保持低利率、大量的政府借款以及对于抵押贷款和金融债务的一种危险的依赖。"

极端分子认为整个法定货币系统是众所周知的纸牌屋①，随时可能崩溃，而且最终必定会走向崩溃。不过，批评者绝不仅局于他们。2003年，芝加哥大学教授奥斯坦·古尔斯比（Austan Goolsbee）声称，美国政府在其衡量经济趋势的方式中"弄虚作假"。比尔·格罗斯（Bill Gross）是太平洋投资管理公司很有影响力的债券经理人，管理着个人和机构数万亿美元的资产，他在2004年曾写道，消费者物价指数本质上是美国政府的一项极具欺骗性工作：

> 我的观点并非只是针对那些专注于核心消费者物价指数或是个人消费支出的人，也针对那些支持所谓特征调整（hedonic adjustments）的人。这真是一项很具有欺骗性的工作！政府说假如某一产品的质量在过去的12个月里变得更好，那么它的价格并没有真的上涨，而且实际上它的价格有可能已经下降！哎呀，假如政府愿意对很多产品做出质量调整，我们有可能很快就能回到伯南克的通货紧缩中去。例如，在过去的10年里，台式机和笔记本电脑的价格每年下降8%……然而，该机器的计算能力和存储器却有所改进，从1997年以来，经过特征调整后它们的价格每年已经下降了25%。计算机的价格每年都下降了这么多，难怪核心消费物价指数还不到2%。然而，与去年的价格相比，你的新型号电脑享受到了25%的折扣吗？很可能没有。可能的情况是，你为经过特征调整的存储器的改进，支付了大约同样的价格，即使你永远不会使用它。同样地，政府的

---
① 比喻不可靠的计划、可能失败的计划。——译者注

06 ▶ 通货膨胀率：从关键性指标到政府的骗局

统计学家们巧妙地操纵了汽车和几乎任何是从装配线出来的耐用品的价格上涨，但是他们发现很难将这一套理论扩展到内衣或是一双鞋上。或许这就是接下来他们要做的事情。谈谈山姆大叔①开始干预你的短裤（价格）吧！

正如我们看到的，所有的关键性指标都是出于特定的原因。而在特定的时刻创造出来的事物。大多数的指标是为了应对20世纪30年代和40年代的战争和经济萧条的挑战。事实证明，这些新数字对于美国政府和英国政府都非常有用，而且很快就传遍到地球上的每一个角落，被各地的政府所采用。接着政府和联合国对它们做了改进，并且私人行业也创造出了一些新指标。在第二次世界大战之后成立的新国家，采用了美国人和欧洲人开发的统计标准，而联合国、世界银行和国际货币基金组织这样的国际组织，也热切地接受了这些标准。媒体渴望获得关于"经济"这一事物的新闻，它们也参与了消费和散布这些指标的过程。

在这一过程中，经济指标成为经济运行状况的绝对标志，这使它形成了图腾一般的地位。这种中心地位是欧文·费雪、亚瑟·伯恩斯、韦斯利·米切尔等人从未想象过的，这也将它们暴露于完全不同的批评之中。学者、政府官员和统计学家在评估这些指标时，并非是根据其方法的严苛性，以及它们在衡量讨论中的数据时表现有多好，而是将它们当作日常体验的镜子。在那一点上，人们发现了它们有所欠缺。

很少有关键性指标是为了让"普通人"衡量这个世界而被创造出来的，更常见的情况是创造它们是为了赋予官员权力，并且让政策制定者清楚现状。它们是经济学家们设计出来，旨在衡量被称为"经济"的这样一个抽象实体。设计它们的初衷，不是为了让史密斯夫妇清楚他们自身的经历，或者是未来可能的结果。然而，一旦这些指标成为我们集体文化的一部分，史密斯夫妇就会对这些数字的含义表现出极大的兴趣，并且常常发现这些数字几乎从未反映过他们自身的经历。

---

① 美国政府的绰号。——译者注

The Leading Indicators
经济指标简史

　　作为关键性指标的消费者物价指数，与普通人对通货膨胀的体验或理解相脱离，这一事实暴露出王牌指标的局限性。这些指标或许衡量了经济，但是它们无法确定经济系统是否满足了公民的需求和期望。个人对"经济"的体验如何，与统计学家如何衡量经济不是一回事。这种情况造成的结果就是，官方数据和生活现实之间的差距一直在逐渐扩大。在20世纪上半叶，这些指标曾是非常宝贵的工具，尤其是与大部分人类历史中，完全没有这些指标时相比。然而，到20世纪末时，这些指标所表明的含义，与许多人和许多企业所体验到的事实之间的差距，已经大到了岌岌可危的程度。

　　尽管在这个故事里没有对或错，但是如果你想了解这个差距已经变得有多大，"特征价格"的演变将会是一个好的开始。就解决技术相对于成本的难题而言，特征定价法作为一次合理尝试，恰好暴露了统计数据可以脱离人们的体验有多远。尽管个人的体验往往是主观的，但是这一体验，决定了大多数人是否相信他们的系统正在运转。从特征定价法到人们的满足和幸福这一问题的道路或许不是直的，但它将是一条影响我们所有人的道路。

　　设计关键性指标的初衷是衡量经济系统的健康程度，但是在这条道路上，它们变成了关于人们是否感到满足和幸福的公民投票。在那一点上，人们已经发现它们存在着不足。我们如何到达这里是一回事；我们对此要做些什么则是另外一回事。一开始，这些度量指标是帮助政策制定者和企业理解现实的路标。然而，到了21世纪初，人们在用它们证明数万亿美元的政府支出和企业投资是合理的。事实上，如果没有这些数字作为参考，现在的政府几乎不可能花钱，企业也不可能提前计划，个人在也不可能做出投资和退休的决定。不是将它们作为路标，而是假定它们是机械性系统的输入端：正确地调整输入物，你就能够以合理的准确度预测输出。这个系统的各方面看起来都很巧妙，而且它确实如此。然而它也常常被一定的频率干扰，从而出现故障。

07

边际收益递减

The Leading Indicators

The Leading Indicators

经济指标简史

20 09年2月的一个寒冷的日子,在亚利桑那州梅萨(Mesa)的一所学校的校园里,美国当时新当选的总统贝拉克·奥巴马登上演讲台。他刚刚在异常困难的情况下就职。恐慌笼罩着全球金融体系,而美国正处于危机的中心。数百万人目睹了他们的房屋被取消了抵押品赎回权,还有无数的人正处于前途未卜的境地。美国劳工统计局在12月的报告中说,在美国的劳动力之中,已经有将近70万个人失去了工作,据说还有约65万个工作岗位将在1月份和2月份蒸发掉,这些数字后来还将被修改得更高。显然,这种情况并没有得到慎重的回应。事实上,网络的24小时不间断使得新闻传播更具瞬时性,可以公平地说,劳工统计局所公布的就业数据,从未受到过如此强烈的关注,也从未被像如今这样被用来代表整个国家的经济状况。

奥巴马和他的新经济顾问团队已经知道,目前的情况很危险。其实他们好几个月前就已经知道了,并且一直在规划着一个战略。尽管他们认为状况不好,事实上情况更糟糕,但是他们要在数月之后才会知道这一点。在2008年的秋季和2009年开始的数周,可获得的数据表明经济正在收缩。2008年第三季度的数据显示,GDP的增长率为 -0.5%,但是等到奥巴马的团队努力应对经济困境时，情况已经显著恶化，第四季度的国内生产总值萎缩了将近9%。然而，在当时，数据显示第四季度的产出萎缩了约4%。情况不太妙，但是和两倍于这种速度相比，是一种不同的不好。这些数字表明的情况和实际情况之间的分歧将会产生很严重的后果。

奥巴马向人群致意。这些人希望能够获得一些帮助，他们正因当地房地产市场的崩溃而受苦，当地的经济比全国平均水平要差很多。亚利桑那州、加利福尼亚州中部和佛罗里达州的经济增长均因房地产泡沫的破裂而跌到了零。奥巴马的确答应会提供帮助。"昨天，在丹佛，我签署通过了《美国复苏与再投资法案》（American Recovery and Reinvestment Act），它将在未来的两年里，创造或挽救350万个工作岗位，这包括在亚利桑那州的70 000个工作岗位。另外，我们也正着手于稳定、修复和改革我们的金融体系，让信贷再次流向家庭和企业。"

《美国复苏与再投资法案》是一项刺激法案，总金额达7 870亿美元（允许有小的误差）。这是美国历史上通过的涉及金额最大的经济刺激法案，甚至可与罗斯福新政相媲美。实际数字是经历了两个月激烈辩论的产物，首先是在奥巴马自己的核心集团，然后是在美国国会。正如奥巴马在2月的那一天说的，失业率这个由艾塞尔伯特·斯图尔特和赫伯特·胡佛的继承者计算出来的数字，当时正徘徊在8%的范围之内。然而，很多人觉得这一官方数字过低，它低估了2008年的金融灾难所带来的痛苦和不安全感。许多人从美国联邦政府的承诺中得到了安慰，即有了这7 870亿美元的巨资，失业状况将会得到遏制，工作岗位将逐渐增多。

这也正是奥巴马及他的团队希望和相信的。至少在最初，这一法案的规模是由一个由经济学家和经济政策制定者组成的团队计算出来的。这一团队包括经济顾问委员会的克里斯蒂娜·罗默（Christine Romer）、国家经济委员会（National Economic Council）的拉里·萨默斯（Larry Summers）、美国财政部的蒂莫西·盖特纳（Timothy Geithner）、行政管理和预算局（Office of Management and Budget）的彼得·欧尔萨格（Peter Orzag）以及奥巴马的幕僚长（Chief of Staff）拉姆·伊曼纽尔（Rahm Emmanuel）。这个团队很快就被召集在了一齐，并投身于此前一直未密切参与的战略中。他们面临着迅速扩散的危机，明白采取行动的必要性。问题是要做什么，以及要花多少钱。

这个数字是从一个相对简单的演算中得出的：需要多少资金来弥补经济实际产出和其最大潜能之间的缺口。弥补这一缺口应该会扭转就业下滑的趋势，因为就业被认为与国内生产总值的扩张或收缩直接相关。计算这一差距的大小，至少需要两个数据点：由国内生产总值决定的实际经济规模，以及经济的潜在规模。潜在的规模与另外一个概念"自然就业率"（natural rate of employment）有关。该等式是这样的：如果处于或接近于充分就业（full-employment），经济就会释放出其潜在产出（potential output）。当经济活动升温时，"产出"缺口（output gap）甚至可以是正的，也就是说，从统计学上来讲，经济可以产生比其"潜在产出"更多的产出。如果是相反的情况，那必定会直接导致通货膨胀。

问题在于，在衡量产出缺口方面，并没有达成任何共识。官方的国内生产总值数据可以提供一个商定的实际产出，而量化潜在产出或者总产能则是一件更加棘手的事情。事实上，它本质上就是一个不可知的数字。奥巴马的团队不得不编制各种预算。克里斯蒂娜·罗默精通这一概念，但是白宫也听取了国会预算办公室及其经济学家的意见，还有许多其他来源的意见，从美国联邦储备委员会到白宫自己的行政管理和预算局的工作人员。对于产出缺口大小的估计，变动范围在 –4.2% 到 –1% 之间。

大萧条时代的凯恩斯主义长期以来一直都是美国政府和大多数西方国家政府的中心运作框架，德国是值得注意的一个例外。面对着经济的实际产出及其最适宜产出之间的缺口，政策制定者认为政府应该花钱。对于美国联邦储备委员会而言，这意味着降低利息率及保持低资金成本这类货币政策；对于国会而言，这意味着增加预算。计算出产出缺口的大小，接着再支出相等的数额，事情可没这么简单。人们认为政府支出具有"乘数效应"（multiplier effect），这意味着 1 美元的刺激性支出，可以产生超过 1 美元的结果，这取决于它采取的是税收减免（tax breaks）、给各州的拨款形式还是政府直接支出形式。假如经济活动正在迅速地收缩，或许政府有必要更加积极地花钱。

评估政府应当花多少钱，取决于多步计算和大量的数据。然而，当时经济非常不稳定和混乱，这使奥巴马的团队不可能确切地计算出产出缺口。他们所拥有的数据是都暂时的，而且没有任何的官方指标可以实时地反映经济活动。与 –4.2% 相比，–1% 的产出缺口会导致非常不同的刺激计划，并且这一差别会达到数千亿美元，假如不是更多的话。

当时，奥巴马急于做好总统的交接工作，并同时应对一场螺旋式下降的经济危机，这使得他很少考虑到选举周期和总统交接的细节。他的经济团队试图制定一个可以提交给美国国会，并且迅速实施的计划。在 12 月经过热烈辩论的一份内部备忘录中，罗默提出，需要一笔巨大的资金来弥补产出缺口。她写道："一个雄心勃勃的目标是，到 2011 年第一季度，消除产出缺口，使经济在那个日期之前恢复到充分就业状态。利用可行的支出、税收以及向各州和各地区转移支付的组合，来实现这种程度的有效刺激，在两年之内总共需要耗费 1.8 万亿美元的资金。"然而正如雷恩·利兹（Ryan Lizza）和诺姆·塞贝尔（Noam Scheiber）各自报道的，这些数字从来没有进入最后的备忘录，也没有提交给总统。拉里·萨默斯和拉姆·伊曼纽尔对于美国国会的底线，有着较准确的评估，因此出于政治上的考虑，把这一数字压到了低于 1 万亿美元的水平，而最终的数字还不到 8 000 亿美元。

至少可以这样说，2009 年刺激法案的通过引发了一些争议。在接下来的两年内，失业率并没有降至 8% 以下，直到 2012 年中期它才到达这一水平。虽然奥巴马总统模棱两可地说过，经济刺激计划将创造或挽救 350 万个工作岗位，但大多数人关心的是创造而不是挽救。因为你可以衡量创造了多少工作岗位，但是没有可靠的方法来计算挽救了多少工作岗位。或许正如大多数经济学家所总结的那样，2009年的支出的确能阻止更严重的失业和进一步的经济收缩。然而，这一点从未毫无争论地得到证明。在人类历史的长河中，你只知道发生了什么，而对于可能会发生些什么，并没有任何的试验案例。

我们现在知道，这些开支并没有像政府承诺的那样迅速地降低失业率，并且失业统计数字也并未显示创造了350万个新就业岗位。事实上，自2009年2月至2012年年底，劳工统计局确定的总就业人数表明，新增就业岗位仅为200万个。至于是否挽救了300万个就业岗位，即使它可能是真实的，但并没有用统计的方式加以证明。

所有的这些计划都依赖于经济指标，这些指标的创建及其发展已经占据了本书的许多内容。值得注意的是，在20世纪初几乎没有能力衡量经济活动的美国政府，现在形成了一整套统计指标，而这些指标发明和改进的时间还不到50年。2009年的刺激法案，是近年来美国政府最大的积极举措之一，它完全是根据一套统计框架及依赖于这些统计资料的模型而设计出来的。它所基于的假设自始自终都是机械论的："经济"拥有可以衡量的产出，以及一个确定的充分就业水平。当它们处于平衡状态时，就会出现低通货膨胀率、充足的供给和需求，并且经济居于稳定的状态。当它们未能处于平衡状态时，就会引起大混乱。

你永远不会知道阅读制定这些计划的备忘录时，这些概念是多么新。相反，这些假定已经深深地介入到了政策制定的过程中，以至于它们的出台毫无争议。人们把经济当做一个可以衡量和控制的单元来看待。人们将其作为一个复杂的单元来理解，没有任何人会幻想它可以很容易地得到衡量。在2008—2009年，正如亚瑟·伯恩斯、保罗·沃尔克和艾伦·格林斯潘在20世纪60年代到21世纪初所做过的一样，诸如罗默、萨莫斯及财政部的蒂莫西·盖特纳这样的政策制定者，或许还包括奥巴马本人，对各式各样的行动进行了权衡。没有人认为经济很简单，或是问题的解决方案很容易。

然而，他们都接受了这样一些基本假设，即一个国家的经济可以通过调整抢救、摇晃和刺激，来恢复健康状态。这些假设基于仅仅回溯了数十年的数据，以及一些统计资料，这些统计资料通常被放入图表和表格，以突出经济模式并揭示原因及影响。你怎么能说，如果你花了 X 美元，这将会创造 Y 个就业岗位呢？编制大萧条以来美国联邦政府的支出数据，然后将其与随后创造的就业岗位数字并列在一起，他们就是通过这种方式做到的。在 20 世纪 40 年代之前，从来没有编制失业统计数据的一致方法，也没有方法来衡量产出和国内生产总值。当时甚至根本不存在有关政府支出的一致理论，直到凯恩斯和其他人发展出了这一理论为止。显然，所有这些用于确定数万亿美元支出的模型，都是建立在新的且很脆弱的基础之上。

凯恩斯推动了国民经济核算的发展。因为实施他的理论，需要有更好的统计数据作为支撑，在一定程度上，他提供了一套教程，而这直接导致奥巴马刺激法案误判。我并非是因为这一法案而对凯恩斯提出控诉，尽管事实上许多人就这二者都提出了指控。在我看来，刺激经济的举措确实相当不错，如果没有其他作用的话，至少它遏制了经济的迅速恶化。然而，它显然错误地理解了刺激的基本含义；这些假设和公式并没有如预期地那样适时退出。尽管凯恩斯毫无疑问会支持类似的措施，但他总是习惯于不确定性以及这样一个事实，即复杂的系统不能完全地由简单的数字来反映。这也正是他不断强调灵活性和创造力，而不是服从教条的原因。

在 20 世纪中后期的一段短暂时期内，这些指标或许真的准确地衡量了"经济"，而这反过来又给政策制定者提供了维持经济增长和稳定的手段。尽管正如我们所看到的，在 20 世纪 70 年代这一套体系出了故障，或许我们可以认为，故障是由不同寻常的外部冲击集合在一起造成的。不过，还有另外两个因素，深刻地影响了这些指标反映世界面貌的能力：技术和全球化。

这些指标最适合由工业化民族国家构成的世界，这些民族国家对贸易和

The Leading Indicators
经济指标简史

货币实施高度控制，并且其国内市场的消费者和工人与其他国家的消费者和工人相隔绝。这绝不是20世纪末和21世纪初的世界。20世纪的统计数据，事实上已经越来越脱离世界，而且更容易误导人们。

通货膨胀问题是最好的例子。艾伦·格林斯潘在1995年做出的通货膨胀率被夸大的证词，只是将业界早就知道的事实公之于众：统计的框架正显现出岁月留下的痕迹。格林斯潘还没有被誉为经济进步的大师，他也并未因不了解将会导致2008—2009年金融危机的房地产泡沫，而遭受解雇。他是经济政策领域的智者之一，并且当他被任命为美联储主席时，与许多人在其整个职业生涯中所达到的成就相比，他的履历更为辉煌一些。他经营着自己的经济分析公司，接着开始担任尼克松的主要经济顾问之一。他和其他任何人一样，理解政府编制统计数据的方式，而且在他得以管理美国联邦储备委员会大量的经济学家之前，他敏锐地把握了这样一个事实，即20世纪90年代的经济活动并没有得到充分的衡量。

格林斯潘是一名训练有素的学者，先是进入了商界，接着又在政府部门任职，但是他仍保留了些许超然的教授风度。他在早期曾被安·兰德（Ayn Rand）的理论吸引，这有可能塑造了他的这样一种观念，即世界可以被定义，并且被非凡的个人意志行为所塑造。我们不过多讨论兰德的影响，事实上，她肯定会因为她所拥有的、并因此闻名遐迩的巨大影响力而感到高兴。对于现实是由人类系统所塑造的这一信念，我们会将侧重点放在我们理解关键性指标的方式上。它们是我们编制的数字，不会更多，也不会更少。

通过发表官方数据夸大了通货膨胀率的观点，格林斯潘含蓄地承认了这些数据所揭示的情况，与现实世界实际发生的事情之间，的确存在一些差距。暂且撇开这样一个问题，即这些数字如何创建了一个反馈回路，该回路将改变据称它们正在衡量的世界；这些数字很难与变化保持同步。

与1935年或1955年的世界相比，1995年的世界存在着显著的区别，然而计算通货膨胀的方式并没有相应地发生改变。在1935年，农村电气化在美国仍然是一个挑战；欧洲离摧毁了中欧的基础设施、造成了数千万人死亡的大陆战争也只有几年的时间。1995年，美国网景公司（Netscape）即将上市；万维网很快渗透到生活的各个角落；各地的预期寿命都有所延长；而全球化的力量达到历史上的前所未有的新水平。1935年，农业和制造业是就业岗位和收入的主要来源。到了1995年，农业人口已经缩减到总人口的一小部分，而自20世纪70年代以来，制造业的就业岗位开始不断地减少。相反，从信息技术、咨询到娱乐，服务业的就业岗位正在成为主力军。然而，统计数据仍然是由根据制造业主导的世界设计、由民族国家来标记且由主要是男性的劳动力所定义。

统计学专家们明白，随着经济的发展，这些衡量工具也需要相应地调整。尽管与20世纪早期相比，除了一些修修补补，物质世界确实没有本质上的不同，但是，政治和经济系统发生了改变。有充足的证据可以证明，这些体系（并且即使现在也）正以比人类历史上任何时点更快的速度发生着改变。到20世纪90年代，这意味着即使是相对较近时期才创造出来的统计数据，比如说20世纪50年代或60年代，也存在着不合时宜的危险。

这并不是说，负责编制这些统计数据的人不知道经济系统不稳定的本质。相反，在美国政府（以及世界各国政府）工作的统计学家和经济学家，一直都很清楚经济系统的变化。在20世纪40年代，构成第一个消费者物价指数的商品权重，与今天的商品权重相比，发生了很大的变化。在20世纪40年代，食物是占权重最大的商品。1950年，普通家庭在食物上的开支占到可支配收入的22%；而在今天，这个数字是11%。诸如面包和肉这类商品，其权数的变化更为明显，服装也一样。在20世纪中叶，打字机在一揽子商品中，而计算机并没有包括在内；电话包括在一揽子商品中，而智能手机所占的权重可以忽略不计。

正如我们看到的，这些变化最终反映了，在通货膨胀率的计算方式中，即使是固定权重，它也会因消费者调查中新产品的逐步进入和旧商品的退出，

The Leading Indicators
经济指标简史

随着时间的推移而发生改变。只有当人们分析数据的方式也随之改变时，才能反映出较大的变化。赶车的马鞭与 Betamax[①] 惨遭淘汰，向我们证明了基于技术变革和生活方式的转变，不同的商品会进入调查，而其他的商品则会退出调查。不过，一件物品的改进有时是无形的。一辆汽车就是一辆汽车，无论它是何时制造出来的。

人们，至少是思考过这些事情的人，早就知道，同一件物品，比如一辆汽车，在 1950 年、1990 年和 2010 年间可能外观看起来像是同一件物品，但事实上，随着时间的推移，它已经变成了一台不同的机器。除非做出一些努力，来解释"一辆汽车"变化的方式，否则一辆汽车价格的上涨，只会反映出同一物品变得越来越昂贵了。将这些价格的变动称为"通货膨胀"是正确的，既然一辆汽车在 1960 年花费 3 000 美元，而在 1990 年要花费 20 000 元，那么它确实变得更加昂贵了。在生活费用方面，它与物价上涨很有关系。不过，这并不是生活费用唯一的方面。1960 年的同一辆车，1 加仑汽油所行驶的里程（gas mileage）可能只有零点几，这意味与现在相比它会消耗更多的汽油。然而，我们知道，尽管 1 加仑汽油的价格会发生波动，在 1970—2011 年，普通家庭花在汽油上面的预算比重并没有改变，一直在 3.5% 左右。燃料效率是一个重要的原因，其他原因还包括防抱死制动、调节冷气和暖气的温控系统，可是如果你只是看看汽车的价格，那你永远也不会知道这些改进。

承认计算通货膨胀率时可能会掩盖实质性的变化，从而导致生活费用的误算，这种观点推动了特征定价学说的兴起。这一学说是一种创新的方法论，并且立即引起了争议。对于经济统计资料与真实世界之间的联系（或者关于这方面是缺乏联系），格林斯潘经过了数年的仔细考虑，他的证词正是这种思考的结果。格林斯潘明白，经济统计资料不仅仅衡量经济，它们还定义经济。如果统计资料定义系统的方式是静态的，而系统本身却在变化，那么在这些

[①] Betamax 它是由日本 Sony 公司研制开发供盒式录像机系统使用的一种磁带格式，由 19.1 毫米（0.75 英寸）U-matic 录像带演进而来。它于 1975 年 4 月 16 日发布，同年 5 月 10 日上市。Betamax 在与更便宜的 JVC VHS 设备竞争中失利，最终被淘汰出市场。——译者注

统计资料和真实世界之间就会存在差距。

在格林斯潘看来，20世纪90年代的美国经济形势中产生了一些难解之谜。以国内生产总值衡量的经济增长，正以极快的速度扩张，比20世纪大多数时期的速度都要快。当时，失业率保持在很低的水平，而通货膨胀却不明显。与此同时，生产率处于低位，但公司在这一时期获得了创纪录的利润和创纪录的边际效益。对于格林斯潘而言，这不合乎情理，其他许多人也觉得这说不通。对于高增长和供不应求的劳动力市场，除非也有更高的生产率否则，按照经济理论的观点，就应该有更高的通货膨胀率。生产率是一个相对简单的概念：它衡量的是每单位投入所获得的产出有多少。或者更简单地说，一个人或一台机器在一个小时内生产出多少东西。根据这一理论，在经济强劲增长、劳动力市场紧俏的情况下，通货膨胀率维持在低位的唯一的可能就是，每个工人能够以同等数量的劳动和资本投入创造出更多的产出。否则，商品将更加缺乏，工资将会更高，而且需求变得更加强劲，还有就是通货膨胀。然而，在20世纪90年代中期，经济分析局衡量的生产率增幅正在放缓，这远不足以解释为什么经济增长率这么高，而工资和物价的上涨却很少。

格林斯潘的答案是，肯定是哪里出了问题，不仅仅是衡量通货膨胀的方式有纰漏，衡量生产率的方式也不准确。在他看来，数学不是简单地加总。因此，他向美国联邦储备委员会的大量经济学家分派了任务，要求他们解决这一问题。他们转向了被称为"多要素生产率"（multi-factor productivity）的学术概念，试图衡量不能被劳动或资本单独解释的单位产出。显然，假如用劳动力和资本不能解释所有观察到的产出，那么唯一可能的解释就是技术。在20世纪90年代，这意味着信息技术、计算机、互联网，而当通货膨胀率、生产率等一整套经济指标被创造出来时，其中任何一项技术都不存在。

在20世纪90年代的大部分时间里，互联网繁荣引爆了大众的想象力，人们梦想着无尽的繁荣和商业周期的结束，与此同时，股市不断飙升、华盛顿的财政出现了盈余。然而，即使一切看起来生机勃勃，经济指标却只显示出生产率在小幅增长。似乎每个人都知道，计算机和网络的美丽新世界，正在改变我们所有人工作和休闲的方式。每个人都想当然地认为，这些新的通信工具正在提高着人们的工作效率、生产效率，但是没有人能证明这一切。现在大多数工人的办公桌上都有一台电脑，他们分析销售数据的速度更快，甚至还能花费更多的时间在 ESPN 的网页上浏览体育比赛的分数。简言之，当社会的诸多领域正在经历着这场革命，统计数据却在说着："什么是互联网革命？"

格林斯潘举过一个难解之谜的例子，即高生产率下的高企业利润，其原因未得到解释。他认为这说明统计数据存在一些问题。他敦促手下的经济学家们去解决这个难题。他们用旨在捕捉信息技术影响的新统计方法及新公式来做出回应。这些新数据，特别是"多要素生产率"表明，毕竟经济正在变得更加有效率。技术使劳动力和资本能够增加产出。对于人们在日常经济中明显感到的东西，和统计数据所表明的经济日常状况之间存在的差距，计算生产率的新方法无疑可以起到重要的弥补作用。

大面积使用特征法进行计算，则是更容易引发争议的举措。事实上，将质量改进作为产品价格的一部分因素，只有在电视机、衣服和一些家用电器进行"特征调整"时，才会引发工作量增加。有人认为政府在有组织地低报通货膨胀率，而特征调整是最新的操纵形式。对于特征方法在这些人中所引起的喧嚣而言，这类调整涉及的实际百分比太小了，还不足以成为深层次暗箱操纵的目标。

格林斯潘对于指标与现实不同步的出色洞悉，应该成为每一个人的警钟，它告知我们衡量"经济"并掌控其方向的宏观能力正在下降。相反，富有经验的统计学家和经济学家所组成的团队，却仍在研究现有统计数据的改进措施。这一方面是通过对方法的优化，另一方面则是采用更好的基础数据。更多的数据和更好的统计资料能够让我们管理经济，这一核心观念从未遭遇过深刻的挑战。20 世纪 90 年代是如此繁荣，这使人们更加对上述观念深信不疑。2001年的经济衰退相当温和，而2002年的股市崩盘则发生在9·11恐怖袭击引发的反恐战争的背景中。从本质上来讲，在这些指标所表明的情形，与现实状况之间的差距开始变宽和扩大时，认为经济关键性指标是驾驭经济之船的重要工具的信念反而加深了。

然而，正如多要素生产率和特征主义学说表明的，用20世纪中期的指标反映经济变化的唯一方式，就是朝着更复杂的方向前进。对于统计数据的表达，我们往往追求简洁，总是采用大字标题的形式发布它，然而在构造它们时，我们往往又希望多使用巨量的数据和方程，这两方面往往呈现出一种逆相关的关系。"简洁"的国内生产总值数字是数千个数据点和成千上万信息汇编人员的产物。对于通货膨胀率、失业率以及所有的关键性指标而言，都同样如此。

"经济"自身的复杂性、不断修正的指标以及全新的数字，所有这些合在一起，让管理经济这项工作变得非常有挑战性。只有具有一定水平的确定性和简洁性，经济指标对于政策的制定和改进才有帮助，而这违背了经济的复杂性。经济并不是一门科学，它的运转也不遵从统计学原理。当评估政府开支与失业率之间的关系这类问题时，任何经济学家都不敢宣称自己的假设被政府控制的50、60个数据点的数据证实了。

举以下的情形为例：自从第二次世界大战结束以来，在美国已经出现了11次衰退，11次啊！为了得到这样一个确切结论，即我们搞清楚了衰退期间的政府支出与随后的就业和经济增长之间的联系，就要忽视这样一个事实：对于得出任何确切的结论而言，11次是还不够大的一组数。然而，2009年的刺激法案和所有的政府开支计划都是这样做的。在数学和概率论方面训练有素的统计学家，当试图评估可能的结果时，往往需要大量的数据点。即使存在大量的数据点，他们也会意识到，除非是一个非常简单和受控制的行动，比如说掷硬币，否则未预见到的变量有可能会产生重大的影响。

为了补充有限的数据，统计学家采用了"回归分析"（regression analysis）

The Leading Indicators
经济指标简史

法。2008年12月，奥巴马的经济团队对于自己勾勒出的各种场景，就是基于回归分析而提出了"假如我们支出6 000亿美元，它将对我们的产出和就业产生什么样的影响；而假如我们只支出18亿美元，它将产生什么样的影响"。然而，即便这种分析和相关数据都很完美，它们再一次因为数量太少且很有限而缺乏代表性。我们已经看到，国内生产总值、失业率和通货膨胀率都不是新近发明的指标。最新被发明出的是经济周期这一整体概念，其固有的衰退可以被美国国家经济研究局①衡量和"宣布"，它是韦斯利·米切尔和其他人的出色的"孩子"。

当然，如此利用官方的统计数据，恰好符合凯恩斯的分析框架，即政府可以而且应当调整政策，以缓和和减轻衰退。另一派的经济学家否定了这一观点，他们声称灵感来自奥地利的弗里德里克·哈耶克（Frederick Hayek），而且其大多数人都将芝加哥大学的终身教授米尔顿·弗里德曼视为教父。这并不是说纯粹的自由市场主义者否认这些指标有用。他们只是不相信政府会是好的经济管理员。他们反而更相信市场自身，它最好由经济规律来加以管理，而不是依靠中央银行行长的心血来潮及政治家的热情。与凯恩斯不同，弗里德曼认为造成大萧条的原因是经济政策失灵，而不是市场失灵。他认为当时美国联邦储备委员会的决定严重失误，并否定了只有政府才能保证充分就业的观点。他还痛斥了那些自认为可以准确地计算出政府支出的"乘数效应"的人。

通常大家都认为，罗纳德·里根执政时，"自由市场"经济学成了美国政府和共和党的主旋律，在这期间，弗里德曼的思想占了上风。在20世纪80年代的英国，在玛格丽特·撒切尔的保守党政府中，这一思想也曾很盛行。不过，当该哲学激励着那些政党时，这些政府中却没有哪一个真的在从凯恩斯主义中脱身。没有哪个政府中止将"经济"当作可以被衡量的实体来运作，也没有哪个政府放弃这样一个箴言，即政府的一个主要作用是确保经济安全。

---

① 原文是National Bureau of Economic Statistics，据查没有这一机构，只有前文提及的NBER，即美国国家经济研究局负责定义经济周期。疑为作者笔误。——译者注

正如我们所看到的，这种观点已经嵌入了世界上几乎每一个官僚机构之中。它融入了联合国的框架之中，几乎遍布全球治理的每一个角落。米尔顿·弗里德曼有一句名言："我们现在都是凯恩斯主义者。"这就是那些信念得到广泛接受的证明，即使弗里德曼本人拒绝接受其核心信条。

在经济指标以惊人的速度走向全球时，它们也卷入到了政府、行业和个人做出的每一个决定之中。如同藤蔓一样，它们与公共（甚至私人）生活的重要领域纠缠在一起。让我们考虑一下政府预算。20世纪，官僚机构在急速扩张，这种情况在美国、欧洲，其实是全世界都出现了，政府需要更好地核算它们的支出，以及这类支出可能产生的长期后果。

在美国，为了更好的管理预算，它在1974年创立了美国国会预算办公室（Congressional Budget Office，CBO）。对于美国联邦政府的政策而言，国会预算办公室发挥着核心作用，其影响几乎无处不在，然而令人惊讶的是，它是在最近才得以创立的。白宫行政管理及预算局（White House Office of Management and Budget）成立于1970年，但是它不过是挂了一块新招牌而已，其前身是创立于1921年的预算局（Bureau of the Budget），其功能是帮助美国总统履行其宪法上的职责，即向国会提交年度预算。不过，国会预算办公室的作用有所不同。它是在通货膨胀和政府支出都受到严重关注的时期，作为一个独立的政府开支监督机构而设立的。国会预算办公室负责分析政府支出的影响，并提交一份长期的美国联邦政府预算。在20世纪80年代，当联邦政府开始依赖于赤字时，国会预算办公室与白宫行政管理及预算局（OMB）一起，被指定为预算统计的官方管理机构。这一切在1985年正式化，当时公众对赤字不断攀升的焦虑日益增加（这也为2008年后更高水平的关注度埋下了伏笔），从而导致美国通过了两党共同提出的控制赤字的法案。

这项法案被称为《葛兰姆法》（Gramm-Rudman），它授权国会预算办公室"评估"所有的立法提议。假如这一切看起来有点过分，并且是靠不住的，那么它对现实世界的影响绝非如此。国会预算办公室的一个核心功能是，估计政府在医疗保健和社会保障方面的支出额。尽管国会预算办公室的职员是由无党派的经济学家和会计师组成，它的分析几乎完全是基于对未来的通货膨胀率、未来的经济增长率以及未来的就业率的估计而做出的。然而，这些指标本质上都是不可知的，并且每一项指标都决定了美国政府将以税收的形式获得多少收入。这几乎是一项不可能完成的任务。再考虑一下这样一个事实，即根据法律，10年规划必须假定美国国会关于税收或新项目的政策不会变化，你就能够搞清楚，为什么我们要干为政府开支而描绘未来趋势的这份苦差使。

我们的工作完成得很糟糕。2003年，极具突破性的《医疗现代化法案》（Medicare act）加入了"处方药计划"（Part D）[1]，从而使处方药纳入了医保。在该法案通过之前，国会预算办公室估计，美国政府将在接下来的10年内支出3 950亿美元。2005年3月，国会预算办公室再次宣布，这一数字似乎将达到5 930亿美元，接近50%的差距。这其中有什么原因呢？与最初的设想相比，更多的人加入了处方药计划。10年之后，在2013年的2月，国会预算办公室宣布，其关于《平价医疗法案》（Affordable Care Act of 2010）[2]长期影响的假设，由于对健康保险费用上升速度的不正确假设，高估了大约2 000亿美元的费用。正如一位学者所说的，就该计划或者就2009年的刺激法案进行评估，要求"有一支经济学家团队忙于对假设进行辩论和微调"，并"雇用调查者、人口统计学家和市场人士对数据源进行多年的调查"。最终，这些预测至多是一个"高学历人士的最好猜测"。

财政预算程序也扭曲了支出决策的方式。国会预算办公室"评估"提议中的政府计划的后果，必须遵循严格的规定。例如，它可以根据假设的通货

---

[1] 经查找资料，作者所指的法案应是《医疗现代化法案》（Medicare Modernization Act of 2003），该法案要求Medicare（美国医疗保险计划）的D类承保者（Medicare Part D insurers）为其受保者提供药物治疗管理服务，以便达到提供医疗教育、增强患者依从性、监督不良反应事件和不合理用药的目的。——译者注

[2] 《患者保护与平价医疗法案》（Patient Protection and Affordable Care Act，简称PPACA），为第111届美国国会关于医疗改革的主要立法。法案要求所有美国公民都必须购买医疗保险，否则将需要缴纳一笔罚款，除非因宗教信仰或经济困难的原因而被豁免。——译者注

膨胀率，以及美国国会已经通过的任何预算，来规划相应的费用。然而，它评价预期节省额（projected savings）的能力，则受到了高度约束。在评价社会效益方面，其能力同样受到限制，这种社会效益由某类型支出产生，但两者之间的关系并不明显。例如，假如某公路法案授权支出 100 亿美元，用于改善洛杉矶的基础设施，国会预算办公室可以将这一举措评估为美国联邦政府预算开支增加了 100 亿美元。然而，假如这 100 亿美元导致汽车事故减少，并且使人们减少了通勤时间，二者都将节省可以高效地花在别处的数十亿美元费用，但是国会预算办公室绝对没有办法说明这一切。这类限制使得美国国会几乎不可能为未来投资，而更容易只着眼于短期来削减费用或支出。不过，2009 年在危机最严重的时候通过的刺激法案，是一个罕见的例外。

国会预算办公室只是一个例子，用来说明这些指标如何嵌入政策，并且随后决定要支出（或者不支出）的巨资。前文已提到过，美国劳工统计局做出的通货膨胀率预测，会影响长期社会保障支出的可行性以及短期的失业津贴比率的假定。

当然，最重要的规划是确定经济增长率将是多少，这意味着国内生产总值将扩大或收缩多少。这也是联合国、国际货币基金组织、世界银行、经济合作与发展组织、东南亚国家联盟、美洲开发银行等国际机构最重要的规划。所有这些组织，连同这个星球上的每一个主权国家，都在衡量国内生产总值，而且它们都是根据联合国定义的国民经济核算共同标准来衡量的。

联合国的国民经济核算体系使得人类的商业和经济活动标准化。从"交易"的官方定义，到"家务"的含义，再到市场活动（买卖商品和服务）和迅速发展的非营利部门的非市场活动之间的差异，国民经济核算体系几乎包含了一切。相关的表格和报告多达几百页，不过，其首要目标既有惊人的雄心壮志，又相对地直截了当。这一体系力图回答"谁在做什么"以及"谁拥有什么"这样一些基本问题，而且还远不止于此。正如该体系最新文件的引言部分所陈述的，其目标恰恰是要确定地回答："谁做什么，和谁一起，为

The Leading Indicators
经济指标简史

了交换什么，通过什么方法，目的是什么。"（Who does what, with whom, in exchange for what, by what means, for what purpose）

从美国中央情报局的世界概况（CIA's World Factbook），到联合国的机构预测，这个体系以一系列令人头晕目眩的全球指标为基准，为一切事物提供原始的输入数据。世界银行每年独自出版数千本专著和研究，测量和估计全球商业生活的每一个方面，从学校的卡路里消耗，到气候变化对北部非洲贫困的影响，再到21世纪暴力的本质。事实上，以任何国际机构为例，你都会发现在它们发布的报告里满是统计资料和衡量指标。在20世纪40年代，如此新颖和不朽的国民经济核算体系，促成了现今这个充斥着数据的世界。数据是如此的丰富，以至于没有人能够全部吸收。

然而，国民经济核算的管理者做出了尝试。1993年，经过多年的努力，该体系进行了修订，完善了自20世纪50年代起其自身存在的不足之处。2008年，国民经济核算的方法再次修订。这些修改是巨大的事业，涉及许多国家和成千上万种想法。全球性的国民经济核算体系是库兹涅茨、斯通和他们同时代继承者的最高成就。如今联合国期待世界上的每一个国家，都用同样方式来衡量其经济，而由此产生的数字，则将全球经济活动的各个方面紧密地交织在了一起。

国民经济核算体系在2008年的重要变动之一是，以一个更好方式将知识产权包括在内。我们都认识到，信息技术已经越来越成为生活的中心，从智能手机、iPad，到谷歌和亚马逊的海量数据中心，再到我们自己的在线生活。然而，20世纪中叶被设计出来的传统度量工具，其设计初衷并非是衡量这些活动。它们也不是为了充分考虑有价值的无形资产而存在，比如知识产权租赁或许可。高通公司（Qualcomm）的大部分收入来自于专利许可，这与福特制造T型发动机小汽车或是小货车的模式不同。2008年的改革，也开始考虑那些在最初的账户和国内生产总值中被有意忽略的活动，比如家务劳动、休闲和现金交易。这些非正式经济活动从来没有出现在官方统计中，然而这些经济活动却与我们的生活交织在了一起。这次修改也支持了经济分析局在完善美国经济的记账方法方面所付出的努力，原来的方法导致每年有3 000亿美元未计入国内生产总值。

国民经济核算体系或许是世界上最有影响力的一组数字，但是很少有人听说过它们。它们被公认为全球经济指标中的权威。不过，我们已经愈发意识到这些数字。以月度就业报告（monthly jobs report）为例，我们已经看到，直到20世纪50年代末时，失业率统计数据常常由劳工统计局很低调地发布，没有大肆宣传，它只是偶然会出现在当时纸质出版物的新闻报道中。当这一数据非常好或者非常糟糕时，卢斯的《时代周刊》和《新闻周刊》可能会在及时消息专栏中对其进行评论，或许《纽约时报》或《华尔街日报》也会在商业版上有所提及。1956年，当德怀特·艾森豪威尔（Dwight Eisenhower）正谋求连任时，共和党的论坛曾吹捧他的政府取得极高水平的就业率。然而，这些数字在当时所受到的关注，与20世纪末它们将实现的审查程度之间，绝不可同日而语。

实际上，官方发布这些数字的整个过程，已经变成了一种精心设计的练习。正如《华盛顿邮报》记者伊莱·沙斯洛（Eli Saslow）生动地描述的那样，在华盛顿的劳工统计局总部，当每月第一个星期五要发布月度失业报告时，其安全级别与白宫或中央情报局的会议大致相同。"在劳工部一个没有窗户的房间里，40位经济学家和新闻记者，正在为这次报告的正式发布做准备。他们研究着标有'机密数据：给那些得到授权，可以利用并且需要知道的人'字样的文件夹的内容。他们在严格监督下，提前30分钟收到报告。他们的电脑都连在一台中央交换机上，为的就是确保他们在8:30之前不会发表任何东西。"在20世纪中期，由于担心该报告可能被过早地泄露，劳工统计局咨询了安全专家。该安全专家曾对美国核军火库如何最好地保护代码给出过建议。在劳工统计局内部，程序非常严格。负责编制数字的工作人员，都会给自己的电脑加密，并且每次当他们起身去卫生间的时候，就将数据锁入安全地点。在公布数据前的一个星期里，门卫、保洁人员甚至不会倒垃圾。只有白宫会在星期四晚上，也就是向公众发布报告之前的12个小时，收到这份报告的早期副本，它被放在一个上了锁并且受严密保护的手提箱里。

安全级别直接来源于这些数字现在所受到的追捧程度。在20世纪70年代，华尔街的交易员们开始积极地利用这些数字来进行交易，这一点让拥有内部消息变得非常有利可图。当前被关禁闭的状态，主要是防止某些人提前利用内幕消息获利，而且也防止党派的媒体及政治集团出于自身的利益，来编造这些数字。同样的程序越来越多地被复制到了其他美国政府的统计机构中，从农业部及其月度农作物报告，到经济分析局及其季度国内生产总值，再到美国联邦储备委员会及其宣布利率政策的月度会议。进入了20世纪70年代后，美国联邦储备委员会月度会议的消息几乎从媒体中消失了。只有基于月度会议之后的数个星期，利率是上升、下降还是保持不变，你才能判断该委员会在月度会议中做出了什么决定。

20世纪90年代，覆盖"经济"的媒体呈现出爆炸式增长的趋势。这在很大程度上是源于互联网繁荣的推动。当时，数百万人开始日内交易，并且更多的人被雅虎和易趣等新技术公司的未来前景吸引。当新经济的颂歌变得越来越响亮，对数据的渴求也在相应地增长。不断变化的媒体景观，众多网站增加的24小时新闻频道，都需要更多的素材。定期发布的政府指标，连同大量的私人统计数据一起，被证实是编撰故事的完美参数。在关于万物的更大蓝图面前，或许这看起来是一个较小的进展，但是就这些数字变得有多么突出这方面而言，这一进展意义重大。在20世纪60年代，很少有媒体渠道讨论就业报告；到了21世纪，成百上千的媒体这样做了，而且就业统计数据变成了判断整个系统是否健康以及它将走向何方的习惯性参考点。

指标的数量在激增，而我们的文化越来越盲目地迷恋它们。当统计学家和经济学家努力跟上社会的改革时，旧指标已经发生了改变。新指标，比如说房屋销售额（home sales），也使劲儿挤入了全国性讨论之中。

没有什么比国内生产总值更重要，即使它是新指标。1991年，经过多年的争论和研究，经济分析局从国民生产总值转到了国内生产总值。国内生产总值一直包括在国民经济核算之中，但是被认为是次要的。现在，当我们谈到国内生产总值时，用到了代表唯一性的介词，它就是统计学神殿中的宙斯。

当今世界上的每一个国家，对于经济的公开辩论，都是围绕着国内生产总值是正在增加，还是在收缩，以及其变动的数额有多少而展开。对于新闻和政治家来说，它是一个方便的参考点。毕竟，国内生产总值增长率是一个数字，而这个数字从来没有超过三位数。几乎每个人都可以理解，如果这个数字上升，就是好事情，而如果它在下降，就是不好的事情。国内生产总值上升，这个国家的经济状况也上升，不管这个国家是美国还是中国，都是如此。

国内生产总值与国民生产总值之间的区别在于前者衡量的只是在一个国家内生产的商品和服务，而国民生产总值则包括全部国民生产的所有商品和服务，无论这些经济活动发生在世界何处。因此，如果日本的丰田汽车公司在田纳西州经营着一家汽车厂（正如它所做的那样），这也算是美国国内生产总值的一部分，而不是美国国民生产总值的一部分。如果加利福尼亚州库比蒂诺（Cupertino）的苹果公司寻求在中国的一家工厂制造手机和iPad平板电脑（正如它所做的那样），那也算是美国国民生产总值的一部分，但不是美国国内生产总值的一部分。官方转向国内生产总值指标的基本原理，是它与国内经济的其他指标更加紧密相关，比如说物价（通货膨胀率）、就业、房屋销售和消费者信心等非政府的统计数据。

美国的国民生产总值和国内生产总值之间的差异，一直以来并不是太巨大。许多美国公司、机构和个人都在海外投资，或是拥有海外资产，就像许多外国实体在美国投资和拥有美国资产一样。在过去几十年里，这些活动趋向于相互抵消。因此，对于美国来说，使用这个或另一个指标的区别没有那么重要。然而，在使用一个指标，而不是另一个指标这方面，可能还存在一个问题。为了把握经济的全貌，二者都需要。例如，在过去20年里，跨国公

经济指标简史

司的规模不断扩大，从而导致公司的利润迅速增加。这一事实并不能反映在国内生产总值的数字中。像苹果公司这样的一家公司，正因为这一原因，一直在美国国内保持着盈利。

不过，在说明许多公司运行方式的变化时，这两个数字都存在着一些问题。自从官方做出转变后，美国的制造业寻求在其他国家进行生产的情况已经大大增加，而美国公司在其他国家直接拥有制造工厂的情形则很少。这种变化并没有显示在国内生产总值之中，也没有显示在国民生产总值之中，因为这种产出既不归美国国内的美国实体拥有，也不归在任何国家的美国实体拥有。不仅如此，当这些货物被运回美国，并由寻求这些货源的公司出售，这些商品就被登记为进口，因而成为国内生产总值的拖累（因为国内生产总值将进口看作该国国内产值的减少）。

在其他国家，国民生产总值和国内生产总值之间的差距已经很大。一些国家获得了大量的外商投资，但其本土企业的产出却很少。想想那些资源丰富的非洲国家，它们从矿业公司获得了数十亿美元的投资，但是其国民却依然贫穷，而且也没有大量的手段去进行海外投资。这些国家的国内生产总值很高；但是国民生产总值比这要少很多。然而，即使在这里，问题也不仅仅是两个数字之间的差异。当我们总是赋予一个指标相对于另一个指标的特权，而不是使它们相结合时，就会造成扭曲。

西蒙·库兹涅茨早就明白，假如这些指标开始被用于它们从未打算解决的社会和政治问题，对于简单的概数的这种迷恋，将成为一个主要问题。正如他在其典型的艰涩风格的散文中所陈述的："在描述密集的特性中，人类头脑简化复杂情况的宝贵能力，若没有用明确规定的标准加以约束，会变得十分危险。尤其是定量测量，在概括地描述测量对象时，其结果的确定性就意味着（常常是误导地）精确和简单。对于国民收入的测量，也受到这种错觉的影响。当测量活动处理的事件处于对立社会团体争论的中心时，就特别容易产生滥用的情况，因为在这个位置，一个论点的效力常常因为过于简单化而有所差异。"

库兹涅茨可能不是世界上最好的舞文弄墨者，但是他注意到了这一问题。显然，假如在如今的世界，他将见识到这会引发怎样的后果。这些数字已经变成了人类现状的制造者，而其实它们只不过是对特定系统的统计描述而已。在一个不断超越国界和相互渗透的世界里，国家的国内生产总值问题是我们面临最大的挑战之一。库兹涅茨已经意识到了这一点，而我们则需要更加深入地审视这个问题。

08

沃尔多在哪里

The Leading Indicators

The Leading Indicators
经济指标简史

假如我告诉你，我们对经济生活做出的核心假设是错误的，将会怎样？如果该假设影响了我们的经济政策，将会怎样？如果我们依靠它来确定国际核心战略，将会怎样？如果在2008—2009年的金融危机之后，这一假设加深了侵袭着发达国家的棘手的经济深度低迷，将会怎样？因此，假如我告诉你，美国和中国之间不存在贸易逆差，将会怎样？假如的确是这样，又将会怎样？

"每隔一段时间，一个革命性产品的出现将改变一切。假如在你的职业生涯中，可以致力于其中的一种，那将是一件非常幸运的事情……苹果公司一直非常幸运，因为它推出了一些这样的产品。"2007年1月，史蒂夫·乔布斯向座无虚席且全神贯注的听众说着这些谦逊的话语，并正式推出了苹果手机。新的光洁的设备不只是抓住了人们的想象力，它的销售量也在飙升：2008年超过1 000万部，2009年2 000万部，2010年更是将近4 000万部。在短短几年内，苹果手机变得无处不在，变成了一种酷和快速缓存的象征。它不仅仅是一部电话，更是下一次技术革命的图腾。在一场摧毁许多人自信心的金融危机之中，它也是美国的创新能力和伟大成就的一种象征。只是有一个小问题：这个手机是在中国制造的。

08 ▶ 沃尔多在哪里

2012年的美国大选前夕，美国人在许多重大问题上出现了严重分歧。关于医疗保健及它应该如何支付，关于债务和赤字的规模，关于移民政策及其改革（或者关于那是缺乏），假如你能够找到这些问题的共识，那你真是十分幸运。米特·罗姆尼（Mitt Romney）的支持者与贝拉克·奥巴马的支持者很少打交道，以至于共和党人和民主党人依靠于独立却不太平等的民意调查。

然而，至少有一点，大多数美国人达成了一致。更具体地说，大多数美国人都同意中国是美国的威胁，中国的货币一直在有计划地被低估，以及美国因此而失去了就业机会，并且危及了制造业。在整个竞选活动中，米特·罗姆尼庄严地保证，如果当选美国总统，其最优先的举措之一就是，将会给中国贴上货币操纵国的标签，而奥巴马政府对于这种危险的姿态，只是轻微地没那么固执而已。引发这些关注的主要原因是，中国政府持有大量的美国债务（超过了1万亿美元），还有每年都在增加的巨额贸易逆差，在2012年达到了将近3 000亿美元，而在未来无疑将攀升到更高的水平。

然而，乔布斯的孩子苹果手机，被所有创新者和企业家视为最能代表美国的创新象征物，正在增加这一逆差。每一部苹果手机都是由富士康的工厂制造，然后被运到了美国，在长滩港（Port of Long Beach）由巨大的起重机卸载。它并非作为美国的一个亮点而出现，也不是提振境况不佳的美国经济的有利因素，它是作为从中国进口的货物而出现的。

2001年，中国加入世界贸易组织之后，美国对中国的贸易逆差开始扩大。首先，中国作为一个低成本制造商，以及一种迅速发展的经济力量，正在快速崛起，这一逆差被视为这一过程的附带结果。然而，在短期内，这一逆差却成为美国经济衰退的一种象征，并且被视为全球经济失衡的危险征兆。当2008—2009年的金融危机扰乱了国际市场时，许多人直接指出，美国和中国之间的贸易逆差是一个深层的原因。一些人警告说，持续且不断深化的贸易逆差，可能会导致美国经济最终崩溃，因为越来越多的财富离开了美国海岸，而美国人得到的却只有廉价并且可以随意丢弃的东西。

贸易逆差被视为负债的主要原因，从统计上来说，确实是这样的。它们的存在会降低国内生产总值的数字。申报进口商品的每一美元，都会从该进口国的国内生产总值中减去。

然而，所有绝望和残酷的预言，都取决于一个简单却未经检验的假设：我们编制这些数字的方式是准确的，并且能反映出商品的进口国和出口国之间相对平衡的一些情况。对于经济学家来说，国内生产总值来自一个简单的公式，即国内生产总值＝消费＋投资＋政府支出＋进出口贸易差额。假如贸易差额是正值，即出口大于进口，那么它就对国内生产总值有益；假如不是这样，它就会减少国内生产总值。在20世纪中叶，这一公式就是这么被设计出来的。在民族国家或多或少是一个封闭的经济单元时，这或许有一定的道理。问题在于现在的情况是否仍是这样。

贸易逆差已经成为全球优势与劣势、平衡与不平衡的象征。美国公众将美国对中国的贸易逆差，理解为美国经济衰退的证据。欧洲国家决不会更乐观；自2010年以来困扰着这些国家的欧元区危机，在某种程度上就是围绕国家之间的贸易逆差和账户赤字而展开的，一方面是希腊和西班牙这类南方国家，而另一方面，则是制造业巨头德国。

然而，如果这些数据有缺陷，将会怎样？假如对于全球经济本质，各国间的平衡，甚至是整个系统的平衡，我们做出的常规假定都是错误的，仅仅因为我们使用的贸易额数据是错误的，将会怎样？假如是这样，我们将不得不从根本上重新思考许多对于这个世界的结论，尤其是那些现在被当作简单的、无可争议的真理。

在所有的关键性指标之中，进出口贸易额或许是最古老的。和从收成中征收粮食一样，对贸易征税一直是政府收入的首要来源之一。从古代帝国到现代国家，它们都试图监控进出其领土的商品，为的是提取一些收入。与此同时，批发商、银行家和零售商都试图逃避这些关税。他们走私、谎报货物、顾意压低进口价格和进口数量。17世纪，英格兰国王查理一世（King Charles

I）批准了可能是第一套进出口表格的东西。如果快速地浏览全世界的数千个档案，并且找到有史以来的进口、出口和关税列表，就同时记录出口和进口这一点而言，英国很可能是最先这么做的国家。这代表了一种早期的认识，即贸易始终是一个有关流动——流入和流出的问题，同时这一点还意味着，要想理解贸易是如何影响经济生活的，这两方面的流动必须同时考虑，不能分开。

英国人的这些努力，并没有导致贸易统计数据的突然发展。法国人紧跟着效仿，而西班牙人没有这样做，尽管它的殖民帝国在本质上是一个受控制的贸易体系，其主要的活动是将拉丁美洲的金银运回西班牙。美国人在这方面的发展是超前的。18世纪中叶，殖民者的不满主要集中在贸易和国王所征收的关税上，在美国人看来，这是不适当并且不道德的。因此，国会对美国财政部提出的最早要求之一，就是编制详细的贸易统计数据，这并不那么让人吃惊。亚历山大·汉密尔顿是这一事业的捍卫者之一。他将商人、城市和工业看做美国的未来，这与托马斯·杰斐逊的田园诗般的农业版本截然不同。

1791年，汉密尔顿在其《关于制造业的报告》（*Report on Manufacturers*）一文中，提出了一个强有力的论点，即根据1789年美国宪法成立的新联邦政府，应该把促进工业作为其首要任务之一。这意味着要抑制来自海外的竞争，尤其是来自英国的竞争，而要做到这一点，美国必须对进口的制成品征收高额关税。说来也奇怪，在18世纪90年代，也就是汉密尔顿最有影响力的时候，即在他与阿龙·伯尔（Aaron Burr）进行不幸且致命的维霍肯（Weehawken）决斗之前，他的政策并没有得到充分的表达。在托马斯·杰斐逊任职时期，汉密尔顿的政策反而发挥了最大影响。刚就任总统，杰斐逊就捍卫和实施了许多他过去在思想上反对的政策，包括对所有的进口货物实施近乎完全的禁运。

当然，杰斐逊的动机不是为了刺激国内的制造业，而是为了损害英国的利益，从而帮助拿破仑统治下的法国。尽管如此，杰斐逊的关税政策在1807

年后产生的效果，正是汉密尔顿所希望的。这让美国在往后的数十年里，都能对进口制成品征收限制性关税。然而，为了实施这些关税，需要有人跟踪进出口的情况。在 19 世纪初期美国的进出口记录都非常随意，直到 19 世纪 20 年代，这些记录才开始变得严格且常规，而且最后，人口普查局开始负责所有的贸易数据。

进口商品被迫缴纳限制性关税，在 19 世纪税率有时超过了 50%。联邦政府对测量和计算贸易数据非常感兴趣。那些遥远的欧洲帝国也同样如此。在 19 世纪，英国和法国政府是格子状殖民地的中心，而且即使自由贸易运动在英国不断兴起，与这些殖民地开展贸易制度，还是被设计的有利于伦敦和巴黎这些的帝国中心。关税或其他形式的经济激励，确保了殖民地提供原材料，而作为交换，它们成为了英法这些帝国的制成品的强大市场。例如，印度将原棉送往英国之后，这些原棉在曼彻斯特的织布机里变成了布和服装，然后再出口返销到印度。

到了 20 世纪时，关于谁在哪里制造了什么，几乎没什么模糊不清的地方。如果棉花是在印度或埃及种植并收获，然后送往美国或英国，可以很直接地进行分类，归入"出口到"那些国家，或是"从……（国家）进口"。当然，评估棉花的成本，并且随后将它记录下来，也是相对简单的一件事情，虽然人们一直试图捏造和篡改这些数字，以避免支付更高的税费。他们还经常通过走私来避免支付任何税费。即便如此，将某样东西分派给一个特定国家的过程，并没有那么有挑战性。制成品也同样如此。假如鞋子是在马萨诸塞州林恩的一家工厂制造的，然后销往国外，确定它们的花费是多少，并将它们作为一项"出口"而记录下来，是非常简单的一件事情。

第二次世界大战以后，特别是 20 世纪 90 年代以后，经济的发展令这种简单不复存在。这也使得计算出口减进口的国内生产总值简明公式，和对"经济"加上或是减去某一项的各种看法发生了争论。贸易的分类变得更加不固定，哪怕我们用来计算国内生产总值的基本公式，以及我们从这些数字中得出结论的方式，从来就没有任何变化。

08 ▶ 沃尔多在哪里

政府机构也在努力跟上不断增加的贸易量。1969—1989 年期间，美国的进出口贸易额增长了 10 倍多，从大约 750 亿美元，上升至近 9 000 亿美元。在接下来的 20 年里，也就是 1989—2011 年，进出口贸易额超过了原来的 4 倍，达到了近 4 万亿美元。伴随着进出口贸易额扩张的是，比以往多得多的商品。美国海关总署是实时贸易流动的主要信息来源，而人口普查局根据自己的调查，以及直接来自于加拿大海关官员的信息，增加了这方面的信息。到 20 世纪末，美国海关总署每月为人口普查局提供 750 000 份有关进出口数据的文件，而且这还只限于运载货物的价值超过 2 500 美元的情形。大量贸易额很小的个人商品，由于没有达到标准，所以未包括在官方的贸易数据之中。

然而，人口普查局的数字只讲述了故事的一部分。更复杂的是，在 1986 年之后，美国政府在制作贸易表格时，不仅包括了商品贸易，而且也开始包括更加无定形、但日益重要的服务贸易。这个任务落到了经济分析局身上。在这方面，也有一些先驱者。在第一次世界大战后，赫伯特·胡佛领导的美国商务部，对包括服务在内的国际账户展开了实验。然而，与商品贸易相比，服务是一个很小的组成部分，并且难以衡量。然而，到 20 世纪 80 年代，服务已经成为全球贸易的重要组成部分，尤其是金融服务。

那么，究竟是什么构成了服务贸易呢？假如以一家美国银行的分支机构在伦敦开展经营活动为例。让我们称它为高盛，因为不管好坏，每个人都喜欢将高盛当成金融全球化的首要证据。高盛在伦敦的营业处，为想在西部非洲建造一家工厂的瑞士企业安排了一笔贷款。这一连串的交易代表着"跨境金融"（cross-border finance）。在过去的几十年里，跨境金融已经成为全球经济活动的重要组成部分。然而，在传统的贸易统计里，它是不可测量的，因此，从统计学的角度来说，它不存在。

世界各国政府和机构认识到，越来越多的全球经济活动是由服务而不是物质构成的，因而采取了一些措施来衡量这种活动。在美国，经济分析局在

1986年启用了一个新的系列，不仅包括金融服务，还包括教育、旅游、数据处理、咨询、保险等。20世纪中期，如果花旗银行为拉丁美洲的一笔交易提供资金（正如它经常做的那样），这并不会在任何的官方统计中显示为出口，尽管它有可能被记录在经济分析局有关国际贸易的众多报告中。现在，假如在纽约的高盛为新加坡公司的一笔交易提供融资，以建造一家马来西亚工厂，这将，至少是有可能，成为美国2011年740亿美元金融服务出口的一部分。

旅游是更大的"服务出口"。一名伦敦人在三角洲航空公司（Delta Airlines）买了一张飞往亚特兰大的机票，这就是一项旅游服务的出口，因为它是美国的一家公司向非居民提供的服务。一个中国旅游团包下一辆公共汽车来旧金山看风景，或是包下位于曼哈顿中城酒店的一批房间，这将计入美国对中国的服务"出口"。另一方面，一个美国旅游团游览吴哥窟或是马丘比丘①的遗址，这一服务将计为进口。对于美国而言，教育是另外一项主要的出口服务。一名沙特学生在一家美国大学注册，或者是一名中国研究生在加州理工学院完成了其博士学位，这些都将算作教育服务的出口。知识产权也是可以进口或出口的一种服务，因此当中国移动从总部位于圣迭戈②的通信行业巨头高通公司那里，获得了手机技术的许可，从统计上来讲，它已经从美国进口了这项服务。

然而，官方的美国对中国的贸易赤字，只包括商品，而不包括服务。这些数字是由美国人口普查局每月发布的，它只追踪商品贸易，并不将经济分析局所追踪的服务贸易整合在内。这一点很重要，因为尽管美国已经登记了对于中国及整个世界的商品贸易逆差，它仍然拥有健康的服务贸易盈余。2011年，美国的服务"出口"比服务"进口"多出2 000亿美元。

然而即使做了大量的工作，这些数字仍难以获得，并且任何参与数据编

---

① 古代印加城遗址，位于今秘鲁中部偏南。——译者注
② 美国加利福尼亚州西南部港市，海军基地。——译者注

制的人都意识到，还有大批的国际活动逃避了衡量。假如你读到经济分析局衡量服务贸易的文件，比如说旅游服务，那么这一问题会变得更加模糊。事实上关于一个特定的中国旅游团在旧金山花了多少钱，并没有可靠的数据。相反，为了得到该项数据，"经济分析局通过把外国游客的人数乘以他们的平均旅行支出，来估计外国游客在美国的支出。"平均支出来自对游客和旅游团的机场调查。这不是高深莫测的事。

然而，要确定某样东西是在哪里制造的，以及它的价值中有多少可以被分配给任何一个国家，这会变得越来越复杂。现代贸易数据的整个统计大厦是建立在一个简单的基础上的，即每个国家都是一个单位。这个单位在本质上是一个封闭系统。一些外国要素进来（进口），一些国内的要素出去（出口），但是我们仍然把国民经济视作为一个闭环单位，尽管它确实会受到贸易的影响。

在今天这一情形有多真实呢？大多数人在一个国家出生、生活和死亡。事实上，即使旅游和贸易在扩张，大多数人仍然生活在他们的出生地附近。不过，虽然总的来说人们的身体在某个地点扎了根，但是其经济活动的扎根程度却并没有这么深。

这不仅仅是因为我们的经济生活越来越多地由服务所定义，比如旅行、教育、在线生活。另外，即使是我们的商品，现在也很难被轻易地分配到一个地理范围。不过，我们的贸易统计数据说它们可以，而随后我们得出具有明显政策含义和一致性的深刻结论。然而，与其他所有任何指标相比，我们的贸易统计数据更加无法跟上全球变化的步伐。因此，我们面临着一个明显结论，即我们正在根据一个事实上不存在的世界做出决策。

最明显的例子是美国和中国之间的贸易差额。假如这个数字或多或少是正确的，那么确实存在着贸易不平衡。然而，这个数字并不正确。事实上，如果贸易数据更加准确地衡量出产品是如何制造的，有可能将不存在美国对中国的贸易逆差。想想看，关于谁的实力在上升，谁的实力在下降，在什么地方占优势，什么地方又处于劣势，这是一个对于当今全球思维如此核心的统计数据，然而这一统计数据多半是错误的。

这个数据是错误的，原因很简单：我们确定货物来源的方式，和我们测量无形的服务贸易领域的方式，还改进得不够快。这并非是由于那些编制这些数字的人的限制，或是那些负责机构方面的原因。事实上，每个负责编制这些数字的人，都认识到了这些问题。然而，这些机构是政府的官僚机构，它们受命进行工作，并且受到预算的约束。它们的变动速度只能有这么快，而且只能达到这种程度。可是全球经济的演变不知道有这样的限制。

当代贸易数据发挥作用的方式，好像每个产品都有一个原产国，而且该产品的申报价值全部归到该国。显然，即使在20世纪中期之前，情况确实如此，但现在它再也不是这样了。继续以同样的方式衡量进出口贸易额，的确有一个明显的优势：让我们能够比较过去数十年里的贸易模式。这一点的价值不容忽视。然而，我们也不应该把这些数字当作有关贸易的最终信息，可是在极大程度上，我们就是这样做的。

第二次世界大战后的关税与贸易总协定试图建立如何衡量及开展贸易的世界统一标准。作为世界贸易组织的前身，对于国际贸易而言，关税与贸易总协定的意义，就如同联合国对于国际外交的意义，或是世界卫生组织对于疾病及营养的意义一样。这是一种理想主义的努力，旨在抑制一些国家以邻为壑的倾向，以及各国在无休止地霸权争夺中，同时将贸易作为一种武器和一种资产的古老尝试。

本着自愿合作的精神，关贸总协定没有要求各国采用任何一套标准，而是让其自行确定如何计算出口额和进口额。当一些政府比其他国家更愿意真诚地衡量贸易情况时，这自然而然地导致了一些问题。毕竟，如果进口统计对国民经济产出不利，并且假如在20世纪下半叶，国内生产总值成为国家实力的一个象征，那么某些国家可能很想少计进口并多计出口，以提高其报告的国内生产总值数字。

到了20世纪80年代，让每个国家按照自己的意愿来衡量贸易额，这种管理贸易的方式显然不起作用了，世界需要更明确地规定一套贸易规则和标准。20世纪80年代末，随着世界贸易组织的诞生，"原产地规则"（rules of origin）得到了发展，它规范了各国如何确定产品的产地，如何在海关表格上申报货物，以及如何将这些信息整合到国家指标之中。

到目前为止，一切都很顺利，除了当这些标准化的规则形成时，全球供应链恰好发生了急剧转变。20世纪90年代"全球化"的标志之一是，公司从成本最低的国家采购成本最低的商品时，制成品的生产在地理范围上的分散程度。直到出现了能够跟踪世界各地的供应链、运输网和港口的精确软件，这一切变得更加复杂，而且常常花费不菲。从前，底特律地区的汽车厂，依赖于密歇根州、宾夕法尼亚州、俄亥俄州和印第安纳州的零部件供应商，但是很少依赖于其他国家的零部件供应商。然而，到20世纪90年代时，这一切发生了改变。

不过，"原产地规则"并没有发生那么多的改变，并且直到现在仍然如此。相反，一个产品会被分配到该产品经历最后的"实质性改变"（substantial transformation）的那个国家。根据这项规则，如果一辆车是用来自于马来西亚的塑料制品和来自于中国的零部件，在美国进行装配，它仍然计入"美国制造"的产品，因为这是福特探险者（Ford Explorer）汽车获得其最终形式的地方。

然而苹果手机是另一面的例子。它在中国获得了"实质性改变"，因此作为美国从中国的一项进口而呈现。事实上，每一部在美国销售的苹果手机，都会使美国对中国的贸易逆差增加229美元，而每部苹果平板电脑（iPad）则会增加275美元的贸易逆差，至少根据2010年关注这一问题的3名经济学家的计算是如此。这意味着，2013年之前，苹果公司在美国的手机销售额，每年都会使美国对中国的贸易逆差增加40亿美元。仅仅是苹果手机本身，就会增加40亿美元的贸易逆差，而它还只是美国公司在中国生产的成千上万种产品中的一种。

当然，对于其他的国家及其供应链，也可以讲述同样的故事。三星是韩国的企业集团，生产了许多当今的平板电视显示器和智能手机，也寻求在中国进行制造，而且因为无处不在和标准化的原产地规则，它的产品也呈现为来自于中国的进口商品。日本、德国等国家的公司同样面临这个问题。无论一个国家的国内拥有多么强大的制造业基地，不管是德国及其受到吹捧的工业公司，还是日本、美国，它们都寻求在各地进行生产，而且全球生产已经是一种常态。

2010年，iPhone 4在美国的平均零售价为549美元。然而，任何最近买了智能手机的人都知道，如果你用一份新的运营商合同来购买手机，该运营商会给你一个高额折扣。与威讯①签订两年的合约，对于这位客户意味着，这部苹果手机的价格从549美元变为199美元。然而，出于贸易的目的，这两个价格没有任何一个存在。真实存在的是申报进口价值，这当然和你走进一家苹果商店时所支付的价格不一样。这个进口价值被登记在海关表格中，然后由人口普查局进行处理，却不考虑这部手机的各个组成部分是在哪里且如何形成的。

这并不是说，好像人口普查局里的任何人都被那个进口申报给愚弄了。真实的情况恰恰相反。和我谈过话的每个参与编制这些数字的人，都明白官方贸易数据和原产地规则的局限性。戴夫·迪克森（Dave Dickerson）是在人口普查局工作了29年的资深人士，如今是美国对外贸易司（Foreign Trade Division）的副司长。他非常清楚，组件和知识产权嵌入一个产品的方式，将有可能描绘出一个相当不同的"原产国"画面。然而，这些统计资料一直保留了几十年。为了让一组长期的数据保持时间上的可比性，迪克森解释说，人口普查局"使用一致同意的国际标准，将产品发生重大改变的最后一个国

---

① 威讯（Verizon Communications）是一家美国的主要电信公司，总部位于纽约市。主要业务为语音通话、固定宽带和无线通信。——译者注

家,作为产品的原产国。即使伴随着在全球化中方法的变化,我们觉得它在维持我们一直所使用的报告标准方面,仍然是有价值的"。

在经济分析局,史蒂文·兰德菲尔德(Steve Landefeld)曾长期担任局长,数年来他一直关注着这些问题。他主持了一个工作组来审查这个问题,并且坦率地承认,今天在他的世界里最大的挑战之一,就是"试图跟踪每一件产品的每一个组成部分的附加值"。然而问题在于海关申报相当简单,但是分解每一个制成品的组成部分则不是那样。正如兰德费尔德解释的:"这将会要求所有的公司追踪它们的每一件产品,而且要对每个工厂都按一致的系统进行分类,然后用所有行业一致的方式来报告这一数据。"

然而,仅仅是对于iPhone、iPad和iPod而言,就要成群熟练的经济学家仔细地工作许多个小时,来分解谁在哪里制造了什么,并且有多少钱属于各个组成部分。即使如此,做过这一分析的各个小组,对于如何在供应链上的不同点,为这些设备中的一个指定一个分解价值,仍未能取得一致的意见。这是因为,关于"附加值",关于如何识别哪家公司,随后是哪个国家获得了最终价格中的哪一部分,这整个问题非常像一个俄罗斯套娃。每次你以为已经找到了最后一个,当再深入一些后,就会突然出现另外一个。

一部苹果手机的部件,来自于多个不同的供应商。苹果公司和许多高技术个性化工业公司一样,竭力避免宣传哪家公司为其设备提供了零部件。苹果公司通过这种措施,就可以控制信息,防止竞争对手知道它为哪些组件支付了多少钱,同时也能隐藏自己的供应商。这样供应商想哄抬价格时,就会面临更多的挑战。这种保密,一部分是史蒂夫·乔布斯善变本质的直接结果,他既高度偏执同时又相当杰出,一名神奇的表演者,同时也是一个难相处的伙伴。不过,在这一点上,苹果公司与它的竞争者并没有太大的不同,而且将太多东西归因于乔布斯的人格,将会是一个错误。

十几家公司为苹果手机或平板电脑提供零部件,而且不怕麻烦的研究人员和分析师已经识别出,至少有5个国家是其部件的原产地:德国,英飞凌

The Leading Indicators
经济指标简史

（Infineon）公司的所在地，生产相机模块；日本，东芝公司的所在地，生产触摸屏；美国，博通（Broadcom）公司的所在地，生产蓝牙芯片，它让使用无线耳机及汽车免提通信成为可能。

分析人士存在分歧的地方是，计算在最终的标价中，有多少钱可以被哪个国家获得。没有人争论的是，最大的一部分的确没有被中国获得。该国作为商品的原产国，一直在增加美国对中国的贸易逆差。相反，最大的一部分被美国获得。这是因为知识产权、设备的设计和市场营销，都发生在苹果公司位于加利福尼亚州库比蒂诺的总部。这些都是服务，但是与美国劳工统计局每个月追踪的那些服务相比，它们的方式更加无形。仅仅在2013年，我们将会看到，劳工统计局确实正式修改其制作国内生产总值表格的方式，以将知识产权研发费包含到国民收入中，但即使是这样，也没有改变目前贸易统计数据的编制方式。

苹果手机以及成千上万高科技产品的价值，并不存在于从物质上装配了这些设备的硬件材料之中，或是主体部分之中。其价值在于这项发明本身。史蒂夫·乔布斯、他的助手乔纳森·艾夫斯（Jonathan Ives）以及他的继任者蒂姆·库克（Tim Cook），正是这些人凭借着创新思想和优秀的市场营销能力，带领团队构思出这些设备的创意，设计了它们，取得了专利权，并且创造了包装，向市场灌输了这一品牌。知识产权，连同市场营销，都是很关键的因素，而这也是每一部苹果手机"附加值"中最大的一部分。

这一切使得给中国，所谓的原产国，留下的只是这块馅饼中微不足道的一小块。据估计，在每部苹果手机或平板电脑中，实际上只有区区10美元，以富士康工厂成千上万工人工资的形式，最终进入了中国的国内经济之中。

沿用前面的俄罗斯套娃的比喻，即使是那些归到其他国家的价值，或许也不是非常正确的。当德国的公司英飞凌"制造"摄像头的时候，它已经研发出了该项知识产权，并且完成了市场营销及一些设计工作，但是实际的物理模块，其实是在德国以外的工厂里生产出来的，或许是在中国，或许是在其他国家。美国的公司博通并没有制造那些蓝牙芯片；它设计了它们，但很可能是美国之外的一些公司，制造了它们。因此，要真正捕捉苹果生态系统的附加值，分析师们还需要更进一步，分解这些组件。即使是这样，或许仍不够：数百万人买来装在手机外面的那些塑料壳，其原料从哪里来的，是马来西亚还是印度尼西亚？而且又是什么工厂根据哪样设计制造出它们的呢？任何东西真是在任何地方制造的吗？

对那些全神贯注于贸易和统计领域的人来说，这些问题不是什么秘密。2010年，亚洲开发银行估计，如果官方的数据可以包含更精确衡量的附加值，仅仅是苹果手机造成的美国对中国的贸易差额，将会是微不足道的7 300万美元，而不是披露出来的19亿美元。最近，一些著名的国际组织，包括世界贸易组织、经济合作与发展组织以及美国联邦储备委员会的各个分支机构，已经着手处理一些更大的问题，即假如每个产品都细分到每个组件，而且每个组件接着被分配到一个特定的国家，贸易差额将会是什么样？

关于我们有多需要这种新方法，以及它将如何显著地改变我们对于全球贸易的认识，世界贸易组织和经济合作与发展组织一直特别坦率。最近的一项联合研究简洁而直言不讳地陈述道："随着生产的全球化，人们越来越认识到，传统的贸易统计数字可能会在贸易对于经济和国民收入的重要性方面，给我们一幅误导的全景，而且你看到的，并非是你得到的。"然而，在识别这个问题与采取相应的行动之间，还存在着巨大的差异。这两个相互协作的组织一直处于最前线，并且已经开始开发了一个数据库，来衡量"附加值贸易"（trade in value-added）。这种已经部分用在苹果手机的方法，将会在成千上万种产品上普及。

2012年年中，这个项目公布了初步结果。在评估美国和中国之间的贸易方面，新的数据库显示，两国的贸易逆差将会缩小26%。尽管这些努力在捕捉供应链、将服务作为贸易的一部分这方面做得更好，但它们仍然是粗略的估计，原因很简单，没有人拥有适当的资源、人力或者系统，来衡量世界上

The Leading Indicators
经济指标简史

每一个单独制成品的每一个组成部分，然后以一种适当的方式将其准确地归到一个国家对另一个国家的服务，接着再增加到贸易额之中。从这个意义上说，这是一个大家都可能认识到的问题，但没有人有一个可行的解决方案。

转到可以捕捉多个国家附加值的一组新指标，绝非是一个小任务。这将需要成千上万的额外人员，来负责检查全球的供应链和个别产品。这就要求全世界的海关官员，都要设计新的调查问卷和新的申报表，这反过来又会要求进口商和出口商不是根据20世纪末世界贸易组织设定的标准，而是根据还未确定的21世纪规则，来申报货物的价值。

要让近200个国家就出口和进口的估价方式及报关单的报告方式达成一致，是一件异常复杂的事情。它本身就花了几十年时间，而且它是创建世界贸易组织和全球自由贸易化的一个必要步骤。除非有多少货物估计和计算的统一标准，否则不可能有统一的关税标准，而后者是自由贸易协定和当今全球化供应链的基础。不管你是喜爱这一现实还是讨厌它，它界定了作为我们当今世界特征的松散性全球体系。然而，正如我们现在所知道的，描绘这个世界面貌的那些数字并不明确，甚至并不准确。

然而，为了让它们更加准确，衡量附加值贸易的这些最初努力，将不得不以指数的方式加强。各家公司将不得不改变它们报告其制造了什么的方式。想一想那些将一袋薯片或一夸脱牛奶，分解成热量、脂肪含量、蛋白质和碳水化合物的营养标签。这正是我们需要针对每一个制成品所做的事情，除了其类别、地理位置，还有发生在供应链上每一个不同国家的成本百分比。我们仅仅只对研究较多的苹果生态系统，完成了这项工作的一部分。对于其他的供应链来说，我们离实现这一切还差得很远。

结果是，我们认为自己所生活的世界，和我们实际生活的世界之间，存在着巨大的差距。在过去的10年中，美国认同（American Identity）中不小的一部分，都是围绕着这一看法，即中国作为一个低成本制造大国的崛起，已经削弱了美国经济，降低了工资，并且是造成美国工人阶级挣扎现状的部

08 ▶ 沃尔多在哪里

分原因。美国的工人，尤其是制造业的工人，见证了工资的降低和失业的增加，这一点几乎没有疑问。然而，假如这些贸易数据夸大了，而且有可能是显著夸大了中国和美国之间的贸易差额，那么人们其实就一直错误地识别了这种变化的原因。这意味着，很多人认为假如中国愿意简单地对人民币重新估值，或者假如美国采取更加强硬的立场来抵制中国的进口商品并惩罚中国窃取知识产权的行为，那么美国国内的经济将会改善，而这种信念可能也是错的。假如中国不是这些问题的主要原因，那么通过惩罚性的对华政策来处理这些问题，将不能解决它们。

同样的论证也可应用于全世界无数的其他例子，比如，日本从中国的崛起中获得的好处，可能比那些数字所显示得要多得多。另一方面，中国从出口部门中所获得的好处，有可能要少得多，这其实是中国政府已经意识到的一个事实。因此，中国决心建立一个更依靠国内消费者的经济机制。

此外，自 2010 以来，美国的制造业已经逐步复苏，然而制造业的就业或工资并没有大幅增加。这暴露出贸易统计数据所掩盖的事实：在降低工人工资和消减就业岗位方面，技术、机器人学及全球供应链的作用已经超过了其他任何因素。

然而我们对于世界的理解，仍然局限于关键性指标所确定的框架。这些指标定义了经济，而且它们表明的情况，变成了"我们做得好吗"这个简单问题的答案。其实，贸易数据并不是唯一的问题，几乎每一个关键性指标都充满了类似的紧张气氛。

一方面，随着时间的推移，我们需要有一套一致的数字。正是这些数字的缺失，才使得大萧条变得如此有挑战性。胡佛政府和当时的美国国会无法知道什么事正在发生，比较它们的现在与过去，并且评估它们的任何一项政策是否正在起作用，这是一项重要的责任。对于全世界的中央银行行长和政府而言，这都是一项责任。在 20 世纪 30 年代的英国，拉姆齐·麦克唐纳（Ramsay McDonald）的工党政府以及斯坦利·鲍德温（Stanley Baldwin）的保守党政府，同样盲目地前行，因此凯恩斯非常努力地去建立一个国民经济核算体系和度量指标体系。

在那些年里以及第二次世界大战后创建的统计框架，首次提供了关于经济运行的一致且可靠的深刻理解。随后这又让，随着时间推移来观察不同政策及不同投入如何影响这些系统，变成可能。当然，即使考虑到统计学家们将这些新方法运用在了多年前的汇编数据上，这也只是很短的一段时间。例如，统计学家通过追溯往年数据，算出了 20 世纪 40 年代之前多年的国民生产总值，他们还通过相同的方式算出了多年前的通胀膨胀率和就业率数据，在那些年这些指标甚至都没有诞生。

近年来，所有的统计机构已经耗费了相当大的精力，来修改它们收集和分析数据的方式。在国际上，国民经济核算的标准也在不断地更新。在美国，经济分析局在寻找新的度量指标方面特别活跃。该机构自 1995 年以来，一直由史蒂文·兰德菲尔德领导，假如他不能敏锐地意识到我们的数据及指标的优点和缺点，那么他也就不会那么举足轻重了。在美国国会的证词、访谈、会议和论文中，关于我们的统计数据需要随着世界的发展而变化的事实，他一直都直言不讳。例如，他一直竭力主张要花更多的时间，来确定一家公司的最终的正式地址，这对于确定哪个国家的国内生产总值正从中获益，以及获益的程度有多大，有着重要的作用。IBM 是世界上最大的公司之一，而且其公司总部位于纽约州的阿蒙克市（Armonk），但是与其在美国的员工（大约 10 万人）相比，它现在有更多的员工在印度工作（大约 11 万人）。

关于需要更好地跟踪附加值这一点，兰德费尔德也一直坚定不移。国内生产总值这个指标在 2003 年的修订，就将知识产权包括在内了，这将有助于人们更好地理解一个越来越多地由创意推动，而非纯粹地由制造物质商品所推动的经济。不过，就算他是正确的，经济分析局仍然只是一个很小的政府机构，其预算勉强超过 1 亿美元。在过去几年中，兰德费尔德已经向美国国会提交了一份预算提案，要求提供约 1 000 万美元的额外资金，用于开发新的数据系列,以着手应对不断变化的世界所带来的许多挑战。华盛顿可以在一架战斗机上可以花费两倍于经济分析局年度预算的资金,但它在数年内仍然未通过兰德费尔德的提案预算。如果获得了这笔额外资金,就可以帮助我们更清晰地认识我们实际生活的世界,以及如何花费在某种程度上,是基于这些数字所表明的情况而分配的数万亿美元。不过,至少可以说,这一切已经产生了有限的结果。

兰德费尔德有一长串紧迫且引人注目的问题:应该如何说明正在扩大,并且越来越复杂的服务领域?我们的经济生活更多地是在线支出,但是除非你买了某样东西,否则很难知道这如何转化为生产力或是收入。应该如何更准确地衡量收入分配?我们从税收收入(tax receipts)和过多的传闻中了解到,收入和资产的不平等扩大了,但是我们并没有真正衡量从税收返还(tax rebates)到医疗保健补贴,再到食品券的所有收入,也没有真正衡量所有的费用。那么当我们编制国内生产总值时,那些融合进了一个平滑数字的巨大而显著的地区差异,又怎么样?当俄克拉荷马这样的一个州,正由于石油、天然气和服务而走向繁荣时,而像佛罗里达这样的一个州,却正因为过分依赖于旅游和房地产业,而处于经济谷底,一个简单的数字是否掩盖了太多的事实?

在美国劳工统计局,当时的副局长约翰·加尔文(John Galvin)也有一个类似的愿望清单,并且也坦承过数据能够和不能够告诉我们什么。加尔文遵循一个令人钦佩的公共服务准则,重视劳工统计局在实用主义和道德方面的作用。他告诉我:"正如很久以前的局长卡罗尔·赖特所说的,我们的工作是无畏地提供有关经济和工作条件的真相。"赖特总结道,劳工统计局的统计程序,是"民主责任的工具"。毕竟,没有所有人都认为不易受到政治操纵的数字,公共生活或私人生活中的任何人,都可以对任何事情畅所欲言,并且可以做出任何声明,而不用担心事实的困扰。

事实上,在 2007 年,阿根廷政府撤掉了统计机构负责报告通货膨胀率的工作人员,因为政府不喜欢该机构所报告的数字。乌拉圭的总统紧随其后,在2011年逮捕了政府统计机构的领导，并且罚款150 000美元，因为后者发布了表明通货膨胀率正在上升的数据。虽然在美国没有类似的事情发生，但人们通常认为官方数据是为了政治目的而"处理过"的，而这些声音并非只是偏执狂极端分子发出的。2012年10月，通用电气坏脾气的前首席执行官杰克·韦尔奇（Jack Welsh）将美国就业强于预期的新闻，视为临近大选之日，奥巴马政府为改善其前景而设计的一场政治骗局。

这样的指控必定会令加尔文感到震惊，尤其是考虑到劳工统计局为避免任何的政治化，或是任何信息的泄露而采取的措施。在他的问题清单上，信息泄露并没有排在前面。他更关心的是不稳定的劳动力，并找到更好的方式来统计那些失业而不积极找工作的自我雇用者（self-employed people），以及更好的方式来计量商品的成本。在这些领域中，他和该机构的全体员工已经确定了统计的方式和统计的内容方面的差距。不过，公众的争论几乎完全集中于简单的标题数字上，而不是伴随着它们的丰富的信息。加尔文说："大多数人没有时间通读和消化整个失业报告。"因此，他们会抓住容易得到的标题数字。

对于媒体和政治家而言，数字的简单性和规律性就是猫薄荷。它容易报道，易于理解，并且容易消化。这并不意味着它应该承受它所承受的重量。这个数字是一个平均数，它隐藏了许多实质性的差异。比如，受过大学教育的白人女性的失业率一直保持在低于4%的水平，即使是在最糟糕的2008—2009年的衰退时期，而一位高中或高中以下学历的非洲裔美国男性的失业率一直保持在两位数的水平，并且在过去的几年里接近了20%。这个"失业率"掩盖了地区和地区之间的差异，而这些差异有可能非常巨大。例如，在2010年，内华达州的失业率飙升至14%，然而在内布拉斯加州，它才勉强达到5%的水平。在佛罗里达州，这一比率达到11.4%的高点；而在艾奥瓦州它才刚刚达到6%。

一个简单的、大概的数字，并不会告诉你任何关于这一切的信息。它并没有告诉你，在本质上，没有哪个国家的就业率，可以用千篇一律的方式，应用于该国的每一部分，或者是每一个人。教育水平非常重要，你所生活的地方也一样。编造一个有意义的国家数字，扭曲了公众通往正确答案的路径，以及人们对正在发生的事情的感受。基于这些数据实际表明的情况，一位生活在奥马哈市、受过大学教育的女性，对她在2010年失去工作一事感到任何合理的担忧，将会是非理性的一件事情。不过，对于一次就业危机的全国性讨论在拉斯维加斯和加利福尼亚中部的大片地区将会引起大量不必要的焦虑，因为其失业率比8%~9%的标题数字还要糟糕很多。我们需要给自己讲述一个故事，这种需要反过来又扭曲了政治辩论和提议的经济政策，因为我们还没有开发出一些工具，来分解这些数字，并且强调那些地区的、教育的还有种族的含义。

因此，我们面临着多重挑战。尽管这些指标中的任何一个都没有特别的缺点，但它们没有跟上不断变化的世界。作为衡量我们做得如何的标记，随着这些数字更深地嵌入到我们的文化中，我们愈发依赖于一些重要的简单平均数，可是它们永远无法精确地描绘复杂的系统，原因在于它们过于简单，而且它们是平均值。我们既没有决心，也没有资源来创造或改进我们现有的指标，以使其足以整合所有的这些变化。

因此，应该怎么做？这是所有人现在必须面对的问题。谢天谢地，许多人正在面对它，在大学里，在企业里，在国际机构中，而且到达了时间和政府预算所允许的程度。正如所有人类的努力所达到的结果一样，迄今为止这些努力取得了形形色色的结果，但与大山之中一个内陆无名小国，为了某样别的东西而抛弃国内生产总值指标的尝试相比，它们没有更多的复合结果，或者说更引人注目的结果。这已经足够有挑战性了，但是当一个小国的小试验，变成诺贝尔奖经济学家们的一个著名案例时，它就变得更具有挑战性了。法国总统和全世界无组织的那群倡导者，都做出了决断，即未来不在于对当前的指标采用更好的方法，恰恰相反，在于一个全新的框架。该全新框架并非由他们中的一个人，或者是库兹涅茨和凯恩斯的继承者创造的。它是由不丹国的国王这个经济创新者中最不可能的人创造出来的。

⓿⓽

国民幸福总值

The Leading Indicators

The Leading Indicators ⟹

经济指标简史

1972年,年仅16岁的吉格梅·辛格·旺楚克(Jigme Singye Wangchuck)成为"山中之国"不丹的第四任国王。不丹是一个内陆国家,依偎着高耸的喜马拉雅山脉,大小约和瑞士差不多,或者稍大于美国马里兰州。它位于印度的北边,中国的南边,除此之外,再也没有与其相邻的其他国家了。英国在1947年离开了印度,但是其长达两个世纪的统治,仍然给这个地区留下了记号。"永恒之王"被送到英国在大吉岭(Darjeeling)[①]的学校,接着是伦敦的学校。作为一名十几岁的少年,他回到了不丹,了解他未来的王国,当时这是只有不到50万人口的国家。大多数人生活在南方偏远肥沃的山谷里。在北方令人眩晕的陡峭山峰里,少数居民照看着成群的绵羊和牦牛。这个国家在地理上和文化上均与世隔绝,在1999年以前电视都被禁止。对于一次大胆的实验而言,不丹是不太可能的一个地点。

新君主见识的世界已经足够多,他明白在全球成功越来越多地通过国民生产总值来界定。然而,这位十几岁的国王有一个大胆的想法:不是用生产了多少东西来衡量国家的健康程度,而是用别的什么来衡量它。不是强调生产和产出,反而是强调生活质量。在1972年的世界,这是一个很激进的想法。

---

① 印度东北部城市,制茶业中心。——译者注

09 ▶ 国民幸福总值

我们已经看到了大多数国家的做法：联合国建立了一个国民经济核算标准，期待所有的国家都使用它。美国和苏联正忙于全球竞争，看谁的体系可以获得最多的追随者，而且当时的两个主要度量指标是各自拥有多少弹头和盟友，花费了多少钱，以及它的经济正以什么样的速度增长。自己的国家在全球社会等级中排名第几，成为各国政府的首要追求。不丹王室没有受到这些压力的影响。统计资料无处不在，接着它创造出了自己的逻辑。种植更多的食物；建造更多的房屋；生产出更多的成品；创造出更多的财富。政府通过统计资料表明它们的物质成就的高低，并以此寻求国内和国际上的合理性。

不丹王位的继承人吉格梅·辛格·旺楚克，没有随波逐流，反而选择从这股潮流中退出。没有证据表明，年轻的国王知道罗伯特·肯尼迪对于国民生产总值的严厉批评。当肯尼迪在堪萨斯州发表那一次演讲的时候，他才仅仅12岁。不过，不知何故，这个新的不丹国王做出的第一个决定是，用别的东西代替国民生产总值：幸福。从那时起，不丹的目标不是物质繁荣，而是集体福利和个人幸福。这位国王相信，只有大多数人认为自己幸福，不丹才会成为一个成功的社会。

在不丹开始规划衡量国民幸福的方法时，物质需求也不能忽视。不过，它被理解为一个多方面混合体的一部分，其他的部分还包括精神上的满足、家庭生活、文化和传统。

不丹是世界上唯一一个明确拒绝国民经济核算标准的国家，而这一标准在几乎所有其他地方都已采用。即使是苏联，也根据这些国际标准衡量其产出，尽管苏联也对它所称的"社会生产总值"（gross social product）[①]保持追踪，后一种指标完全体现了苏联对于自身声明的所有工业活动产出的一种强调。

[①] 是指一定时期内（通常为一年）以货币表现的农业、工业、建筑业、运输邮电业和商业（包括饮食业和物资供销业）五大物质生产部门的总产值之和，也称社会总产品。它是反映一个国家或地区在一定时期内物质生产总成果的重要指标。社会总产值是包括物耗在内的社会产品的总价值，而国民生产总值只是新增加的价值。社会总产值只包括物质生产部门，而国民生产总值则包括非物质生产部门在内的国民经济各个部门。——译者注

然而，不丹拒绝了这一标准，而且就提升幸福作为其首要度量指标而言，它既开辟了一条新道路，同时也尊重了该国自己的传统。不丹第一部有记录的法典始于18世纪。这个法典由一位统治者制定，该法典规定"假如政府不能够为其人民创造幸福，这个政府就没有存在的意义"。在不丹的全部传说中，当前国王的王朝，是直接从几个世纪前的王朝创建者那儿相传下来的，而且从某种意义上说，每一位不丹新国王其实是前一任国王精神的转世。从这个意义上说，这位在1972年即位的16岁少年，比其世俗年龄要年长很多。或者说许多不丹人是这么认为的。

对于不丹国王来说，宣布自己的国家将使用不同的衡量标准是一回事；而创造度量工具则是另一回事。这一过程仍然没有完成，但是在随后的几十年里，不丹的确创造出一个实际的指数，并且建立了一支工作人员队伍，来开展调查，收集数据，分析数据，并且产生一个官方统计数据。他们如清新的露珠般影响了专家们的意见，受到影响的不但包括统计机构和联合国，也包括那些学者，他们得出结论，认为国家经济正在简化为国民生产总值（或国内生产总值），这扭曲了我们回答重要问题的方式。

数世纪的佛教教义，以及沉浸在这一遗产中的与世隔绝的文化，这一切使其与美国经济分析局的统计准则相比，更接近国民幸福指数的方法论与新时代（New Age）的教义。考虑到新时代教义已经被佛教所塑造的程度，这不应该是一件令人惊讶的事情。许多负责制订幸福指数标准的不丹人，作为佛教僧侣接受了训练，包括不丹研究院（Center of Bhutan Studies）的院长噶玛乌拉（Karma Ura），他同时接受了牛津的教育及佛教的修行。该指标将幸福定义为"创造可行的条件，让人们能够以可持续的方式追求幸福"。这个指数包含了这样一种观点，即幸福既是一种集体现象，同时也是一个个体现象，而且真正的幸福包括"精神的、物质的、生理的和社会的需要"。

很难过分地强调这一标准在多大程度上背离了英国和美国在20世纪中叶创造的经济指标。对于大多数创造和拥护这些关键性指标的人来说，像

09 ▶ 国民幸福总值

"幸福""安乐"这样更为柔软的、主观的因素,会成为衡量指标混合体中的一部分,这是不可思议的一件事情。从库兹涅茨提倡没有报酬的家务活动应该包含在国民收入之中,到乔治·卡托纳主张主观信心和消费行为之间,存在着一种强有力的联系,人们一直对这些存在着一些模糊的异议。不过,即使这些努力是在这样一个信念之下做出的,即"经济"建立在物质世界的基础上,并且以理性人的决定为边界,但在这个世界里,精神上和社会的需求至多是无形的,而最坏也只是不相关。

在拒绝这个当时得到广泛接受的标准的过程中,不丹开始了一个运动,自那时以来它已经成为全球性的运动。尽管世界上除了不丹以外的每一个国家,都把国内生产总值当作经济成功的主要代表,但世界上大多数国家已经开始重新考虑,将国内生产总值作为首要指标是否是一件好事。当然,甚至在不丹之前,美国就有罗伯特·肯尼迪的批评,而那反过来也只是一个关于更大的文化质疑的雄辩。20世纪70年代,西方世界开始对于其核心原则和价值观进行大规模重新审视,包括极度强调经济引擎,过分追求物质产出最大化。然而,大多数的这种质疑,只是一种文化现象,几乎没有改变已经建立起来的体系。正如亚瑟·伯恩斯试图衡量通货膨胀,以及华盛顿的政策制定者尝试找到经济政策的正确组合,却以失败告终一样,大众文化也在不断地做出调整,并且审视自身。在休克疗法(EST)和通货膨胀之间,可能一直存在着一种联系,但是假如真是这样的话,也没有人能看到它。

然而,在学术界,一些经济学家开始重新考虑主要的指标,并且想知道某些重要的东西没有被平衡关系所忽略,而这种关系表明国内生产总值越多越好;通货膨胀率越低越好;越强劲的消费者信心,更好的就业状况,会导致社会的稳定和国家的实力增强。实际上,一些人开始询问已经建立的经济体系,是正在创造更多的幸福,还是更少的幸福,当代社会最大化产出的压力,事实上是否满足了公民的需求和渴望。

即使在这里,也有一些强有力的先例。诸如杰里米·边沁(Jeremy

Bentham）和约翰·斯图尔特·密尔这样的西方哲学家，在他们的佛教徒同行者提倡将最大数量人民的幸福作为社会的一个关键目标时，也深入探讨了类似的文化基因。到了 20 世纪，由于测量的狂热席卷社会，想要衡量生活中更柔软的那些方面的需求，也在社会中生根。从家庭满意度，到性满意度，再到主观的幸福感，皆是如此。在 20 世纪 60 年代，盖洛普开始调查人们关于健康、幸福和总体生活的满意度。不过，直到 20 世纪 70 年代之前，这些努力都是出于特定的目的而做出的。国际上的主要焦点，仍然集中在将所有的国家包括在相同的统计体制内，并且在全世界实现指标的标准化。

通过把幸福作为国家优先考虑的事情，不丹背弃了上述趋势。尽管它很小，它仍然是一个国家，在联合国有席位，并且作为一个主权实体而受到尊敬。从这个意义上说，对于全世界数百万为了个人的实现而生活的人，或者是一些主张国内生产总值不是衡量社会成功的方式的私人机构而言，它提倡是幸福而不是产出更加重要。不丹是第一个，也是迄今为止唯一一个，拒绝采用当代经济核心度量指标的主权国家。虽然自 1972 年以来，还没有任何一家政府加入不丹这个独有的社团，但关于我们正在测量什么，以及我们如何衡量它，人们已经提出了越来越多的问题。

在过去的几十年里，不丹自身一直在完善其衡量国民幸福总值（Gross National Happiness）的标准。在一个关键的方面，相对于西方的许多人而言，不丹人对于幸福有着不同的理解。正如噶玛乌拉解释的："在不丹，国民幸福总值不同于西方文学所定义的幸福……它不是只关注于主观的幸福，却排斥其他维度的幸福。"或者像不丹的首相在 2008 年解释的："我们把国民幸福总值中的幸福，和常常与这一术语联系在一起的转瞬即逝的愉快感觉、良好情绪区分开来。我们知道，当其他人在受苦时，真正的幸福不可能存在，而且真正的幸福仅来自于服务他人，与自然和谐相处，以及认识到我们天生的智慧和我们自身思想的真实且闪耀的本质。"

几乎无法想象，在西方世界的一个公众人物，会使用这种语言来表达自己的观点。然而在过去几年里,这些想法已经悄悄进入西方文化曾经无懈可击的大厅里,并且将它们自己推向了中心。就好像存在着两条平行的轨迹:一条是延续并深化了埃塞尔伯特·斯图尔特的工作,以及20世纪凯恩斯和库兹涅茨的那条轨迹,寻求精确地计算一部苹果手机的组件,或者精确地定义"就业";而另外的一条轨迹,则将社会看成是精神的、物质的、集体的和个人的整体混合物。本·伯南克和奥巴马政府,或许从未用这类措辞明确地讲话,而且假如有人请求遵循不丹的路线,修订当前的度量指标时,他们的反应可能是既感到困惑,又对此付之以嘲笑。然而,这恰恰是法国前总统尼古拉斯·萨科齐做的事情。

作为一名沉思者,萨科齐没有打击任何人。如果说对他有什么争议的话,那就是,他的朋友们和对手们,都将他描述为通过让法国经济更加无情和更具竞争性,决心将其拖入21世纪的一股本我的旋风。有道理。然而在他担任法国总统的几年里,他召集了一次高级别的委员会,明确授权它反思国内生产总值作为衡量所有措施的指标是否恰当,并且用类似于16岁的不丹国王在1972年开始采用的某样东西来代替它。

"我有一个坚定的信念,"萨科齐这样解释他为什么会召集委员会,"除非我们改变衡量经济表现的方式,否则我们不会改变我们的行为。我们的统计数字和账目反映了我们的渴望、我们分配事物的价值观。它们与我们对世界和经济的洞察密不可分……把这些当作客观的数据,仿佛它们对我们而言是外部的东西,毫无疑问且不容争辩,消除我们的疑虑并且令人舒服,但是它是危险的……这就是我们怎么样开始创造出一条缺乏理解的鸿沟的,就这些数据所讲述的情况而言,专家以其学识可以确信,然而公民的生活经验却完全不能同步。"本着这种精神和信念,2008年,萨科齐要求获得诺贝尔奖的经济学家约瑟夫·斯蒂格利茨(Joseph Stiglitz)和阿马蒂亚·森(Amartya Sen),以及在法国出生的经济学家让–保罗·菲图西(Jean–Paul Fitoussi)来主持一个委员会,负责改进并且创造有可能替换国内生产总值的指标。

The Leading Indicators
经济指标简史

很难确切地知道萨科齐的动机是什么。如果西方世界中的任何国家，有可能被期待去质疑大多数关键性指标明确的物质基础，那么它将会是法国。过分地强调金钱和经济增长，是美国社会和大多数当代资本主义国家的特征，而法国对于这种强调长期以来一直存在着一种怀疑的态度，假如不是完全的敌意的话。在捕捉法国文化所珍视的东西方面，这些度量指标是众所周知地差：一顿精心准备的家庭餐，比起一辆由机器人在一家工厂里所制造的标致汽车，所增加的国民收入要少得多。然而，很少有法国人愿意承认，与前者相比，更重视后者。而且尽管法国和任何其他的欧洲国家，或者是任何发达的盎格鲁-撒克逊民族一样，对不丹的佛教语言不会感觉完全舒适，但是法国人或许比其他人更有可能关注于内在价值，比如说用心经营的生活，以及作为社会幸福重要组成部分的美好事物。

文化是模糊的，易于画成讽刺的漫画，经得起过分简单化的检验，并且在所有其他的解释失效的时候，常常被用来当作一个杂物箱。不过，即使有了这些告诫，文化确实重要，而且它形成了我们所使用的措施。这些关键性指标是西方历史一个特定阶段的产物。更重要的是，它们在很大程度上，是英美两国的经济学家① 和政策制定者在20世纪中叶重视某些东西的结果。对于一个人（而且他们大多是男性）而言，他们将经济看作是遵循科学规律的机械系统。如果经济变得不稳定和不平衡，那是因为使用了错误的工具，或者是数据和统计资料未能准确地描述正在发生的一切。

当美国在20世纪中叶变得更加强大时，它将其看待本质经济的方式，出口到世界的每一部分。是的，有些国家抵制这一切，并且支持另外一种方式，即根据集体财富而不是个人富裕，来看待经济。不过，即使是这样的国家，也试图基于物质产出，来证明它们的体制更优越。在冷战的大部分时间里，每一方都在说它生产出了更多的、更好的物质产品，包括可以用于战争的更多、更好的武器。

---

① 原文为 economics，疑为作者笔误，和政策制定者并列作为主语，economists 更合适。——译者注

有一些国家和声音对这两个框架都表示了反对。在印度，贾瓦哈拉尔·尼赫鲁（Jawaharlal Nehru）发言支持了一组可以指导国家走向成功的不同原则和指标。他也拒绝了冷战中的善与恶的准则，反而发言支持源自古代佛教和印度教准则的和平共处的愿景。不过，这些努力，无论是高尚的、利己的还是两者兼而有之，都无法阻止全球急着选择在冷战中站队，并且使用联合国公布的经济统计数据。

对于这些统计数据的选择，开辟了一条强调工业化和"现代化"的特别的路径。在这个过程中，其他社会价值观被推到一边，或者被归入了私人生活，而不是公共政策领域。许多人会说，对产出、就业、价格、商业、贸易、工业化和消费的无情的强调，到 21 世纪初之前创造出了数不清的财富，而且它们将会是对的。人们开始启用这些系统，并且通过 20 世纪初建造的统计大厦，使之更加有效率。经济指标使得社会能够朝着一条通往更高的生产力、为更多人提供更多物质商品的道路前行，就像罗盘和大量的科学创新，让人们能够在几个世纪之前周游世界一样。

西方社会和它对物质的强调获得了如此引人注目的成功，然而这一事实并不意味着它满足了所有的人类需要。事实上它的成功，引起了一波新的自我反省的浪潮，并且允许人们说，等一等，这些数字没有在测量什么呢？人类生活中的哪些关键方面受到冷遇，并且更多的产出实际上正带来更多的满足吗？事实上当代经济能够为大多数的人产生最大的利益吗？以及我们衡量和构建经济的方式，是否可能像它们在过去所实现的那样，在未来维持同样水平的繁荣？

这些问题使不丹人决定退出这一标准，而且它们也激励了萨科齐对其提出了挑战。不过，不丹只能够借鉴文化遗产，然而到了 20 世纪末，萨科齐能够利用数十年来关于幸福和主观幸福感的学术研究。

包括美国在内的许多社会，都把幸福描述为一种核心的社会价值。《美国独立宣言》(American Declaration) 公开地捍卫了公民的"生命权、自由权和追求幸福的权利"。然而到了今天，要定义幸福是极度困难的一件事情。我们都知道，我们对生活的主观体验，塑造了自己看待现实的方式。经济统计数据很少考虑这些主观的因素。在某种程度上，这是因为经济不是一个人。它没有感觉或是期望。这是一个统计的概念。同时，我们还知道，人类的情感、信念、恐惧、希望和期望塑造着个人行为，并且对商业活动有着深远的含义。那么如何将其转化为可用的数字？这个问题导致了一系列的努力，以创造对于主观体验的一种客观衡量。

你可能会问为什么还要烦恼。假如幸福、满足以及安乐都是主观的状态，那么提出一个数字来代表它们，看起来将会是一件傻瓜的差事。如果你创建一个 1 到 10 的数值范围，然后要求人们陈述他们的幸福数字，一个人的 6，可能是另一个人的 9。传统的经济学家将这种观点看作是存在个人偏好的，即关于他们感觉到什么，人们可以对他们自己和其他人撒谎。然而他们不能隐藏自己的经济行为，而且行动不会说谎。这意味着你可以以某种程度的确定性，来衡量行为及其现实世界的后果，而不是衡量"幸福"。

然而，在过去的 30 年里的某个时刻，那些对人类行为和经济学感兴趣的学者，开始精心设计一些方法，以衡量和量化主观体验。在乔治·卡托纳的精神感召下，丹尼尔·卡尼曼（Daniel Kahneman，他将会因其工作，在 2002 年获得诺贝尔奖）、爱德华·迪纳（Edward Diener）、艾伦·克鲁格（Alan Krueger，他后来成为奥巴马总统经济顾问委员会的主席）以及威廉·诺德豪斯（William Nordhaus），都开始研究如何最好地提出幸福的标准化度量工具。鉴于他们作为经济学家和社会科学家训练有素，他们试图用数字和公式来匹配行为和观察资料。简言之，对于幸福，他们力图创造，与通货膨胀率、就业和国内生产总值的统计数据相当的度量指标。

他们这样做，是因为他们认为测量国内生产总值的过程中不仅会发生错误，而且会创造可能不会导致一个更好世界的激励机制。它们甚至不可能导致更强的国家，并且即使是一个对增进公民的幸福不感兴趣的政府，也会因

09 ▶ 国民幸福总值

这样一种想法而感到困扰，即经济指标阻碍了一个国家变得更强，以及在一个竞争的世界中，变得更有竞争力的努力。正如斯蒂格利茨、森和菲图西在公布萨科齐委任的工作的结果时所解释的："在一个日益以绩效为导向的社会，度量指标很重要。我们衡量什么，影响着我们所做的事情。如果我们拥有错误的度量指标，我们将为错误的事情而奋斗。为了追求增加国内生产总值，我们有可能以一个公民的处境更糟的社会而结束。"

国内生产总值可能如何扭曲，甚至与幸福不一致的最明显的例子是，一家生产大量产品、同时也污染了当地环境的工厂。它的产品表现为正数。接着，假如当地社区不喜欢河流流淌着绿色的河水，而且人们也因此生病，修复这些问题所产生的费用，对于国内生产总值而言，也会表现为一个正数。甚至更高的医疗保健费用，对国民产出而言，也表现为一个正数。不过，这家工厂的活动对于附近居民的成本，比如，损害工人的健康，毁坏了环境，破坏了社区，这些从来没有表现在我们的指标之中。

当然，许多工厂并没有损害其当地环境，并且的确创造了社区、工作岗位、学校、商店和家庭。然而，国内生产总值对于这些影响是中立的。它没有区分建设性和破坏性的产出，也没有判断哪些有益，哪些没有。它不持有任何立场，并且没有说明人们是否感到满意和安全。

国内生产总值的局限性，以及它为国家最大化产出所创造的激励，导致人们开始对幸福的研究，并且寻求新的度量指标。这些举措受到20世纪70年代开始的一些声音的支持，它们质疑西方世界的唯物质主义，并且询问当代工业社会生产出大量商品的不可否认的能力，实际上是否导致了承诺的幸福。或者换句话说，数世纪以来，人们力图创造美国和欧洲从20世纪中叶起所生产出来的财富，假定不仅仅获得最低限度的必需品，也得到大量的奢侈品，将会导致普遍的满足，假如没有乌托邦，这的确是相当接近的一种状态。然而在20世纪70年代，这并非是人们所感觉到的东西。相反，他们因通货膨胀而感到极度痛苦，想知道这一切意味着什么，并且质疑西方社会是否偏

177

离了众所周知的轨道。

在这个大漩涡之中,幸福感的研究者走到了前面。到20世纪末,他们能够利用越来越多的调查和研究。并不只有盖洛普这家机构,在询问有关幸福的问题方面,许多国家已经开展了自己的调查。自20世纪90年代开始,世界价值观调查(World Values Survey)联合了欧洲和美国的学者,在一百多个国家,开展了对人们的体验、信念和幸福感的调查。皮尤基金会(Pew Foundation)为自己的一套全球调查提供了资金。调查是指标的原材料,而到了20世纪90年代末,有足够的数据开始回答这个问题:当代经济正在产生多少幸福。

然而,这个蓬勃发展的幸福感研究领域,并没有简单地扩展不丹明确表达的原则。事实上,不丹对幸福的定义,不同于西方学者采用的幸福的定义。鉴于西方对于个人尊严的信仰,幸福往往被理解为个人价值。对于不丹来说,幸福同样是一种集体现象,而不仅仅是对"我幸福吗"这个问题的回答。不丹的幸福指数的目标,不是为了让每个人都说"我很幸福"。它是为了让集体断定,它拥有切实可行的方法,来实现一个可持续且公平的现在和未来。从这个意义上说,不丹根本就没有那么主观,反而定义每个个体应当拥有什么,足够的土地、住所、食物和社区,并且不管怎样,社会要让这一切成为可能。

事实上,尽管不丹现在通常被形容为世界上最幸福的国家之一,但是在美国和欧洲大部分地区,它的那种幸福感很可能使人感到极为平淡无奇。这个国家仍然很贫乏,拥有极少的当代奢侈品,以及极低的收入。然而,其基本的需求得到了满足,并且精神的需要受到重视。噶玛乌拉说:"财富的真正形式,是一个令人陶醉的环境,充满生命力的健康、牢固的公共关系,以及生命的意义和拥有空闲时间的自由。"这听起来很棒,但它的代价是宣布放弃经济增长和产出,而这二者处于世界其他地区现代经济体系的核心。宣布放弃这一切,在不丹是可以接受的,但是在那些已经将经济定义为永久的增长机器的国家,却远非如此。

09 ▶ 国民幸福总值

在不丹国之外的幸福感研究，本质上是用"幸福"代替"产出"。如果当代经济的目标，是为了更大的利益而生产更多的物质产品，那些幸福指数的目标，就是为更多的个体产生更多的幸福。简言之，幸福的最大化。

在解释该问题上，没有哪种方法比所谓的"国民时间账户"（National Time Accounts）使其更加清楚了。这里的两个领军人物分别是艾伦·克鲁格和丹尼尔·卡尼曼。艾伦·克鲁格是普林斯顿大学的经济学教授，曾短暂担任奥巴马的经济顾问委员会的主席。丹尼尔·卡尼曼的终身兴趣在于通过开发这些账户，持续精确地研究行为如何塑造经济学。国民时间账户建立在一个大规模的持续调查的基础上，让人们填写一份问卷，说明他们如何花费他们的时间，以及他们的活动是愉快的或是不愉快的。掌握了这一数据之后，克鲁格和他的同事们创造了一个"U-index"，是"不愉快指数"（Unpleasantness Index）的简略表达。这个不愉快指数是用一个数值表示，人们花费多少时间去做他们觉得不愉快的事情，比如说在拥挤的交通中乘坐公交车上下班、洗衣服、购买食物，或者是照顾幼小的孩子。人们或许会说，回想起来，养育年幼的孩子们，是他们生命中最值得做，并且是最有意义的部分，但是在当时被问到这些问题时，很多人都会，嗯，对这件事感到痛苦。

不愉快指数的部分基本原理，可能会出乎意料。

对于幸福感的跨文化调查，在过去的几十年里已经表明，大多数人认为他们很幸福。百分比会因社会而异。在一些文化中，比如美国，人们认为他们应该幸福，所以倾向于说他们是幸福的。在其他的文化里，比如亚美尼亚，人们并不将幸福视为一个主要的社会福利，因此人们有点不太可能去强调它。为什么在拉丁美洲，更大比例的人会告诉盖洛普他们是幸福的，而为什么哥伦比亚和洪都拉斯，跻身他们之中，荣膺最幸福的地方之列，这是一个文化之谜。尽管如此，全世界的幸福感调查已经表明，世界各地的人们都倾向于面对生活的光明面。正如克鲁格等人所说的："对于大多数人来说，大多数时间最显著的情绪状态是积极的，所以当负面感觉在任何一段人生经历中成为主要情绪时，必然都是当时发生了一些非常严重的事件。"

在与时间序列相关的问题上，它的创新者可能已经意识到，但是没有简易补救办法的是，人们感到不愉快的事情，也可能是他们为了拥有美好生活必须要做的事情。家务琐事是一种拖累。谁喜欢用吸尘器清扫房间，或是擦洗浴室？（虽然表面上的确有些人声称享受洗衣服的过程，以及完善折叠的艺术）。然而不做家务琐事，是一个更大的拖累。思考一种极端的情况，你的生活变得和那些囤积者中的一个一样，他们的恐怖故事促成了耸人听闻的真人秀节目，但是他们的实际生活并非是可模仿的一个典型。乘坐公交车上下班或许是不愉快的，但是没有一份可以提供收入，并抵消这种不愉快的工作，显然更糟糕。至于抚养孩子，在他们年幼时，他们的存在或许会导致日常的压力，但是大多数人说，当该说的也说了，该做的也做了时，孩子和家庭是他们生活中最让他们感到满足的方面之一。时间账户提供了大量的微观信息，但是它有可能没抓住更大的图画。它纠正了国内生产总值的一些缺陷，但是它也有自己的盲点。

正因为认识到了目前这套关键性指标的局限性，所以我们不断地改进它们，并且发明了一些新的指标。然而，当不愉快指数这样的新指标逐步形成时，尽管它们并未因同样的局限性而受到损害，但是它们仍然有自己的局限性，这一点已经变得很清晰了。关于幸福的度量指标大量产生，表明每一个新的方法都有它自己的问题。幸福是如此难以定义，以至于每个主要的幸福指标和相关的调查，从盖洛普到皮尤，到世界价值观调查，再到伦敦的列格坦研究所（Legatum Institute）正在进行的相当广泛且令人印象深刻的工作，提出了一个不同的国家排名。哥伦比亚在个体幸福方面获得高分。不过，这种幸福并不是列格坦研究所定义的幸福，后者将集体财富、创业机会、教育、人身自由和健康包括在内。不同的方法，得出不同的数字。不同的数字，导致不同的结论。

萨科齐所任命的委员会似乎明白这样一个费解的难题，即所有的度量指标都会在某些方面存在着缺陷。它呼吁采用一种"仪表板"的方法，将这样一个观点当成理所当然的前提，即"幸福是多维的。"该委员会还整合了另外一个关键的挑战：人与社会根据相对地位来定义幸福的倾向，或者可能是所谓的"攀比悖论"。诸如卡尼曼和阿莫斯·特沃斯基（Amos Twersky）等行为心理学家，已经多次阐明了这样一种观点，即只要人们相信他们比邻居和同事拥有的东西要多，在拥有更少的东西时，他们也会感觉更好。他们建立一个"参考点"，然后它就成为了基准线。也就是说，当知道周围的其他人每年赚40 000美元时，许多人宁可一年赚50 000美元，也不愿意自己一年赚75 000美元，而身边的人赚到了100 000美元。凯恩斯也注意到了这一现象，而且我们中的大多数人，在没有经济学家指点的情况下，已经在自己的生活中遇到过这种情况。

尤其是斯蒂格利茨，在世界银行和学术界度过了漫长的职业生涯之后，他一直特别关注不平等被国家成功等式严重冷落的方式，现在已经到了国内生产总值对它毫不关心的程度。我们经常使用的统计数据"人均收入"也是如此，它只简单地用国内生产总值除以一个国家的总人口。在美国，沃伦·巴菲特的人均收入与他的秘书相同（他曾公开提到，他的秘书支付的税率比他更高），但是这只会产生一个收入平等的假象，而我们知道它并不存在。在衡量社会收入的不平等方面，有一些已经建立的全球标准，最靠不住的和最常用的（但是并非没有自己的问题）指标，被称为基尼系数（Gini coefficient）。不过，斯蒂格利茨敦促，任何一套新的国家衡量指标，都应当包括对收入不平等的统计学考虑，而且实际上，经济分析局的试点计划之一就是，找到一种方法来实现这一目标。

所有的这些努力，都围绕着这样一个核心挑战而展开：如何使用一套牢固的指标？它们塑造了世界上几乎每个国家（尽管不丹不在此列）评估其经济上成功的方式，以及评估其国民经济政策可行性的方式。你不能说仅仅因为国内生产总值无法衡量私人物品及其他的许多东西，所以应当被抛弃，转而支持另外一种指标，它有可能纠正这些问题，但是随后又创造出其他的问题。仪表板的方法，也可以称为自助餐的方法，能解决不足之处，但是其代价是不断加入一个又一个的可变因素。表明每件事物都重要的一个统计数值，与表明只有某些事物重要的一个指标相比，显然不会更有用。

认识到目前指标的局限性，是一个开始。我们越来越擅长于衡量商业交易，从房屋销售额到零售购买额，从网上销售额到超级市场的销售额，再到独立网点的销售额，从公司为其商品支付的价格，到明尼阿波利斯的家庭为其商品支付的价格。同样的内容，也可以换成其他许多国家的例子来讲述。德国人拥有关于巴伐利亚州的收入和汉堡州的产出的数据，而中国已经能更好地追踪能源消费、污染水平和预期寿命方面的数据。

然而，我们还没有很好地将幸福和满足结合在一起，正如我们通过贸易数据和就业数据所看到的一样，即使经检验是正确的指标，也具有很大的局限性，至少在如何使用它们这方面，假如不是编制方式存在问题的话。举例来说，失业数据本身并没有错，倘若你知道就业的定义是一个概念，而不是一个计数练习。我们之前探讨过，根据美国劳工统计局的定义，要处于失业状态，你必须是劳动力的一部分。要位于劳动力之中，你必须拥有一份工作，或者正在寻找一份工作。要正在寻找工作，在接受调查时，你必须回答在过去的 4 周中的某一时刻，你已经在积极地找工作。假如你没有做到这些，你就不是真正的失业。你没有工作却不积极找工作，那你就是待业人员，这样你就不会计入我们所说的劳动力之内。而且假如你有一年都没有找工作的话，你甚至没有气馁，但从统计上讲，你只是不存在。当然，你确实存在（尽管这完全是一个其他的话题），但是在就业数据的统计全域中却不存在。

这种方法的结果是，有可能是，不仅仅是在理论上，失业率下降不是因为创造出了更多的工作岗位，或者是更多的人得到雇用，而是仅仅因为更多的人放弃了寻找工作，并且从劳动力大军中退出。事实上，在 2009 年之后，这是在美国和欧洲许多地方真实出现的情况，尽管美国在 2010 年以后，真正的工作岗位也有所增加。万众瞩目的失业率数字的下降，在某种程度上并不是因为经济体系正在创造如此多的新工作岗位,而是因为它恰恰未能做到这一点。为了公平起见,劳工统计局保留了多种失业统计数据,以及不同的失业率,包括计入未充分就业人员、待业人员和兼职工作者的一些指标,但是在极大程度上,公众对这些数字的关注,要比那些标题数字少得多。

工作是特别重要的,因为存在充分的证据(至少来自于调查)证明,比起收入和产出的增加,就业的增加会导致更大的社会满意度和社会稳定性。即使对于较低工资的工作而言,这也是真的,尽管对于21世纪的竞争体系而言,假如一个国家的经济只能创造出低工资、低技术含量的工作,那么它本身就是很落后的。这对今天的美国来说是一个挑战。然而,当国内生产总值的增长率从2%上升到了2.5%,或许只是增加了一个承诺增长的政党的幸福,而失业率下降0.5%,尤其是假如它反映出工作岗位的增加,而不是气馁的工人离开劳动力大军,则会增加集体幸福,至少根据调查是这样。在这个基础上,与最大化产出的经济政策相比,最大化就业的经济政策,会更好地服务于集体幸福。更具有讽刺意味的是,表明实现了普遍就业的政策,比起表明国内生产总值增长良好的政策,将会更好地帮助政治家寻求连任。

幸福感研究给经济学增加了一个重要的维度,并且导致了一组新的统计数据的产生。那些新的指标一点也没有取代已经确立的指标;在统计领域,幸福指数仍然是二等公民。不过,关于什么让人们幸福,以及什么增加了集体幸福的调查,不只是暴露了传统统计数据和传统经济政策的缺点。它也强调了在过去50年里,世界已经发生了如何的改变,以及标记着我们现在背离大多数过去的时光有多远。

当这些指标被发明出来时,人类历史的巨大天穹一直处于稀缺状态。人们为了足够的食物、足够的住所、足够的健康而挣扎。在稀缺的背景下,经济理论也在发展。这也是直到19世纪末,才有失业这个概念的原因。假如你需要吃东西,除非你愿意挨饿,否则你不可能真正失业。经济理论随着稀缺性的假设而在发展。其中一个假设是，拥有的工人太少，而不能满足社会对于制成品的需要，这是可能的。到 20 世纪为止，在世界上几乎每一个地方，土地都是富足的，而劳动力是稀缺的。伴随着 20 世纪的人口爆炸，以及能够通过更少的农民，使土地生产出更多食物的技术，这种对比关系变成了稀缺的土地和富足的劳动力。

这也从一种缺乏的经常状态及其伴随的不安全感，变成了一种富足的状态。詹姆斯·肯尼斯·加尔布雷斯（James Kenneth Galbraith）[①]是哈佛大学的社会科学家，《财富》杂志的作家，约翰·肯尼迪的顾问，偶然的公务员。他为 20 世纪中叶的美国人，完美地捕捉到了这一现实。如前所述，在 1958 年，加尔布雷思写出了《富足社会》（The Affluent Society）这部著作。这本书非常畅销，并且触及了文化的神经，而且它一直保持着惊人的洞察力。

加尔布雷思的核心观点是，一直由稀缺的世界所塑造的古典经济学，在第二次世界大战后的美国不再有意义。相反，这个世界过去是（而且现在也是）以富足而非缺乏为特征，以过量的事物而非缺乏为特征。现代美国制度不只适合于满足基本的需求，也适合于产生新的需求。经济指标只会增强这种趋势。20 世纪的美国人没有庆祝会被 20 世纪之前所有活着的人嫉妒的一种富足，而是陷入了一个永无止境的消费，永远不满足，不断地受到市场营销和资本主义的激励，这种状况已经达到了这样一种程度：私人的需求和欲望胜过了共同利益。

这种现象被后来的学者称为"快乐水车"（hedonic treadmill）[②]。美国人和越来越多的欧洲人，随后是全世界的其他国家，一直陷入了永远没拥有足够事物的无尽循环之中。这些感觉是由一个要求更多的消费，以刺激经济增长的体系所推动，而这种增长是由国内生产总值和其他数据（房屋销售额、汽

[①] 从查到的资料来看，满足这些条件的应为约翰·肯尼斯·加尔布雷斯（John Kenneth Galbraith）。而詹姆斯·加尔布雷斯是得克萨斯大学奥斯汀分校林登·约翰逊公共事务学院小劳埃德·本特森公共关系教授，著名经济学家约翰·加尔布雷斯之子。疑是作者的疏忽。——译者注

[②] 也译为"享乐适应"，指收入增长，但快乐却不相应增长，即所谓的"有钱不快乐"现象。——译者注

车销售额、广告支出）所决定，并且最终由每个人能够在多大程度上满足其需求而决定。

加尔布雷斯警告说，这一过程将最终使共同利益贫瘠，危及自然资源的供应，并且导致边际收益递减规律（law of diminishing returns）。很快，这个过程获得了伊斯特林悖论（Easterlin Paradox）的称号，它以南加州大学教授理查德·伊斯特林（Richard Easterlin）的名字命名。1974年，伊斯特林同步于加尔布雷斯提出，在某一时刻，获得更多的商品不再带来幸福的增加。人们展开了越来越多的调查，并对其进行了分析，这一切都证明，看起来更富有的人和更富裕的国家，不一定比贫穷的人更幸福，而且获得更多的物质商品，甚至是更大的社会稳定，随着时间的推移，并没有让人们感觉更幸福。

不过，尽管伊斯特林辨认出了"金钱买不到真爱"的一种不同版本，但他的观察仍只有部分是正确的。首先，随后的研究表明，当你从一个非常低的基数开始，金钱确实会带来幸福。只是到了某个时候，它能买到的幸福才开始越来越少。此外，和参考点很类似，人们开发出了幸福的锚定点。有一天，你拥有一个1 500平方英尺的住宅，和四分之一英亩的草坪，而你感觉，嘿！这很不错。然后，你得到一份更好的工作，或者是升职，有几个孩子，并且购买了一所2 500平方英尺的住宅，并且认为，嘿！这很不错。然而，你到达了稳定阶段，或者境况变差，失去了那份工作，最终卖掉了那所房子，假如你能够的话。随后你搬到了不那么引人注目的地区，住在一所面积缩小到2 000平方英尺的房子里。你在这个等式中的锚定点是最高点，而不是你开始的地方。显然，没有哪个社会能为每个人产生不断增加的锚定点，到了最后，更多收入带来的幸福感的增加，会越来越小。

或者如同许多调查表明的那样。证据还远不明确，而且数十年的调查只是把图画弄模糊了。关于物质与幸福之间的联系，一直存在着相当大的争论。毫不奇怪，这些辩论倾向于打破意识形态的界线。那些将自由市场作为一个纯粹的好事物来拥护的人，倾向于拒绝伊斯特林悖论，而且他们能够提出指向这一方向的充足的调查证据,来加以证明。那些谴责快乐水车和当代资本主义无情的消费主义①的人,会提出伊斯特林悖论作为证据,证明我们当代的体系中某样东西是扭曲的。环境恶化和气候变化,已经给这些争论增加了额外的重量。一旦基本需求得到了满足,快乐水车不仅会停止产生幸福,它还开始逐渐破坏这些体系对于后代的可持续性。

或者说争论就这样前行的。这些问题与信仰和价值观有关,不是明确的证据。很清楚的是,简单和静态的一组指标无法解决这些基本问题。它们的设计初衷也不在于此。正如我们看到的,像欧文·费雪、亚瑟·伯恩斯和理查德·斯通这样的人,更不用说20世纪中叶经济学的正统观念,他们故意排除这些类别的活动和体验,认为那些都太模糊和太主观,因而无法衡量,并且太不明确,无法用具体的经济政策来应对。从这个意义上说,这些关键性指标根本没错。它们所衡量的,是设计之初想要它们衡量的东西。

然而,20世纪70年代以后,处理经济和物质生活中其他关键方面的压力,一直在持续增加。不丹提供了一个榜样,而幸福感研究和主观幸福感研究紧随其后。然而,在它们之中没有哪一个代表着一种系统的公式,可以替代国内生产总值及其他指标。是的,到20世纪90年代末为止,不丹已经开发出一致的幸福指数,但是在不丹所重视的东西中,有这多么沉浸于它自己有关农业、耕作、山脉和佛教的文化之中,以至于它的指数不是其他人可能采用的一个指标。

自然,还有联合国。对联合国的批评是,它是一个无效的国家组合,每一个(国家或地区的)声音永远都能被听到。结果是做成的事情很少,每件事情都要通过委员会决定,并且最终的产物落后于现实数年,让所有的锋利都变得平滑。"我们支持世界和平",是的,而且谁不是这样呢?但是正是那些特性,让联合国成为一个开发衡量社会成功的新指标的理想地方,而且尽管它最近的努力并没有取代那些关键性指标,它们已经提供了一个至关重要

---

① 一种以消费来刺激经济的主张。——译者注

的替代选择。

在联合国发展计划署的支持下，人类发展指数（Human Development Index）在1990年首次露面。尽管它是一个拥有许多父亲的孩子，但是阿马蒂亚·森显然是推动力量中的一个。森于1933年出生在西孟加拉邦（West Bengal，后来的孟加拉国），他的家坚持精英教育和世界主义。他在剑桥大学和伦敦大学待了几十年。1947年，森亲身体验到了印巴分治中一些最糟糕的暴力和饥荒所带来的混乱。这一切塑造了森。没有人能完全说出，是什么让某人变成他们现在的自己，但是对森来说，净效应是根本原因，他正是基于这一点毕生致力于理解贫穷、不平等、发展以及个人行为与社会整体之间神秘的相互作用。

他的学术生涯让他得以在世界领先的大学立足，他在剑桥大学三一学院、麻省理工学院和哈佛大学获得了教授职位。1998年，他被授予诺贝尔奖，这在很大程度上是因为他在人类发展指数方面的工作。他写道："人类是所有活动的真实目标，发展必须以提高他们的成就、自由和能力为中心。具有本质重要性的，是他们所领导的生活，而不是他们碰巧拥有的商品或收入。收入和财富确实具有……重要性，但是它们本身并不构成衡量生活水平的直接尺度。"

人类发展指数的目标是经过精心设计的一个比国内生产总值更全面的度量标准。森认为，这样一个指数也会更有用，特别是对于寻求正确的政策组合，以结束贫困、顽疾和教育文盲的发展中国家而言。简言之，衡量国内生产总值并没有给发展中国家带来多大好处，只是突出了它们生产的东西，和发达国家生产的东西之间的差距。这个新指数可以给世界各国提供更好的工具。在20世纪下半叶，新兴国家已经尽职尽责地设置了统计办公室，来衡量美国所测量的那些同样的变量，因为这是它们被期望做的事情。不过，在20世纪70年代，对于孟加拉国、秘鲁、塞内加尔以及其他几十个国家来说，国内生产总值和失业数据并没有多大意义。人类发展指数是根据发展中国家的需要和结构，而量身定做的。它也试图尽力克服收入不平等这个国内生产总值的明显弱点，以及发达国家内部和发展中国家内部生活质量的巨大差异。

为了反映这些关注点，人类发展指数进行了量化。它包括预期寿命、婴儿死亡率，识字水平、教育水平、健康、饮食、性别差异、城乡差异、收入分配等。首先要给每个类别打分，并分配级别表中的一个数字，然后这些分数被融入到一个最终的数字。最终将根据"人类发展"，而不是国内生产总值来进行国际排名，尽管这类排名经常与国内生产总值相协调。更富裕的国家往往得分更高，美国、德国、日本和斯堪的纳维亚国家通常排在前十名，而撒哈拉沙漠以南的非洲国家，则通常排在最后。然而，该指数的目标并不是排名，而是探究发展，搞清楚什么正在起作用，而什么没有起作用，以及哪些国家正更加有效或没那么有效地处理着这些关键的问题。

1990年，从它首次露面起，该指数一直在完善和修订。它也被用来作为《人类发展报告》（*Human Development Report*）的基础，该报告每两年或者三年概述最新的数据，并介绍一个新的主题。在1999年，主题是全球化；在2002年，主题是民主；在2011年，重点是发展和可持续性，特别是新兴国家对气候和环境的影响。2013年的报告强调了"南方的崛起"（Rise of the South）。除了综合性的全球报告，还有成百个地区和特定国家的报告，使用这一指数作为出发点，来对面临的、潜在的和仍然未解决的挑战展开更大讨论。

"这些努力都有其局限性，"人类发展报告办公室副主任伊娃·叶斯泊森（Eva Jesperson）在我跟她谈话的时候，明确地警告说，"因为该指数是由联合国编制的，它完全依赖于成员国所提供的信息。"如果一个国家想在它的识字水平上造假，人类发展指数或是负责编制它的员工，根本没有办法来对此加以纠正。当然，这并不是这个指数或这些报告所独有的一个问题。各国都可以谎报国内生产总值和就业信息，只要它们想要撒谎的时候；苏联无疑在冷战时期提高了它的官方统计数据，以让自己看起来经济实力更强。许多人对中国的官方数据表示了怀疑，确信因为中国中央政府在其五年规划中设立了经济目标，并且随后会奖励达到这些目标的地方政府。对于政府官员而言，有巨大的激励促使报告已经达到或是超过了这些目标，不管他们是否真的做到了这一点。

然而中国的不同之处在于，中央政府已经明白，虚假的数字可能看起来不错，但是它们对国家没有好处。这并不意味着来自中国的官方数据没有错误，但是中央政府很重视错误或政治化的统计数据所固有的风险。如果你负责让一架飞机安全和准时地到达目的地，假如飞行员说，有足够的燃料和好天气，能让它准时到达，但当没有一个条件是真实的时，这将没有任何好处，反而会带来巨大的伤害。

人类发展指数依赖于国家报告的诚实性，因此它容易受到有些国家的影响。这些国家对统计数据让他们看起来是怎样，而不是准确地描绘其社会更感兴趣。这些并没有让人类发展指数无效；这只是表明，它有它自己的局限性，正如所有主要指标都有局限性一样。在第一个指标面世以来的几十年里，不仅仅是发展方面的度量工具激增，其他方面的指数和指标也同样如此，从气候和可持续性，到能源消耗，再到来自于世界银行及国际货币基金组织的研究。1960 年，世界银行开始创建自己的"世界发展指标"（World Development Indicators），而且仅仅是这些指标，如今就涵盖了超过 200 个国家在 300 个类别的内容。

随着幸福感研究、主观幸福指数、联合国人类发展指数的发展，以及为了增强已建立的通货膨胀、贸易和就业这类统计数据而采取的措施，人们在 21 世纪初见证了指标的激增。虽然指标森林并不会像太多的武器那样，创造同样的风险，但就我们测量周围世界的能力而言，多即是少。留给美国的是全世界在 20 世纪中期形成的一套关键性指标，而美国又将其出口到世界上的每一个国家。新的度量指标已经进入了统计标准，其中的许多指标是由贸易团体创建的，比如说采购经理人或房地产经纪人。前者提供着有关工业活动的核心指标之一，后者则形成有关住房市场的一些最佳统计数据。其他指标则是国际机构和跨国机构的产品，这些机构认识到统计标准的缺点，而且试图去改进它，增加它的内容，并拓宽它的范围。

然而，还有另外一个团体，它已经制定了一条全新的路线。与国民经济核算相比，人类发展指数或许考虑了不同的变量，但它仍然是一套国家指标，将国家作为出发点和终点，依赖于政府收集的数据。幸福感研究则着眼于个人，而不是工业或经济变量。它的主要目的是，确定一个国家在满足其公民的需要方面做得如何。

然而，另一种类型的创新正在发生，推动该类型创新的是那些正在用一种新颖且不拘一格（博采众长/折中）的方式衡量"经济"的人。他们以过去的努力为基础，但是他们并未被它们所束缚。他们理解国家的重要性，但是他们不一定将其看做最重要的单元。他们认识到的最重要的一点是，通过目前的指标透镜所看到的世界，并非是真实的世界。它是一个世界，一个建立在源于调查和统计公式的数据基础上的概念。

非常受欢迎的电影《黑客帝国》（*The Matrix*）始于一个简单的前提。我们认为真实的世界，只是一个由他人设计的程序，该程序防止我们认识到世界实际的样子。除了令人眼花缭乱的特技效果、酷酷的皮革服装以及在粗暴的武术训练的支撑下，一个有关精神赋权[①]的新潮隐语之外，这部电影的吸引力或许是让许多人觉得他们每天所体验到的世界，或多或少地来源于被认为是现实社会所接受和定义的东西。他们感觉周围的世界有着和洞穴墙壁上的影子一样的性质[②]，折射出现实的瞬间，却没有达到原定的目的。显然，它隐藏了一些更深层次的真相。

[①] 估计作者指的是在这个矩阵中，人们能够得到认可，保持存在状态的权利。这个隐语就是得到认可的人所处的虚拟世界。——译者注

[②] 参见前面章节的洞穴隐喻。——译者注

我们的一套关键性指标也是一个概念，一个统计矩阵。它们创造了一个由一组数字定义的虚拟世界，这些数字可以反映现实的许多方面，但是也会隐藏和扭曲现实。因此，才有了贸易统计数据是如何未能说明苹果手机或是苹果平板电脑的实际制造方式的例子。失业率是一种统计概念，而不是一种存在的状态（假如你没有工作，然而已经放弃了找工作，因为没有适合你的工作，那么你就没有失业）的程度，这与上述例子相差得并不太远。

显然，我们的关键性指标并没有构建一个完全虚构的世界。而且，并不像极端分子和偏执狂所相信的那样，这些指标是政府控制社会的"帮凶"。它们都是为了理解和应对经济中的复杂问题，而做出的真诚的努力。然而，在其引导我们的能力方面，它们受到限制，而且这一点正变得越来越糟，而不是越来越好。

《黑客帝国》中的英雄尼奥（Neo）识破了虚拟的精神世界，并通过努力去应对同时存在的其他多重现实。许多人已经以一种没那么戏剧性的方式，认识到由我们的经济指标所创造的"经济"，仅仅是许多故事中的一个。它只描绘了国内和国际上正在展开的几种可能图画中的一个。今天经济创新者正致力于重构我们认识世界的方式，并且使我们能够看到我们当前的指标并没有揭示的事物。这些努力，以及这些和尼奥一样的创新者们，正是我们的注意力最终转折点。

⑩

化 身

The Leading Indicators

The Leading Indicators ▶▶▶
经济指标简史

1749年,瑞典国王授权编纂和出版的《Tebellverket》,本质上是对其王国的一次人口普查。在仅仅一个世纪之前,这个王国曾驻守着北欧最强大的军队,然而随后就开始慢慢地衰落。国王希望通过更好地了解其王国的趋势,或许可以找到一种方法,来扭转其缓慢步入欧洲强国没落时代的步伐①,尽管这一趋势并非完全由(战争的)创伤所导致,却仍然不受欢迎。

瑞典人没能恢复其帝国的荣耀,但是他们设法构建了一个高效的社会,来为其800万人民的需求服务,而这些需求和地球上其他任何地方人民的需求一样。因为有《Tebellverket》,瑞典声称自己是第一个正式建立关于出生、死亡、婚姻等政府统计数据的国家。在瑞典国王委托开展这次人口普查的250年后,古怪的流行病学家汉斯·罗斯林(Hans Rosling)当时正在乌普萨拉大学(Uppsala University)教他那些相当褊狭却很警觉和热情的学生,如何反思统计资料所使用的方法。他承认当统计资料出现时,学生们的眼睛因为厌倦而变得无精打采,长期以来学生们已经对乏味且毫无生气数字感觉迟

---

① 1700年,俄国、丹麦、波兰结盟与瑞典交战,大北方战争开始。1709年,瑞典国王卡尔十二世的军队在今乌克兰境内的波尔塔瓦被俄国沙皇彼得一世击溃,逃至奥斯曼帝国。俄国开始取代瑞典成为北欧及波罗的海地区的新兴强国。1721年瑞典战败,丧失了波罗的海属地及其军事强国地位。——译者注

10 ▶ 化身

钝，这些数字已成为静态标记，它们似乎旨在意味着什么。

和许多的教授一样，罗斯林也因为他的学生所不知道的事物，以及他们假定自己做到了的事情而有所触动。他特别惊讶于人们广泛持有的假设，即在发达国家和发展中国家之间，在已经实现工业化且富裕的欧洲国家（特别是瑞典），与正在实施工业化、却依然相对贫穷的非洲国家、亚洲国家和拉丁美洲国家之间，存在着一条巨大鸿沟。这一假定几乎渗透在所有关于世界状态的讨论之中，而且正如罗斯林从他的统计工作中得知的，它从根本上是错误的。那么如何用数字把这种认识传达给他的学生，同时不让他们的注意力减弱，从而保证教学效果呢？

首先，有这样一个事实，即发达国家和发展中国家之间引人注目的划分不再存在。"没有'我们'和'他们'之间的差距这样一种东西，"罗斯林博士喜欢说，"大多数人正生活在中间。"然而，只是简单地这样表述，然后提出收入、预期寿命、健康、教育和产出的统计数据来证明这样肯定还不够。大多数人并不会和这一列列数字打交道，也没有记住它们，然而在这些数字之中，有很多反映了他们深切关心的一些东西。统计数字可能是冷淡且乏味的。罗斯林知道，假如这些数字想对不倾向于通过统计来看待这个世界的学生产生影响，他必须以不同的方式来呈现这些数据。

结果是一个相当简单却惊人的发明：一个新的软件系统，能够让罗斯林（而且其实是任何一个其他的人）不是用呆滞的数字、表格或图表，而是用不固定并且是动态的数字，来呈现统计资料。很少有人以统计的方式思考，但是大多数人都能够以直观的方式来理解事物。很难用语言来形容罗斯林的技术的内在深刻影响，这是重点。他开发了一套视觉系统，使用一些会变换图像和移动的图形，来让那些数字以沿着曲线图运动的方式来表达这些数字。在一台电脑或平板电脑上运行罗斯林的程序，代表多个国家的统计数据（关于健康或是财富，或者是失业率，或者其实是任何一套变量）的那些圆圈，开始跳动和迁移，就像众所周知的墨西哥跳豆一样。效果是曲折多变的、有趣的，迷人的，而且不同于任何人曾经看见过的数据表达方式。为了完全理解它，你必须看到它，而这就是重点。他的动态程序使那些数字有了生气，将它们转化成图形，而那些图形以带来直观感觉的方式运动。

作为一个终身的统计迷，罗斯林已经发现了一种令人兴奋的方法，来传达这些数字的内在重要性。他认为这非常重要，因为"统计数据告诉我们，我们认为和相信的事情事实上是否真实"。然而，它们传统的传达方式，阻止了我们中的大多数人将统计数据作为强有力的工具，而它们本来就是如此。因此，他开发了那一程序，以人们喜欢和理解的方式来显示数据。他的学生都非常兴奋。接着，在2006年，当他在科技、娱乐和设计大会（TED conference）发表才华洋溢的演讲时，他演示了自己的软件，这使他变成了一个国际名人。这位设法让统计数据很酷的谦逊的瑞典大学教师，设法让它们"活跃起来"。

从那时开始，罗斯林一直是可视统计数据和自由数据的倡导者。尽管谷歌公司对他的软件提供了投资，用于谷歌动作感应应用程序（Google Motion），但罗斯林所做的一切，都可在其Gapminder网站上免费下载。他不拘一格地利用来自全世界机构和政府的数据组合，为的是创建一幅复合的图画，以反映在过去的几十年里，世界是如何演变的。对他来说，关键性指标只是许多不同的投入要素之一。为了更全面地了解世界，他借鉴了卫生统计数据、教育数据、能源数据、人口统计资料以及许多其他的数据点。罗斯林搜索全球的数据，组建了一个统计的大杂烩，将它转化成引人入胜的流动图形，并且帮助人们理解他们所居住的世界。

不可避免地，罗斯林已经意识到我们目前的数据地图的局限性。一个主要的问题是，当你改变收集信息的方式及分析方法的那一瞬间，你可能会牺牲当今指标的巨大好处：或许它们存在的时间并不是很长，但是现在恰好有足够长的历史，来提供有用的比较，并且让人们得以衡量事情的发展得更好，还是更糟。正如他告诉我的："改变统计数据带来的问题，是它将使你失去跨

10 ▶ 化身

越时间进行比较的能力。时间序列越长，就越难改变它，但是你希望能够进行比较。你要如何去取代国内生产总值指标，而且假如你做到了这一点，你就会失去过去 60 年的相关性。这是几个世纪以来一直存在的问题。你所衡量的任何东西，都将随着时间的推移，变得越来越不相关。"

即使我们接受了当前这套统计数据的局限性，即使我们发明了新的统计数据，并且对旧的指标进行了显著的改进，留给我们的将是这样一个由来已久的挑战，即如何执行新的指标，同时不会出于无心地创造出一些新问题。例如，如果我们打算彻底修改我们计算国内生产总值的方式，世界各地的政府、联合国、世界银行，数以万计的非政府组织，全球媒体以及数十亿的人民，如何在不能将它们与过去的某些时刻进行比较的情况下，评估那些数字的意义？除非存在于某种背景中，否则统计数据毫无意义。随着时间的推移，这些指标变得更重要和更有说服力的一个原因，是它们保持的时间越长，就越容易找到有用的模式和参照点。4% 的国内生产总值增长可能是好的，坏的或中等的，直到你可以说在过去的 20 年里，平均的增长率是 3%。

罗斯林知道，"没有哪个国家对统计数据有争论；这从来不是一个政治问题，太无聊了"。然而，在过去的几年中，统计数据的本质，以及它们塑造我们生活的方式，已经开始受到更多的关注。罗斯林的解决方法之所以简单然而却有深刻的洞察力的，是他认识到我们中的大多数人很想运用统计数据了解世界，却因为晦涩难解的方法和呈现方式而中途停止。对于统计学家而言，这些方法或许至关重要，但是对于要建设性地用于政策制定和活跃辩论的统计数据，它们需要以更易理解的方式来表达和呈现。

想实现这一切的渴望，或许可以解释近来一直处于发展中的统计学图书产业。在美国 2012 年的选举周期中，意想不到的宠儿之一，是由前棒球统计学家转变而来的政治民意调查分析师纳特·西尔弗（Nate Silver）。他在《纽约时报》网站上的博客仅 2012 年的下半年，为该报纸吸引到整个网站的近四分之一的浏览量。据计算，每天有多达 600 万人浏览希尔的网站，阅读

The Leading Indicators
经济指标简史

他对影响了2012年大选结果的大量民意调查数据的分析。

公众对民意调查数据西尔弗的集中关注，本质上很难成为人们对统计数据的某种狂热的证据，但是让西尔弗与众不同的，是这样一种看法，即他已经将政治预测的模糊艺术，转变成更像一门科学的事物。他冷静地使用调查结果，并使它们完全服从于已证明是非常准确的统计分析，这反过来似乎又证明了那些作为工具的方法，可以被广泛应用于回答关键的社会问题。

西尔弗本人对于统计在哪些地方能帮助预测结果，以及它们何时无法做到这一点十分清醒。尽管媒体对非黑即白的清晰性的需求，本身反映出一种非常人性且广泛共享的需求，但与我们对未来实际上能够达到的了解不一致。正如希尔一直在尽力说明的，它与统计数据实际告诉我们的情况并不一致。基于我们的关键性指标而做出的经济预测更加难以处理。不同于民意调查数据，一个相当狭窄的领域，投入任何经济系统的要素有很多，而且正变得越来越多。更重要的是，这些数字还在不断地修订和重新修订。

我们已经看到，每个月第一个星期五，美国劳工统计局都会发布失业统计数据。其中，失业率和新增就业岗位的数量最受舆论关注，但是在每个月，还会对前几个月发布的数据进行修订，而且即使那些数字有可能发生数十万的波动，这些修订获得的关注要少很多。同样的情形也会发生在国内生产总值数据身上，它要经受三次初始估计，然后当数年以后各种各样的数据整合到国民收入账户中时，它还会经历进一步的修订，接着再由经济分析局进行评估。

然而，经济预测者倾向于使用最初的数据，而不是多次修订后的数据，而且媒体、金融业和许多公司的需求，决定了要从这些预测中获得一定程度的确定性，仅仅就这些数据本身而言，是无法办到得。例如，如果你是卡特彼勒（Caterpillar）①的首席经济学家，有相当大的压力去做出一个关于国内生产总值、建筑支出和住房市场的结论性陈述，不仅仅是在美国，还包括中

---

① 《财富》500强公司之一，总部所在地美国，主要经营土方工程建筑和矿用设备。——译者注

10 ▶ 化身

国、拉丁美洲和全世界其他地方。这些结论有助于确定存货的数量以及用于预期生产的原材料开支是多少。各国政府也做了大致相同的努力,并且试图将未来的国内生产总值预测与税收收入相匹配,以提出预算规划。

然而,正如希尔强调的,我们能期待的最好的事情是一系列的可能性,而不是一条清晰和光明的前进道路。随着我们关于经济的争论变得越来越重要,统计数据的滥用也变得越来越严重。人们常常将这些指标当做绝对事物,而不是暂时和有限的。对于制定了美国2009年经济刺激法案的高层政策制定者来说,情况正是如此,而且对于那些基于这些指标所表明的内容,确切地断言未来结果的记者和权威人士来说,也同样如此。对于这些系统的内在复杂性,以及未来的结果不能根据有限的一组历史数据而确定的程度,保持一定的谦虚和一种谦逊的氛围,是好得多的一种做法。统计指标表明各种各样的可能结果,但是这就是全部。

罗斯林的工作突出了可以最佳地利用指标的方式:作为了解发生了什么,以及什么正在新兴的方法,作为描述而不是处方。罗斯林呼吁用数据说明过去,并表明当前的趋势,而不是预测不可预知的事情。我们的关键性指标存在的问题,不在于它们表明是或不是的内容,而在于我们使用和滥用它们的方式。创造国内生产总值指标,是为了衡量国家的产出,而不是集体的幸福,不是衡量一个特定国家在满足集体的需要、欲望和希望方面是成功还是失败。失业率指标是为了作为反映某一迫切时刻劳动条件的概貌,而创造出来的,为的是在与管理层进行谈判时,给工人和工会更多的影响力,并且让政府机构的政策制定者更加清楚促进就业的各种措施的效果。这并不意味着它是一个关于生活质量的指标,因此在区分一份支付的薪水低于最低生活工资的工作,以及一份能够让劳动者享受舒适的退休生活的工作方面,失业数据没有任何成就。

而且,在这些指标目前还在被广泛运用的时候,它们也存在着一些问题。就像我们在贸易统计数据上看到的那样,它们未能跟上供应链全球化的步伐。

在我们的指标中居于首位的是国内生产总值。正如我们已经看到的，现在它已经被当做反映经济成功和国家幸福的包罗一切的指标，而受到无比的重视，即使国内生产总值本身在美国仅仅在1991年才变得出名，当时经济分析局让它而不是国民生产总值，成为其首要的衡量指标（从那时开始，国内生产总值已经被其他国家当作其采用的首要的数据）。然而，无论国民生产总值还是国内生产总值，这些数字已经跟上了技术的变化。在统计学家们没有过错的情况下，国内生产总值和国民收入账户所衡量的经济体系，比用来衡量它们的那些方法发展得更快。

埃里克·布林约夫森（Erik Brynjolfsson）教授是对当代国内生产总值指标做出最深刻洞察的批评者之一。他一直待在麻省理工学院。布林约夫森将自己描述为"经济学的书呆子"，在我们关于宏观经济学的许多核心假设这方面，他一直是麻省理工学院提出棘手问题的一群人中的一分子。

例如，布林约夫森和他的同事安德鲁·麦卡菲（Andrew McAfee）集中研究了经济增长（由国内生产总值衡量）和创造就业岗位之间的传统相关性破裂的原因。正如我们通过2009年的刺激法案所看到的，产出缺口的概念，以及国内生产总值和就业之间的天然联系，决定了该法案的规模和其背后的期望。通过强化定量工作，结合细致的分析，布林约夫森和麦卡菲解释了传统模式崩溃的原因，而且他们的解释简明易懂，即便是奥卡姆（Occam）也会对此表示钦佩。

自20世纪90年代以来，从机器人到软件的技术飞跃，已经导致测量到的生产力的显著增长，但是在工资或就业方面却并非如此。在他们看来，这种趋势处于起步阶段，仅仅是因为技术变革以及企业对技术进步导致效率提高的无情渴望，正在推动假定的经济增长、就业和平均收入之间的联系逐步破裂。如果在2009年，奥巴马的经济团队能更多地将这种分析考虑在内，他们在做出先前的假设时，或许会更加谨慎。

在破坏传统就业形式的同时，技术在提高利润和增长率方面的作用，只

10 ▶ 化 身

是国内生产总值忽略结构性转变的方式之一。布林约夫森连同他的博士后同事吴珠熙（Joo Hee Oh）也一直在研究国内生产总值是如何未能完全跟上技术变革速度的。这并非是因为经济分析局对此缺乏认识或关注。经济分析局拥有由国会所确定的预算和员工，并且一直依赖于从别处收集到的原始数据。它只能以这么快的速度完成这么多工作，除非公共和政治上优先考虑的问题发生了重大改变。上一次美国国会为满足当前的需要，而对构建统计数据表现出迫切的兴趣，还是在大萧条时期；没有迹象表明这种紧迫性正在再次形成中，或将在任何时刻很快显现。

与此同时，诸如布林约夫森这样的研究人员和学者，在将公众的吸引力吸引到我们理解上的差距方面，发挥了重要的作用。从20世纪90年代开始，信息技术革命已经改变了世界各地的经济。当20世纪90年代的乌托邦式热情迅速消散时，对于社会生活、政治生活和企业生命的大多数方面，很难夸大这些技术变得越来越重要的程度。然而，一直以来这些变化只被传统的经济活动衡量指标滞后地反映，如果真会发生的话。在20世纪90年代，正如我们之前看到的，个人电脑对衡量到的经济产出的唯一影响，就是像戴尔这样的公司在国内生产的任何硬件。互联网的运用，数据分析和处理的便捷性，通信的速度，尽管与21世纪第一个10年相比，仍然微不足道，但这些之中的任何一个，都没有记录在生产力统计数据和国内生产总值这类事物之中。

这引起了像布林约夫森这样的研究人员的兴趣，但是在当时更重要的，是它吸引了艾伦·格林斯潘的注意。当格林斯潘敦促美国联邦储备委员会经济学家，思考信息技术正在如何提高生产力时，他开启了一个过程，而在许多方面，布林约夫森的工作都是这一过程的延伸。2000年，人们已经见证了这些技术作为下一波浪潮的兴起，从基于网络的工具，到各种游戏和社交网络的应用，已经在极短的时间内，被数以亿计的人们所采用。官方的统计数据是经过多年的检验和校准的产物，除了在区分衡量的经济和现实的经济生活这方面，它们做的划分或许站不住脚这一点以外，它们还没有整合这些新工具产生的影响，这一点也不奇怪。

The Leading Indicators
经济指标简史

像20世纪90年代的经济受到个人电脑的普及，随后是互联网普及的推动一样，今天的经济正以非常相似的方式被网上可以得到的许多"免费商品"所推动。谷歌、维基百科、Facebook、Yelp[①]、在线和手机银行、YouTube视频网站、Expedia以及数以千计的允许个人和机构完成在过去要耗费多得多的时间和金钱，才能完成的任务的其他应用。这些工具中的任何一个，有统计上都不存在，而且为什么它们会存在呢？它们不仅是新商品，还是免费商品。消费者物价指数最终会记录一个新产品，只要它被购买和出售，因为一揽子商品会随着时间的推移而变化，以反映购买行为的改变。不过，免费商品永远不会露面，因为它们是免费的，因此在技术上不是构成"经济"的市场交换的一部分。正如家务劳动、黑市交易和志愿工作在统计上看不出一样，互联网上的这些免费商品也是如此。

然而，布林约夫森认为，因为它们在统计上几乎看不见，所以我们少算了整体的产出。比起证实这一点，做出假定要更容易，而且为了衡量这些免费的互联网产品所增加的价值，他开发了一种复杂的方法，用消费者剩余（consumer surplus）的概念作为确定消费者认为什么是免费商品的成本的方式。它们或许没有价格，但它们确实需要时间。在一个资本主义社会里，时间就是金钱，因此你可以创造一个公式，来将花费的时间转化为支出的金钱。听起来很简单，但是它耗费了布林约夫森和吴珠熙许多个月的艰苦工作，才得以构建这个公式，完善消费者行为的时间调查数据，并且提出一个可信的、经过同行检验过的演算方法，计算这些免费商品对我们的整体产出增加的价值有多少。

他们的初步发现是，2002—2011年之间，互联网工具每年增加了多达340亿美元的消费者剩余，而且从那时起，这一数字无疑是在逐年增加。请记住，消费者剩余是一个术语，本质上是一个统计概念。这个数字并不能反

[①] Yelp是美国著名商户点评网站，创立于2004年，囊括各地餐馆、购物中心、酒店、旅游等领域的商户，用户可以在Yelp网站中给商户打分，提交评论，交流购物体验等。2012年3月2日Yelp（Nasdaq: YELP）在纽交所成功挂牌上市。——译者注

10 ▶ 化身

映出这些商品对整体经济活动的贡献。它只是试图把时间消费者分配在这些工具上的价值标上一个数字。

事实上，整体活动的增强，很可能数倍于布林约夫森及其同事们计算出的数字。就提高生产力而言，下一代的信息技术是一个混合体。Facebook 中的很多内容，是纯粹的娱乐。它也允许人们培育社交联系。此外，它还是从耐克到迪士尼，再到迪比克（Dubuque）的一家小企业，营销所有事物的强大工具，这一事实是这个混合体的一部分，但是很难说是最突出的部分。在 20 世纪 30 年代，在国民经济核算中忽略家务劳动的决定，在当时受到了西蒙·库兹涅茨的挑战，而随着社会媒体工具在 21 世纪的繁荣，这个决定已经产生越来越多的影响。

社交联系在多大程度上促进了商业，或者本质上使商业更好地组织起来？没有人真正知道。大公司的人力资源专业人员将会告诉你，诸如领英的这类工具正在挑战他们寻找新员工的方式，并且让补充所需合格人才的过程，变得更加有效率，并且花费的时间也更少。

市场营销者极其依赖 Facebook、Twitter、Yelp、四方网（Foursquare）[①]以及一系列令人眼花缭乱的新应用。这些新应用还没那么普遍，但是很快会普及。广告商们已经接受了由谷歌提出的算法，它可以提供解决萨姆·沃纳梅克（Sam Wannamaker）[②]古老难题的希望，即花在广告上的一半费用都浪费了，但你只是不知道浪费的是哪一半。即使现在这个问题还没有彻底解决，但我相信离解决它也为时不远了。

软件和数字存储的影响也是巨大的。软件系统已经使各家公司能够实现

[①] 是一家基于用户地理位置信息（LBS）的手机服务网站，并鼓励手机用户同他人分享自己当前所在地理位置等信息。与其他老式网站不同，Foursquare 用户界面主要针对手机而设计，以方便手机用户使用。其盈利主要通过两大途径：商业广告收入和统计信息销售收入。——译者注

[②] 生于伊利诺斯州芝加哥，德雷克大学毕业。由于政治上的左倾被迫侨居英国，次年因主演《给我们这一天》和参加演出另一部英国片而被列入好莱坞长期禁映的黑名单，却由此成为英国戏剧界的知名演员和导演。至 60 年代他重新进入电影界，导演的主要作品有《苦海余生》《尼罗河惨案》等。——译者注

供应链的全球化，无论是像苹果公司这样的企业巨头，还是一家只生产一个专门产品的小公司。只要有先进的软件和库存控制管理系统，你就可以只装配全世界生产的零部件。在供应链全球化的所有最初的挑战中，波音787梦想飞机（Dreamliner）是最纯粹的例子之一，从世界各地寻求成百上千的零部件，随后将它们装上巨大的集装箱船，运到太平洋西北地区的波音公司工厂进行组装。尽管这个过程中会发生一些小故障，但应当不会像它可以用这种方式来建造一架飞机那样，令人感到惊讶。接下来就是数字存储，它已经对全球信息爆炸产生了深远的影响。存储一个字节数据的成本已大幅降低，因此计算机硬件已经不像以前那么必要了。因为在人们拿出他们的智能手机和平板电脑，并且将他们生活中的内容无缝地滑入其钱包和口袋的时候，全世界嗡嗡作响的大量服务器可以提供云数据。

然而，因为国内生产总值衡量的是商品当前的市场价值（政府支出和投资当然也是这样），不"重视"这些效率，除非它们给商品带来更高的市场价值。正如布林约夫森和其他人指出的，如果某样东西的成本急剧下降，这或许积极地反映了更低的通货膨胀率数字，而且或许能够让大量的人更能买得起它，因此增加了生活的价值，但是它并不会促进国内生产总值的增长。骤然下跌的市场价值，可能也会给公司带来损害。自从音乐在20世纪90年代开始广泛数字化，数以亿计的人已经以更便宜的方式来接触到更多的音乐。然而，这一切摧毁了传统的音乐产业，并且在统计上导致音乐销售价值的下跌。个人电脑价格的暴跌，对于广泛的社交联系也产生了类似的恩惠，正如平板电脑的兴起所带来的影响一样。不过，其标价的暴跌，对于国内生产总值的影响可能是负面的。

布林约夫森说，所有这些新技术的最终结果有可能是，高达"数万亿美元的利益，没有在经济分析局的官方国内生产总值统计数据中得到衡量"。这是一个令人惊讶的数字，但是它肯定不会是让经济分析局及当时的局长史蒂文·兰德菲尔德感到吃惊的一个数字。2013年4月经济分析局修订了一组追溯到1929年的国内生产总值表格，这些表格表明"无形资产"一直未充分

10 ▶ 化 身

地在国民收入账户中得到衡量，结果使得在 2012 年，美国经济只比之前认为的增长了大约 3%。这些"无形资产"指的是诸如品牌资产（例如百事可乐名称的价值）以及对研发方面的投资等事物，在以前它们被看做费用。

经济分析局充分了解其方法的局限性，并且集中开展了这方面的工作，以便跟上变化的步伐。例如，它知道国内生产总值是一个时代的产物，当时经济产出主要存在于制造业，而现在（至少对于美国来说）则主要是服务业。假定在未来几年中的某一个时刻，国内生产总值的确会更准确地反映信息经济所带来的好处，这并非难事。然而，它既没有预算，也没有重构其所依赖的多个来源原始数据的授权，而这正是像布林约夫森这样的学者及各家联邦储备银行的经济学家们认为至关重要之处。正如经济分析局局长史蒂文·兰德菲尔德所解释的，"美联储有更高的薪水"，而且比起薪水受到限制的联邦官僚机构，它的银行可以更容易地吸引到顶尖的人才。结果是，在反思我们的指标，以及它们可以如何发展方面，美联储和学术界一直是创新的主要来源。

当然，如果信息和其他技术所产生的影响，都完全反映在国内生产总值和国民经济核算账户上，结果可能是更多的整体财富，但是不一定是更多的个人富足。是的，当国内生产总值向上修正时，以人均计算，我们所有人都魔法般地变得更富有，因为人均收入就是用国内生产总值除以总人口数。然而，假如我告诉你，在过去 10 年里，从统计上来说，你的收入实际上比你想象的要多出 3%，你并不会拥有更多的 3% 的收入，来供你在过去支出。不仅如此，这些尚未计算的经济生活各方面的影响，分布也并不均匀。实际上，从互联网免费商品中获益更多的那些人，和当前从影响发达国家经济的结构性转变中获益最多的人，是同样的一群人：可以接受教育的人，可以利用技术的人，知道如何使用社交媒体工具，来获得享受或利益的人，以及与今天的经济生活中最有活力的领域联系在一起的人。他们不是至多只有高中文凭的人，不是超过 50 岁、拥有制造业工作经历的人，也不是已经看到其工作和技能的全球竞争以及工资下行压力的那些人。

那些在经济转变中做得很好的人,与那些境况糟糕的人之间的差别,并未很好地反映在国内生产总值统计数据之中。收入由政府追踪,并且被分解成各种不同的部分,而且这一信息既可以从美国劳工统计局获得,也可以从经济分析局那里获得。不过,正如史蒂文·兰德菲尔德将证实的,要更好地提供一幅关于各种收入档次,以及谁正在获得当前国内生产总值增长的利益的图画,还需要做大量的工作。当前面临的部分挑战,是在我们的数据中,有那么多是人们随意地回答调查的结果。如果每个人都在说实话,那么这将很好,而假如每个人不顾收入、地理和种族的差异,以同样的比例做出回答,将会怎样?不过,他们没有这样做。兰德菲尔德说:"在不平等和分配方面,有来自许多来源的不同数据。不过,大部分的数据来源于中间阶层。低收入和高收入的家庭,往往不会对家庭调查做出回应。"正是这些限制,使得官方数据更加难以反映布林约夫森工作的重要性。假如他是正确的,那么会有相当多的人,境况比我们当前的统计数据所显示得要好。然而在另一方面,因为数字鸿沟和教育鸿沟的存在,许多人的境况要糟糕得多。

当然,关于我们如何计算国内生产总值的这些问题,也突显了失业统计数据的局限性。从埃塞尔伯特·斯图尔特开始,我们调查多种职业的能力,拥有填入劳工统计局集中系统的商业数据,还有在每月开展的数以万计的家庭调查这方面,我们已经走过了一段很长的路。在世界大部分地区,统计机构都在各自的国家忙于同样的事情。例如在英国,衡量失业的主要指标之一是,领取失业救济金的人数。美国也保留着这一度量指标,但不是用于确定失业率。在一个自我雇用日益增加的世界里,与它在20世纪大部分时间里的定义相比,就业的定义当然更加模糊。

然而,失业统计数据面临的最大挑战,甚至不是虚构出一个大概数字来反映一个国家情况这类问题。正如在比尔·盖茨的酒吧里的每个人,并没有奇迹般地成为百万富翁一样,不存在一个均匀地分布于美国的失业率。相反,存在着一些截然不同的就业率,取决于教育、性别、种族和位置。那些拥有较高的教育和技能水平,以驾驭信息经济的人(即使是工厂,也需要能

⑩ ▶ 化　身

够管理计算机调整的机器和熟练工人），其需求量极大。对于那些劳动者来说，不存在失业危机，不仅是在美国没有，而且在欧洲大部分地区也没有。不过，比起最糟糕的标题失业数字所表明的情况，那些没有这些技能和学位的人，将会面临更大的失业挑战。在 2008 年的美国，他们的情况肯定比 8% 的数字要更糟，或者是在英国和法国，比 11% 的数字还要糟糕。假如你是一名年轻的黑人男性，拥有高中及以下学历，你可能会在劳工统计局每月公布的厚厚一摞补充资料中，找到一些其他数字，有可能高达两位数，甚至更糟。不过，因为它们被埋葬在大量的文本和表格之中，它们仍然是默默无闻，而且得不到那么多审查。

在那些较少有保持数据的传统的国家，国家指标的局限性要严重得多。不仅仅有关于数据可靠性的问题，在那些汇编这些统计资料的人身上，还常常有政治压力问题。与美国学者和经济学家所识别的问题相比，这些问题有着一种不同的顺序。他们可能会就方法提出批评，但是他们完全相信，负责编制这些指标的机构，非常值得尊敬并良好地运转着。然而，在其他国家，经济指标更容易受到政治挑战。想象一下在美国的丑闻，假如一群人认为实际的通货膨胀率，正不幸地被劳工统计局严重低估，并且说服总统去解雇负责该机构的领导，以便使对这一问题更加"敏感"的其他人，可以来负责此事，将会是怎样？然而，这恰恰是在阿根廷所发生的事情，而且它导致一名无畏的研究者，开始思考完全绕过政府机构的通货膨胀率计算方式。

在 2013 年初，阿根廷赢得了一个令人怀疑的名声：它成为第一个被威胁从国际货币基金组织除名的国家，因为它未能保持其官方经济数据的诚信。该基金的执行委员会呼吁阿根廷"按照国际上对这些指标的统计学理解，以及确保以准确衡量的指导方针来进行校准"，否则将面临从该基金暂时除名的最终惩罚。这其中有什么隐情呢？2007 年，阿根廷的官方统计机构阿根廷国家统计局（INDEC）报告说，一月的通货膨胀率是 1.5%，表明年度通货膨胀率接近 20%。当时的阿根廷总统内斯托尔·基什内尔（Nestor Kirchner）对此很不高兴。高通货膨胀率将会削弱他声称阿根廷经济已经开始转暖的说

207

法。对此，他解雇了阿根廷国家统计局的局长格拉谢拉·比瓦卡（Graciela Bevacqua），理由是她的方法不准确，并且用某人取代了她。而在接下来的几个月里，那个人不出所料地和基什内尔假定的一样，报告说通货膨胀率比最初宣布的数字要小得多。

这一解雇事件引发了国际性的骚动。人们不仅正确地将这次政治干预视为一个威胁它既代表着阿根廷缺乏能力独立于政治压力而衡量其经济生活，而且也被视为全世界其他领导人的一个危险的先例。当经济指标对他们不利时，他们或许会得到暗示，行动的最佳路线是解雇那些负责计算这些指标的人，并且找到另外一个人，来提出一个更符合自己喜好的数字。在向官方统计机构施加压力这方面，阿根廷政府的干预没有停止过。在随后的几年中，一些独立的私人团体开始汇编它们自己的通货膨胀衡量指标，试图提供更加准确的数据。当这些团体中的一个，调查杂货店价格的一个非盈利机构，报告了三倍于阿根廷国家统计局在2012年初发布的通货膨胀率时，经济部门通知说将取消其非盈利身份。经过数年的这类欺骗行为，以及日益增加的有关其官方数据可信性的问题，阿根廷发现自己正处于被最重要的国际金融机构之一排斥的边缘。

除了警世故事，并且提醒我们，独立的指标不仅对于我们理解这个世界，而且对于国际外交和经济事务的顺利运转有多么的重要之外，阿根廷的故事也激励了几千英里之外的几个学者，他们同样在麻省理工学院。在那里，罗伯托·瑞加本（Roberto Rigabon）和阿尔贝托·卡瓦略（Alberto Cavallo）两位教授，看到了伴随着阿根廷的数据政治化，正在发生什么事情，于是有了一个想法。卡瓦略本人在阿根廷出生和长大，对于可以做些什么，来创建政府不可能干预的指标特别感兴趣。政府可以解雇官方统计人员；它可以骚扰那些试图提供独立分析的国内私人机构；或许它也可以使这些机构从外国获得资金变得困难或不可能。不过它不能那么容易做到的事情是，阻止一个计算机程序搜索所有的在线价格。

⑩ ▶ 化 身

随后就有了"海量价格数据项目"（Billion Prices Project）。瑞加本、卡瓦略和程序员们一起工作，开发了一个实时的消费者物价指数。在世界各地，主要消费品的销售点，越来越多地被搬到了网上。是的，与实体交易相比，网上销售额仍然很小，在美国的所有购物消费中，只占了不到10%的比例，而在大多数其他国家，这一比例更低。但是，实体商店的网站提供了其大部分存货的价格，这意味着一个精心设计的程序，每天都可以找到并记录所有这些价格。将这些价格输入美国劳工统计局，以及其他国家统计机构所使用的相同的公式，就能像从艰难展开的调查中获取价格并随后输入答案那样，以完全相同的方式来加以使用。在劳工统计局和大多数国家统计机构花费了上万个工时来获得信息，调整商品权数，并且随后产生出月度指数的工作上，一个设计出来旨在彻底搜索网上价格的计算机程序，其完成要快得多。

海量价格数据项目收集了大量的数据。尽管它仍然是一项进行中的工作，在2013年，它已经包括了超过70个国家。在美国和英国，它从1 000多个不同的零售商那里，获取超过500 000种不同的价格。和劳工统计局或经济分析局不同，瑞加本和卡瓦略并没有给这些扫描覆盖的一揽子商品分配"权重"。在一揽子商品构成方面的唯一调整是，他们扫描到零售商的网站有什么物品出现，或者是消失。如果某种平板电视或移动设备被下一代机型所取代，这种变化将无缝地反映出来，因为更老的型号会停止销售。目前没有很多iPhone 2s在出售。你可能会认为，通过收集数以千计的价格，并且仅仅将它们加总并且求出平均值，由此产生的平均价格将与官方机构计算出的通货膨胀率相背离，因为后者使用一种更为复杂的加权方法来进行计算。然而，事实并非如此。在追踪每个国家的官方通货膨胀数据方面，海量价格指数的表现非常卓越，当然，除了阿根廷这个明显的例外。

瑞加本和卡瓦略的工作，在以下几个方面都很重要。首先，它使得通货膨胀的阴谋论者更难提出这类主张，即政府的统计人员故意，并且采用各种方式低报实际的通货膨胀水平。在网上彻底搜索零售价格的电子机器人没有政治日程表。它们以非人的速度，冷静地收集信息。当然，一个好的阴谋绝不会让事实成为绊脚石。一个人或许会可信地主张（在没有任何相反信息的情况下），麻省理工学院的教授们有一个秘密的日程表，正从某个神秘的当权者那里得到秘密资金。这个当权者希望永久看到低水平通货膨胀率，以掠夺大众辛苦挣得的大部分工资，并且削弱正在退化的社会安全网的价值（只有很小的一点点）。但是除了这样的信念之外，海量价格指数的优点在于，使用了一种不同的方法和技术，来证实了官方的统计数据。

它还具有以低得多的成本，来创建一个重要实时指标的优势。尽管与国防和医疗保健等其他项目相比，统计机构的预算或许微不足道，但是在美国这笔款项仍达到了数十亿美元，而在其他国家也是等值的金额。仅仅是计算消费者物价指数这一项，每年就会花费美国人超过2亿美元的费用，而且即便如此，其发布也存在着时滞，并且容易受到修正和统计上的调整，以弥补诸如极端天气这类不稳定、却非经常性因素的影响。链式消费者物价指数（它基于消费者的支出模式，来调整一揽子商品）和传统的消费者物价指数，都遭受了激烈的辩论和政治上的争议，正如在2013年，提议根据链式消费者物价指数来转变社会保障金支付方式的例子所表明的那样。海量价格数据项目，因为它几乎完全是电子的，不涉及很多人为的调解，没有区分不同的产品，并且试图不去基于人们买了什么，购买数量是多少来做出价值判断，从而避免了上述问题。况且它的成本要低得多。

当然，成本只是一个考虑因素。指标在经济上是等同于哨兵的事物：我们出于集体的需要，而花钱去收集和完善它们，因此这些钱得到了充分利用。然而，正如我们看到的，目前的统计数据有一个关键的局限性，那就是服务、技术和变化的全球动力学所表明的，我们的一些假定严重过时。集中通过人力来收集价格信息是一种传统，也是早期获得数据的唯一方式。新的信息技术出现之后，现在还有其他方式来获取数据，而这些方式恰好更快且更便宜。毫无疑问，收集和传播这些统计信息的机构，本身已经急切地整合了信息技术，但是利用程度不及海量价格数据项目。

10 ▶ 化 身

我们可以开发一个实时的通货膨胀衡量指标，这一想法并非是瑞加本教授和卡瓦略教授所独有。谷歌的核心业务是信息和其应用，它投入了其可观的火力中的一小部分，来实时评估经济活动。谷歌公司几乎支配着全球在线广告和搜索市场。其算法每天捕获数兆兆字节的数据，而且其工程师和分析师拥有观察整个社会实时活动的一个独特窗口。包括人们对什么感兴趣，担心什么，渴望什么。当然，谷歌本身并未忽略这一事实，它已经投入了一些精力，从各种不同的角度来分析其海量的数据流。有了如此庞大和广泛的投入，就自己是否能开发出预测危机、选举、市场以及人类关注的任何核心问题的算法，谷歌已经展开了相应的研究。

多年来，哈尔·范里安（Hal Varian）一直担任着谷歌的首席经济学家。大多数大型公司都会雇用一个或多个经济学家，作为其衡量占主导地位的经济风向而做出的努力的一部分。关于花多少钱，雇用多少员工，定购多少库存，以及投资于未来增长（如果有的话）的地方，这些基本的决策取决于管理层认为未来将会怎样。通用电气和霍尼韦尔（Honeywell）[①]这样的公司必须在资本设备上花费重金，并在世界范围内制造复杂和昂贵的机器，如果它们认为与中国相关联的工业活动将会增强，而且美国的制造业将会削弱，就会据此改变扩大生产的方向。对利率和经济增长的评估，将决定企业是否借钱、回购股票以及按何种比例将其雇员的薪酬与股票价格挂钩，或是向他们提供更大的现金红利。

范里安的角色有点不同。他一直专注于调查谷歌可以回答什么问题，但是仍然没有做到。例如，谷歌已经基于其服务器可以识别的交易和活动，开发出一种衡量世界上大多数国家的国内生产总值的指标。它试图实时地衡量分行业的就业趋势，而且它已经考虑了几种计算"知识型员工的生产率"（knowledge worker productivity）的方法，这不仅仅是它自己雇员的生产力，

[①] 一家从事自控产品开发及生产的国际性公司，在多元化技术和制造业方面占世界领导地位。其业务涉及航空产品和服务，楼宇、家庭和工业控制技术，汽车产品，涡轮增压器及特殊材料。总部位于美国新泽西州莫里斯镇。——译者注

也包括涉及迅速成长的技术领域和社交媒体的任何人。而且和海量价格数据项目一脉相承的是,范里安还产生了这样一个想法,即使用谷歌所及的数据,来计算一个"谷歌价格指数"(Google Price Index),作为消费者物价指数的补充,并且它还有可能在某一天,取代世界各地的统计机构仍在发布的这一指数。

作为一个训练有素的经济学家,以及多年的经济理论和商业方面的教授,范里安总是被新技术和新信息数量的指数式增长的含意所吸引。这使得他非常适合谷歌,处于这一趋势中心的这家公司。接下来很自然地,对官方统计数据几乎未因技术变化而修订,范里安感到震惊。"如果你察看私营部门在过去的 10 ～ 15 年里的情况,"他说,"每家公司都创建了某种类型的数据仓库,从 UPS、沃尔玛、威士卡(Visa)到万事达卡(MasterCard),而且实际上几乎所有的大型公司都是如此。它们都拥有这些实时信息系统,以衡量它们在做的事情,而且那些系统是复杂的、先进的且健康的。但是公共部门的数据并没有改变那么多,它也没有相同的工具。请注意我们进行人口普查的方式,发放需要用钢笔或铅笔填写的表格,然后邮寄回来。我们有所有这些实时的价格信息,但是我们没有使用扫描数据来编制消费者物价指数。"因此,谷歌价格指数诞生了。

和海量价格数据项目一样,谷歌价格指数(尚未广泛公布,而且可能不会继续)并没有显著地偏离消费者物价指数。相反,它证实了相同的基本趋势,尽管存在着适度的差异。例如,它表明 2010 年的通货紧缩,比栏目标题中消费者物价指数所显示的数字要更严重,而且这一数字被证实是更加准确的。有趣的是,这两种替代通货膨胀率的指标,都忽略了消费者物价指数中的一个重要的组成部分,住房价格。然而,尽管住房价格(通过"业主等价租金"表示)是消费者物价指数中占很大比例的部分,它在海量价格数据项目和谷歌价格指数中缺席,看起来没有什么差别。这表明,除了 20 世纪初的房地产泡沫,住房价格往往会与整体价格和收入同步变动。当然,住房价格可能会像食物和能源价格一样发生波动,但是一个只考虑网上零售价

⑩ ▶ 化 身

格的电子指数，最终相当接近地跟踪着包括住房价格在内的官方通货膨胀指标。

统计学家密切关注着这些创新。事实上，在2008年金融危机的废墟中，出现了一个全新的美国政府的统计办公室，它是由2010年的《多德-弗兰克法案》(*Dodd-Frank Act of 2000*) 授权创办的。金融研究办公室（Office of Financial Research）在2011年才成立，但是现在它是一个每年预算达1亿美元的机构，其任务是在系统性问题再次威胁到全球金融体系之前，找到或者创建有可能识别它们的统计数据及模型。其中的想法是，一个负责分析金融体系的机构，可能早在2008年之前很久，就认识到过多衍生产品的危害。尽管并不需要负责改进我们当前的关键性指标，这一机构的建立的确反映出政府，而不仅仅是创造性的个人，确实认识到有必要更新我们衡量"经济"这个庞然大物的方式。

然而，对于政府的指标，或是大多数由企业和学术界所传播的指标，最终的化身并不怎么看重。他当然拥有由研究这些指标的分析师所组成的团队，无论他们来自于政府机构，全美地产经济商协会，全美供应管理学会，全美企业经济学家协会（National Association of Business Economists），或者是来自于成百上千其他来源的美国国内及全球机构的任何人。不过，他并未将这些指标中的任何一个，当做或多或少不同于数据点、大量变量中的变量、服从于解释且永远不限制质疑的任何事物来看待。他经营着最成功、规模最大，而且肯定是世界上更赚钱的一只对冲基金，其资产超过了1 000亿美元。他本人是亿万富翁，而且远远不止于此，但是在与世隔绝且享有特权的高级复杂融资和经济政策领域，他是个匿名者。他叫雷伊·达里奥（Ray Dalio）。

1975年，达里奥创办了桥水公司（Bridgewater Associates）①，它现在占据着位于康涅狄格州的校园，隐藏在韦斯特波特市（Westport）的树林之中。虽然很难算作偏远地区，但公司的总部几乎看不见，除非你知道它在那里。

---

① 全球最大的对冲基金，也有译为布里奇沃特投资公司的。——译者注

从某种角度来看，这与该公司与世隔绝的状况很配，在最近几年，它对外界的质疑略微开放了一些，但是仍保留着一种神秘的气氛。在2008年金融危机最糟糕的年份里，桥水公司设法为它的客户带来了两位数的回报。其客户主要是大型机构，比如说捐赠基金（endowments）和养老金计划（pension plans）。尽管不是每年都有一流的回报，但是在过去的20年里，平均的回报接近于每年14%，这其还包括全球市场大规模紧缩的2002年，以及再度出现紧缩的2008—2009年。

关于桥水公司成功的奥秘，其中的一个原因在于其创始人的个性。达里奥并不是完全回避媒体，但他确实没兴趣在公众场合抛头露面。在金融危机时期，这一切开始发生变化，但也只是轻微的变化。和许多成功的对冲基金经理一样，达里奥总是显得很神秘，仿佛有一个他发现的专有公式，其成分必须严密地加以看守。在其他的市场参与者优势尽失的时候，他的基金设法产生了大量的回报，这一事实为上述观点提供了一些可信性。什么事情是他知道，而别人所不知道的？他对经济和市场的运作有什么秘密的洞察，而其他人却没有看到？

资产管理行业的竞争也在培育神秘感这方面起到一定的作用。如果你正在争取从一个国家的养老基金中获得委托，一笔有可能轻易超过5亿美元的资金，你需要说明与其他人的方法相比，为什么你的投资方法会产生更好的回报。当养老金计划的受托人可以仅仅将这些钱投资于指数基金和中长期国债，并且支付少得多的费用，来获得类似的（或者甚至是更好的）结果时，还有什么其他的原因，应当支付给你数百万美元来积极地管理这笔资金？解释说，对于世界的运作方式，以及在不远的将来有可能发生什么，你有着独特的洞察，并且随着时间的推移，你的洞察确实为你的客户产生了较好的结果，这些在帮你赢得这笔业务方面是非常必要的。

然而，桥水公司和达里奥让这个观点更进一步。达里奥声称他已经发现了一系列的原则，而且这些原则能让他的公司更准确地分析世界，并做出更

10 ▶ 化身

好的投资决策。经过数年时间，精炼了他的哲学之后，达里奥在一本小小的书中公开了他的方法。桥水公司的每个新员工都会收到这本书，并且被告之需要学习。这本书以一段在励志书籍和新世纪书籍中更常见的劝告作为开始，可以简单地称之为《原则》(*Principles*)。达里奥的指导手册有一个主要的目标："最重要的一点，我希望你多为自己考虑：1. 你想要什么；2. 什么是真的；3. 对此要做些什么。我希望你以一种头脑清醒、深思熟虑的方式去做这些，这样你可以得到你想要的东西。我写这本书是为了帮助你。我要请求你的只有两件事情：1. 你的思想要开明；2. 你要诚实地回答一些问题，关于你想要什么，什么是真的，以及对此你想做些什么。"

这本书部分是自传，部分是关于如何生活的手册。他将自己描述为一名在长岛长大的普通孩子，开发了几种指导原则：人们的意见常常是错误的，而且少犯错误的唯一方法，是无情地检验各种意见。"深深理解现实，并且知道如何利用它来得到别人想要的东西的人，才能获得成功""努力＋反思＝进步""而且最重要的是，个体和系统，包括经济在内，本质上是技能人才可以通过刻苦的努力而理解的机器"，该书中充满了这样的箴言。

达里奥对整体的认知很容易遭到嘲笑，而且一直是这样。当《原则》的副本在 2011 年出版之后，在冷嘲热讽的金融领域以及媒体行业，不可避免地招致一些人的哈哈大笑。《纽约杂志》苛责说，达里奥的箴言小册子，读起来"仿佛安·兰德和迪帕克·乔普拉（Deepak Chopra）合作创造了一系列幸运甜饼"。其他人则给桥水公司贴上"邪教"的标签，这不过就是一位敬爱的领袖，和追随他的公司雇员所信奉的一本词典。公司的许多专业人员，刚从大学或商学院毕业，几乎没有其他的工作经验时，就直接被公司雇用，这一事实强化了这种看法，即达里奥在塑造思想和构建企业文化上的本事，和赚钱的本事差不多一样。

如果桥水公司没那么成功，就会更容易抛弃达里奥和他的方法，而且更容易嘲笑它们，假如嘲笑是你想做的事情。然而，该公司的另外一个独特之

The Leading Indicators
经济指标简史

处在于，大多数的会议都被录了下来。这样，关于说了什么的任何争论，对于解释的任何质疑，都可以通过重新查阅磁带来回答，而且这些记录也可以用于自我批评和团体批评。不过，年复一年该公司都取得了不同寻常的收益，这表明要么是达里奥的确已经发现了一种方法来分析世界，并基于分析而采取行动。除此之后，还有一种可能，那就是他一直非常幸运。许多年来，使桥水公司表现突出的，不是它那一套充满着规则和术语，发展完善的管理哲学，相反，成就它的是特立独行的一种方法。当然，这是相对于现实世界以及对于投资团体和经济学家通过统计数据和指标来理解现实世界的方式而言的。这些数据和指标正是本书的主题。

对于所有的意见，包括专家的看法，达里奥持有一种合理的怀疑态度。这种怀疑延伸到了通过统计数据描绘世界的方式。达里奥拥有分析全球数以百计的指标的团队，而且不是根据表面价值来判断它们，他试图随着时间的推移，发现一些其他人或许看不到的模式和关系。这意味着他拒绝了其他人往往会珍视的那些经济规律和规则。他认为世界是一台可以为人们所理解的机器，但是也意识到，几乎没有人真正理解它。桥水公司将已经建立的统计数据和指标，看作是可以利用的一些投入要素，它们由易犯错误的人类编制，因此不能被当作绝对事物或神圣不可侵犯之物。

相反，达里奥和他的团队从这样一个假设开始，即每个人和每个数据点都是有限的，而且有可能是错误的。利率、国内生产总值、通货膨胀率、黄金价格、消费者信心指数，它们是了解现实和做出决策的原料。因为达里奥从不相信任何人能对任何事情有完全正确的看法，他的基金在结果上押了很多不同的赌注。因为他有一个在定量和定性分析方面都很熟练的大团队，他一直能够开发出专有的模型，整合统计数据和日常信息，比如说谁正在购买什么，哪些机构正在什么股票上下大赌注，谁正在购买日本债券和美国国债，哪家中央银行正在购买黄金，或者是采取量化宽松政策，谁在做什么，在什么时候做的，以及持续了多长时间。接着将这些指标投入那些计算机模型之中，它们旨在发现表明一笔交易或另一笔交易的变量间的联系。

⑩ ▶ 化身

　　总之，达里奥建立了一个机构，吸收全球的指标，加入一系列新的、专有的指标，然后创建出一幅关于世界的图画，表明某些类型的交易正在发生。这是一个定制的指标系统，建立在一套哲学的基础上，并且在这些年里，一直由亿万美元的年度研究预算所推动。它由极其聪明、非常专注的个人加以执行，而这些人是一个标新立异、甚至是奇怪的文化的一部分。

　　桥水公司没有基于关键性指标的分析，或者是基于有限的一套统计数据来开展交易，而这些告诉我们世界存在的数据也有其局限性。它根据自己的一套指标做出决策。

　　桥水公司迟早有可能出现重大失误。对于该公司而言，2012年并不是表现杰出的年份，表明其系统（或者是达里奥本人）错误判断了全球经济将如何演变，或者是错误判断了不同的金融资产对此的表现将会如何。你有可能正确地获得了关于全局的图画，却仍然损失了金钱，而你有可能错误地理解了全局，却仍然在赚钱，从这个方面来说，投资会令人感到受挫。好公司并不总是等同于好股票，而识别风险和问题，并不总是意味着那些事将以一种常见的方式展开。达里奥或许有一套独特的准则，隶属于一家已经取得成功并拥有资源来创造其自己的统计学世界地图的公司。即便如此，它也会在某一时刻，未能捕捉到不断变化的真实现实。

　　假如政府拥有桥水公司那样的资源（或者就美国而言，分配资源的意愿），它或许就能够更有效地改进和更新的关键性指标。它可能会整合布林约夫森，以及其他极其聪明的经济学家和理论学家的工作，不是在未来的10年里逐步实现这一切，而是马上这样做。在现在的价格不仅在当地和全国范围内决定，而是在全球范围内决定的情况下，它或许能够思考通货膨胀意味着什么。现在从石油和铁矿石等重要大宗商品的价格，到劳动力的价格，几乎所有事物的价格都是在全球市场中决定。它或许能够重新考虑就业意味着什么，以及为什么我们将一个报酬勉强高于贫困水平的工作看做是好事情，却将一名花了18个月的时间，找到她的第一份全职工作，获得的报酬要高得多的大学毕业生，当作一个失业问题来看待。20世纪30年代，或者是19世纪末，在这些数字创立之初，这些问题微不足道。然而，它们现在至关重要。我们或许能够重构我们的贸易数据，来反映价值流向何处；我们或许能够更深入地思考，什么是国内生产总值没有衡量到，但是需要衡量的东西，以及没有什么指标将会衡量，但是需要注意的东西。

这一章中的下凡天神，代表着那些少数意见，它们表明我们所生活的世界，正以彻底地远离我们的指标所描绘出来的世界。在极大程度上，这些下凡的天神并没有表示这些指标是错误的，实际上，他们意识到，正如他们做到的那样，我们的大多数指标是至关重要的工具，一直受到勤勉而细心的管理员（尽管阿根廷不是如此）的监督。但是正如我们已经看到的，在我们的经济数据有这样的基因，即它们被设计出来，是为了衡量20世纪中期工业国家的经济，而不是衡量20世纪初，日益超越民族国家的信息经济。更大的问题是，我们这个集体是如此地看重这些指标。我们把它们当做绝对标准，而不是本来就存在局限的路标。我们要求它们指引我们如何花钱，在什么方面花钱，而它们所能够做的所有事情，不过是证明我们物质和经济生活中的某些方面。

那么最后的问题是，对此我们该做些什么？我们不可能都建立数十亿美元的对冲基金，坦率地说，我们大多数人都不想。更好的对冲基金不会改善更大的社会需求，除非该行业因为某一社会使命而突然转变。我们不可能都成为像埃里克·布林约夫森那样的"经济学极客"（economics geeks），而且我们大多数人也不想在我们的空闲时间创造什么海量价格数据项目。大多数公司不会也不能冒险摒弃和过去的联系；卡特彼勒的高管们也不会仅仅决定建造更多的工厂和制造更多的推土机，因为他们有一种强烈的感觉，新兴经济的增长将会继续。他们需要数据和指标来支持他们的决定，他们依赖于我们所拥有的指标。那么除了利用我们有的工具尽你所能，并且进行批判性的思考之外，还有什么要做的？

10 ▶ 化 身

事实上，有一些事情需要我们去做。这不是一颗金弹①，而且它本身也不是一个闪亮的新指标集。为了找到答案，我们首先需要回到过去，不完全是回到起点，而是回到在这由指标详细定义的世界之前。不是回到同样的世界，而是回顾过去，哪怕只是一瞬间，以此来洞悉我们该如何前行。

---

① 指一本万利的商品。——译者注

The Leading Indicators
结语

当西蒙·库兹涅茨开始开发量化一个国家的国民收入的工具时,他正回答着一个简单的问题:你如何衡量一个国家的经济?在这样做的同时,他也将"经济"定义为以市场确定的价格来衡量的商业活动。我们已经看到,这一框架有意忽略了人类存在中的大片领域,从家务劳动,到志愿工作,再到没有记录在任何地方,以现金形式存在,或者是私下及非法进行的商业交易。尽管如此,这是一个开始。

当埃塞尔伯特·斯图尔特及他在美国劳工统计局的继任者开始研究衡量失业的方式时,他们也在回答一个简单的问题:失业意味着什么,以及在任何给定的时刻,有多少人满足它的定义?作为一种统计数据的失业,一直以来都与作为一种存在状态的失业相关,但是它们不是一回事。从统计上来说,失业不同于没有工作。要处于失业状态,意味着你需要一份工作,而且实际上正在寻

The Leading Indicators
经济指标简史

找一份工作，因为在 19 世纪末和 20 世纪初的几十年里，当时没有社会保障体系，没有失业保险，没有养老金计划，没有退休年龄，没有"自愿失业"（voluntary unemployment），或是"停止找工作"这种东西。你拥有一份工作，或者一个农场，或者一笔遗产，否则你将冒着饿死的风险。创建失业率这个统计数据，给主张劳动者权益的人提供了一个工具，尤其是在困难时期，比如大萧条时期。它允许劳工的捍卫者坚持给无家可归和没有工作的劳动者一些支持，并且揭穿赫伯特·胡佛认为美国政府做了足够的工作，而且不应做更多事情的错觉。

当乔治·卡托纳倡导用一组调查，来衡量人们对于经济状况的感觉时，他正在寻找人们的感觉如何塑造未来的价格（通货膨胀）以及他们的行事方式的定量证据。在第二次世界大战期间，这是至关重要的，因为国内经济活动的任何严重的破坏，都可能危及美国满足其战时产品需求的能力。库兹涅茨也卷入了这一过程，与其他许多人一起，来衡量美国到底有多少物资可以投入战时生产，而不会危害家庭日常生活的基本需要。

在欧文·费雪着手处理如何衡量生活费用的棘手问题时，他受到了创造最准确指标的这种求知热情的激励。在他和所有那些后继者努力解决通货膨胀率的定义，以及如何最好地量化价格的问题时，他们关注的是作为一个封闭的统计系统的"经济"，而不是这一系统是否满足了数百万人的需要、欲望和愿望。随着时间的推移，消费者物价指数成为了一个情绪衡量指标，正如它是一个经济衡量指标一样。作为银行家和政策制定者评估系统稳定性的工具，它在很大程度上是成功的；作为数百万人用来评价经济的成功，以及政府在管理经济方面的成功程度的指标，它一直是焦虑和争论的来源，并且将持续下去。

在我们的关键性指标中，没有哪一个是设计出来，用于承受它们如今所承受的重量的。它们被创造出来，不是为了成为衡量一些事情的绝对标准，即我们正做得很好，还是很糟？美国是成功还是失败？美国政府是有远见的，还是破坏性的？创造出它们，不是为了让一个在芝加哥找工作的大学毕业生，来评估她的机会，或是帮助一个有兴趣创建小企业的人，弄清楚现在是否是一个好

结 语

时机。美国政府和学术界一代又一代的经济学家和统计学家，致力于研究它们，不是为了确定美国国会是否应当承担更多的债务，或者是花更多的钱，卡特彼勒公司是否应该在密西西比州或中国建立一家工厂，以及我们的经济优先顺序是否正确。

创建这些指标，是为了在过去一直模糊的地方提供一定的清晰度。在20世纪30年代初，在所采取的措施是否产生了预期效果一事上，美国政府和企业完全是在盲目前进。到了20世纪50年代，那些新指标提供了一个当时最先进的统计仪表板。对于那些使用它们，并且研究它们的人来说，在监督和控制称为"经济"的这个新事物的能力方面，它给了他们一种新的信心。凭借冷战的力量，以及在20世纪中叶，美国作为一个富足国家的非凡成功，这些指标迅速地与日常生活交织在一起，并且开始占据一个显著的位置，没有人曾打算这样，而且很少有人曾经预料到。

从官员和管理者所使用的统计数据，变成了社会成功的标志，这些数字的转变在几十年的历程里发生得如此迅速，然而又难以捉摸，以至于没有人注意到正在发生什么。在20世纪40年代和50年代，工会领袖、劳工部和公司之间的谈判期间，有关消费者物价指数的争论不断升温，但是只有在20世纪70年代，"通货膨胀"才转移到美国公共生活的中心。是的，因为20世纪30年代，通货膨胀已经给德国留下了痛苦的记忆，但是对于大多数国家来说，由消费者物价指数决定的通货膨胀统计数据，只是在20世纪70年代，才占据着其公共意识中心的首要位置。这正是美国不严肃对待失控的通货膨胀的时期，也是拉丁美洲国家因物价的螺旋上升和货币币值的暴跌，而遭受严重动荡的时期。

许多经济指标的创始人，一想到他们的工作对于国家认同如此关键，或许就会自豪地笑起来，但是大多数人随后会因其统计数据在今天的使用方式而感到不安。在2012年美国总统大选期间，"没有哪位总统曾经以7.2%以上的失业率而再次当选"这句话成了老生常谈。有时候这个数字会在报告中有所变动，但是主要的观点完全一致。正如我们所知道的，2012年的选举，并没有按照

The Leading Indicators
经济指标简史

那一番陈词滥调进行到底。奥巴马带着 7.9% 的失业率，回到了白宫的总统办公室。

不过，这些陈述真正的问题在于，正如埃塞尔伯特·斯图尔特可能已经认识到的，而且其在劳工统计局的继任者也肯定意识到的，他们做出了一个关于一组极其有限的数据点的明确陈述。我们知道，直到 20 世纪 40 年代末美国才公布失业率，而且直到 20 世纪 50 年代末，月平均失业率才吸引到大量的公众关注。失业率有可能对一次选举产生重大影响的唯一办法，是这个比率成为公众讨论的焦点。是的，数百万的人正在受苦，并且经济系统失灵的一种普遍观点，总是在挑战政治在职者。不过，这和认为一个统计数据和美国选民行为之间存在着直接的因果关系不是一回事儿。即使存在这种联系，当整个可用的数据集最多包含 16 个不同的例子时，没有哪位统计学家会舒服地得出明确的陈述。这恰好是从 1948 年到 2012 年美国总统选举的数量。在这段期间，只有五位总统再次当选（艾森豪威尔、尼克松、里根、克林顿，和乔治·沃克·布什），并且有两位总统在试图连任时落败（卡特和乔治·赫伯特·沃克·布什①）。

关于我们是如何太依赖于指标，来决定一些有意义，并且对我们生活的世界做出预测的事情，"没有哪位总统曾经以 7.2% 以上的失业率而再次当选"的陈述，是一个重要的证据。从现在起的 1 000 年后，如果我们仍然保留着这些数字（这一点令人怀疑），我们会有绰绰有余的数据和模式，来得出关于概率、相关性和可能的原因的明确（尽管仍然是暂时的）陈述。然而，只有刚刚超过 50 年的数据，我们远远不能做到这一点。不过，我们现在常常讨论这些数字，仿佛有跨越足够长时间的信息量，来得出这样的结论。

在一个迅速改变的经济体系中，即使是这种观点，即存在一个可以概述就业状况的静态数字，本身也是一个问题。许多人已经注意到，尤其是在美国，

---

① 即通常所说的老布什。——译者注

结语

月度就业报告不断地被修订，而且这些修订的幅度可能是相当大的，不管是向上还是向下。例如，在 2013 年 5 月劳工统计局的就业报告中，2 月份的数字从 268 000 向上调整到了 332 000，而 3 月份的数字增加得更为显著，从 88 000 个新增就业岗位，调整到了 138 000。然而，只有最初的发布，能在媒体上获得关注，而这也是大多数人获取这些数字的主要途径。劳工统计局的统计学家们永远不会去建议人们，将最初的月度数据当做绝对真理来使用，然而 24 小时新闻周期的无情要求，决定了事实恰恰如此。偶尔出现一些细微的差别，但还是会有一个标题声称："由于修订，就业情况与我们上个月所说的数字大相径庭。"

你或许会有针对性地提出争论，说这些数字是正确的。也就是说，当实际的发展轨迹是在下行时，它们很少会指示向上。然而，即使是这样，轻松地将经济简单化为一个"失业率"数字，还是会使我们对于正在发生的事情的理解模糊不清。考虑到在每一个发达国家，失业统计数据都会受到公众的详细审查，这真是一个严重的问题。失业率给人的错觉在于，它是一个代表国家现实的数字，无论这个国家是西班牙、英国还是美国。然而，正如我们已经讨论过的，失业率掩盖了失业状况是如何因年龄、种族、性别、地理位置，尤其是教育水平，而分布不均的。

反映国家现实状况的国家数据，扭曲了我们试图举国一致地解决这些问题的方式，并且约束了我们如何去应对各自的挑战。在美国，联邦政府花费数十亿美元，用于国家失业保险。欧洲国家在这方面的支出更多。这数百亿美元的资金，是通过美国劳工部和其他机构主办的就业培训和安置项目来补充的。这甚至还不包括在 2008—2009 年金融危机的中心，所计划的数万亿美元的紧急支出，正如我们看到的，为的是挽回和创造就业机会。

即使这些预算是巨大的，但它们也极其迟钝的工具。它们依赖于因为灵活的凯恩斯，已经变得更加僵化的宏观经济理论。投入，产出。然而，失业率不是一把长柄大镰刀，不加选择地穿透社会。在西班牙，而不是德国，它很高；

The Leading Indicators
经济指标简史

在美国的某些州很高，而在其他的州几乎微不足道，对于没有大学文凭的年轻的西班牙裔或非洲裔美国男人来说，可能达到了危机水平，而对于受过大学教育的妇女来说，几乎不是一个值得考虑的因素。还有一个关键的问题，是某些工作支付的薪水太少，以至于劳动者要做两份这样的工作，才能有足够的钱来满足他们的需要。在统计学上他们是充分就业，作为卫生保健设施的护理员，或是商业服务领域的清洁工，这些都是工作在无处不在的劳工统计局就业分类中，可以包括建筑管理员、收发室职员以及最低工资的零售销售助理。这些确实是光荣的工作和困难的工作，但常常不是一个更充满生气的经济的基础。不是在我们视为简单和全国性的一个问题上，不加选择地乱花钱，而是按照这一问题的独特性质，来更好地调整我们的公共政策。

发明这些数字，是为了给政策制定者提供需要的工具，以获得最好的政策来改善最严重的经济问题。在 20 世纪 30 年代，默认情况下的政策是创造性的和创新的：几乎不存在政府试图通过利用数据和统计资料，来改善系统性经济问题的传统。发明这些数字，是为了帮助那些政策制定者能有一种方法，来指导众多各种各样的政策实验。今天，关键性指标没有按照这种方式来使用。相反，我们的国家统计数据常常成为创新方法的障碍，而不是去促进它们。

接下来要做什么？公布一个新的框架，并且勾勒出一套将更好地服务于我们当前需要的新统计数据，这将是令人满意的事情。它将有着简单的优点，并且易于理解。通过寻找国内生产总值代替品，就能让我们拥有一个版本的国民满意总值（Gross National Contentment）。通过寻找失业率代替品，就能让我们拥有教育就业比率（employment-education ratio）。我们当前的数据存在的问题呢！那么，让我们发明一些新的数据。

然而我们正在发明新的，并且在修改旧的统计数据。在本书中，我仅触及了几个新的指标。不过，这些章节足以证明，世界上不缺这样的人，他们非常善于解决经济数据的局限性、改进它们，并且派生出替代选择。在经济分析局，已经有多个收入和平减物价指数的变体；而在劳工统计局内部，已经建立了 6

个可供选择的失业衡量指标,它们考虑了不充分就业、工作时间和其他因素的影响,正如存在着多个价格衡量指标一样。

不管怎样,所有的指标都是简单的数字。这就是问题所在。国内生产总值之所以不能衡量我们的经济生活,是因为没有哪个数字能够衡量我们的生活。任何一个数字都会有缺点,即使对于不同的数字而言,这些缺点是不同的。国内生产总值没有说明幸福、满足或者家务劳动。它没有,而且也不能,说明非市场的活动,比如和朋友及家人出去闲逛。它不能涵盖超出国家掌控能力之外的活动,比如所谓的现金交易、由流动工人通过电报汇回家的款项、服务贸易这类"无形经济",所有这些必然会在全球范围内增加数万亿美元的价值。不过,假如我们用另外一个数字去取代国内生产总值,它也会忽略一些事物。

假设我们创造了一个数字,它包括了所有我们认为对一个稳定、繁荣的经济至关重要的变量。如何去权衡这些变量?最终数字的百分之多少,应该是与产出相对的幸福?什么部分应当是"无形经济",什么部分是商品和服务的附加值?必须要有一些方法,一些方式,来衡量这些新变量的重要性。创造这个公式,将反过来涉及价值判断。它们与库兹涅茨和理查德·斯通,接着是阿马蒂亚·森和联合国人类发展项目用于派生出其指标的价值判断相比,可能更有根据,也可能更没有根据。

没有哪一个数字将满足要求。这是国内生产总值关键的局限,不是它的方法,不是它所包括或排除的内容,而是这样的一个事实:它试图将复杂的、不断变化的经济系统,浓缩成一个简单的数字。同样的表述适用于20世纪初发明、并且在今天非常流行的每一个指标。在符合一组特定的需要方面,它们过去是,而且仍然是绰绰有余。有它们总比没有的好,而且对于政策制定者、企业和个人而言,它们仍然适合一个重要的目的:对于做什么,以及何时去做,提供一些临时指引的路标。

这与我们使用这些数字的方式相距甚远。人们不是将其作为优化决策和提供指引的工具，而是通常根据表面来判断它们，并且不加批判地将其当做绝对的标准，以及现实的反映。作为替代，应当将它们当作描绘被称为"经济"的一个现实有限标记，而不是被称为"我们生活的世界"的所有现实来使用。

因此再次地提出这样的问题：应当做些什么呢？答案会有所不同，取决于你是谁，以及你需要什么。政府、机构、企业和个人有不同的需求和不同的问题。不存在适合所有这些需要的"一刀切"的答案。

首先，所有这些指标都建立在大量数据的基础上。统计资料是人类对其收集的数据进行处理后的产物，它们是用来澄清和帮助我们理解数据含义的统计概念。不过，原料本身同样有价值，而我们却很少充分地利用它。每份失业报告都伴随着关于哪些部门做得很好，而哪些部门做得不好的信息，伴随着关于就业会如何随着年龄、教育水平、职业而变化的大量信息。每一个通货膨胀率数据，都伴随着关于电视价格相对于面包价格的变动、汽油价格相对于法律服务价格的变动、智能手机价格相对于动力钻价格的变动的庞大的信息表。每一份住房报告都表明地区的差异性，而每一份贸易报告，则让我们得以洞察几十个行业和部门。当然，每一份国内生产总值报告确实都有上百个图表，它将根据部门来追踪国民收入。

学会利用所有的数据，而不仅仅是某一个数据，这将最符合我们走向未来的需要。我们生活在一个大数据的时代。在过去的几十年里，世界已经见证了信息的爆炸。态势已到了这样的程度，以至于现在人们和机构都在努力跟上变化的步伐。事实上，依恋于我们指标的简单性的原因之一，或许是对于令人困惑的枯燥信息量而做出的逆反应，这些信息每天都在轰炸着我们中的大多数人。认知研究已经表明，面对大量的选择，人们往往不太能够做出选择；而面对有限的选择时，他们发现做出选择会更容易。对于大数据世界的教训是，在一个拥有过量信息的环境下，人们可能会被简化现实的答案所吸引，而不是欣然接受其复杂性。

然而欣然接受它本来的面貌,才是前行的唯一道路。大数据的现实是,从来没有这么多人,拥有这么多的能力来衡量他们的生活。从来没有这么多人,有能力制定自己的解决方案,去应对他们的具体问题和挑战。我们在前行中所需要的,不是一套同样有限的替代指标,而是根据自己的具体需求,以及我们自己的特定问题而量身定做的指标。有了计算工具所带来的巨大的便利性,有了扫描网络来获取信息的能力,以及散布于我们日常生活的过量信息,我们可以做到,而且我们必须做到这一切。我们不需要用新的简单数字,来取代旧的简单数字的新指标。相反,我们需要而定制的指标,根据政府、企业、团体和个人的具体需要和具体问题来量身定做。

对于政府来说,这意味着扩大数字阵列,并且使收集和分析的过多数据更加智能化。正如我们看到的,前法国总统尼古拉·萨科齐召集的委员会,已经提议用一种"仪表板"方法来处理国民经济指标。实际上,这意味着扩大政府在政策中利用的统计数据队伍。公平地说,一些政策制定者已经这样做了。在美国,联邦储备委员会并没有依赖于一些选定的宏观经济数据,来进行决策,而是借助于广泛的数据和统计资料,并且雇有数百名经济学家,来提升它自己的分析层次。这恰恰是正确的方向,但是它需要得到各级政府,特别是立法机构的接受。理所当然地,这对于立法机构和国会代表来说,是一个很高的门槛,因为他们通常只有最低限度的经济意识。尽管如此,不管是不是高门槛,这是我们所需要的,而且它将用更广泛的工具来武装政策制定者,以解决我们当今世界和未来世界的无数挑战。

不过,仅仅扩大统计数据阵列是不够的。在利用数据的方式,和使用什么数据方面,政府也必须变得更加灵活。地方政府一直走在前面,比如芝加哥、丹佛、纽约、悉尼、巴黎、新加坡和里约热内卢这样的城市,它们在各种事情上使用数据,从交通、旅游到创建可以允许它们更有效地分配资源,并且更有效地瞄准市政挑战的数据图和统计数据。市政当局所收集的能源消耗数据,可以和"智能仪表"(smart meters)一起使用,来减少能源使用并节约资金。随后可以将这些信息与其他的城市进行比较，并且与当地的经济指标并列，而它们对于那个社区的健康而言，要比国家的国民生产总值或是失业率统计数据重要得多。

在变换方法和创新的能力方面，国家政府几乎总是滞后。对位于华盛顿的美国联邦政府而言，更加灵活地利用大数据，将意味着分析联邦机构所收集的大量信息，理解大多数问题其实不是全国性的，至少在一个大国并非如此。在新加坡，或许是这样；在挪威，或许是这样；但是在美国，不是如此。表达大多数问题的最佳方式，不是使用一个合成的数字，而是更仔细地审视基础数据。假如你想要知道为什么源自华盛顿的重复政策未能成功地降低失业率，在某种程度上是因为这个方便的假设，即存在一个全国性的失业挑战。政策制定者可以更有效地利用基础数据，以应对失业的挑战。他们可以关注于州，甚至是县，因为住宅产业的倒塌，或者是由于教育水平不足，那里的失业率特别高。数据就在那里，但是当前的指标并没有揭示这些。在以前这还说得通。在20世纪30年代，那些精心构建新政宏图的人，没有谁可以实时描绘出田纳西州与新罕布什尔州相比的工资水平，或者是西弗吉尼亚州与得克萨斯州相比的就业模式。政策方法很生硬，因为这是唯一的选择。

现在，政策仍然生硬，但是有一些选择。一些联邦项目采用了这种方法，但总的来说，因为假设那些问题是全国性的，得到的回应也变得混乱，而且未能利用数据来指导决策，未能构建新的定制的统计数据来应对各种问题，阻碍了政府设计有效政策的能力。当然，政府通常面临着多重问题，其中指标和统计数据在图腾民意测验中排在最后。不过，改变政府使用统计资料的方式，并且鼓励在制定政策时，不是基于一套静态指标，而是基于一种利用唾手可得的大量数据的动态方法，至少它是值得提议的做法。

对于企业来说，这项任务应该更容易。对于像卡特彼勒这样的公司而言，美国的国内生产总值增长率是2%还是4%，以及中国国内生产总值增长率在6%还是10%之上，这样的数据对它应该没那么重要。对其推土机、采矿设备

结语

和挖掘机的特定需求是在扩大还是在收缩，这才是重要的事情。传统上，对其产品的需求，与国内生产总值的增长密切相关。然而，在一个有着"子经济"的世界里，国内生产总值本身就没有反映大量的活动，而且全球系统自身没有任何全球性数据，以允许我们去衡量它，比起以往任何时候，卡特彼勒公司与关键性指标间的联系就没那么紧密了。当然，这是对于一家核心业务本质上与国内生产总值所衡量的那些变量紧切相关的企业而言的，比如建筑业、工业企业。

对于其他数百家公司，这种联系则更加的脆弱。ebay 和亚马逊与消费者收入和就业之间，有着一定的联系，但是比你想象的要少得多。它们根据传统的指标，来估计未来支出的需求微不足道，而且随着时间日渐流逝，情况越来越是如此。它们拥有的问题，已经通过它们自己扩大的信息数据库，做出了最好的回答。这些信息从它们的顾客流向它们，而且不是关于通货膨胀在上升还是下降，以及任何特定国家或市场的国内生产总值是否正在增加。

或者假定你是全球化的某某公司。过去几年的倾向是收集尽可能多的指标，以提出关于未来将会怎样的一个最好的猜测。如果经济学家和财政官员，以及各种各样的管理团队的成员，从关键性指标中推断出失业率正在上升，国内生产总值正在萎缩，通货膨胀正在走高，股票价格趋向疲软，并且住房市场正在暴跌，他们有可能会理性地决定削减他们的员工人数，停止新工厂或者新产品线的计划，并且取消假期的圣诞晚会。

今天做同样的事将会是一个错误。在美国，最新的统计难题之一，是高失业率与多家公司无法填补空缺职位的情况携手并进。这是什么原因呢？需要填补的工作岗位，和能够填补这些职位的申请者之间，存在着技能不匹配。这种情况以工厂的岗位最为严重。这些重复性任务在过去曾经是一线岗位，最强壮的人就能够填补，或者至少说是能学会的。现在，许多工厂的工作需要使用软件和机器人的设施，学习复杂的"敏捷化"（just-in-time）生产技术的能力，以及灵活的工作场地。场地会为不同的生产线而频繁地调整。在这些工作中，许多都要求某种程度的大学文凭，或者至少某种程度的认证。

The Leading Indicators ▶
经济指标简史

一个后果是，各家公司不能在国家经济指标和企业战略之间创造出相关性。更确切地说，不能依赖于这些相关性，而根据过去的模式来运作。不仅仅是失业率，还包括诸如通货膨胀率这样的统计数据。所有的物价指数都由国家政府收集，但是现在有这么多的商品和材料的价格，是由全球供应链所决定。一家零售服装公司，必须使用全球价格来决定买多少材料，并在以什么价格购买以及确定其最终商品价格时，同样也要参考全球价格。

当然，大多数运行良好的公司不再依赖于传统的指标。然而，如果你去听首席执行官们讨论其行业状况，值得注意的是，他们在多大程度上又重提20世纪的指标。他们经营企业的方式可能已经发生了实际改变，但是思维模式还没有转变。

最后，对于个人和小企业来说，依赖于关键性指标是个坏主意。是的，在任何给定的时刻，知道指标表明了什么，这是一个好主意，但是用它们来做出最有意义的决定则是一个错误。正如我们在通货膨胀上看到的，这些统计数据发明出来，或者设计出来，不是为了让个人去清楚地了解其经济生活。它们是作为增强宏观经济政策的工具，而设计出来的。较新的指标，特别是由各种各样的产业集团开发的私人指标，是根据这些公司和部门的需求而量身定做的。住房数据并不意味着能帮助某个人决定是否现在是购房的好时机。

正如那些公司更好地开发自己的专有指标一样，个人和小企业也是如此。如果你正在考虑创立一家企业的话，国内生产总值是正在扩张还是收缩了百分之几，这真的不重要，国家的失业率或通货膨胀率也不重要。我们没有谁拥有一个7.5%的失业率，除非你觉得你只在自己的全职工作上使用了92.5%的时间（这对我们许多人来说，有可能是真的）。重要的是当地社区正在发生的事情，无论当地社区是有形的还是虚拟的。如果你正在经营一家餐馆或一家商店，重要的是你所在地理区域的失业率；如果你正在网上开店，重要的是你作为销售对象的社区的人口统计资料。假如你正在寻求一笔小企业贷款，即使是国家利率，与你当地银行的信贷可得性相比，也没那么重要。

232

结 语

同样的原则适用于个人。我们所有人每天都在做一系列的经济决策，但它们中很少取决于我们的国家关键性指标。我们花在领会这些国家数据上的时间量，不管是有意识的，还是仅仅是因为它们通过多个渠道渗透到我们的意识之中，和实际上在多大程度上，这些指标决定和衡量着我们的生活，并不成比例。平均的抵押贷款利率无关紧要；你可以得到贷款才是重要的。国家甚至当地的失业率都不会影响你的贷款结果；那些你有技能和激情的领域的就业趋势，才是重要的。

我们以前从来没有如此多地共同依赖于我们的经济数据，而且我们以前从来不需要更少地依赖于它们。一个世纪前寻找正确数字的事业，涉及统计学家、经济学家和政策制定者，他们试图勾勒出一幅可靠且有用的经济系统图。今天，寻找正确的数字应该从一个问题开始：为了做任何你需要或想要做的事情，你需要知道些什么？

在过去的 10 年中已经发生改变的，是我们所有人现在已经拥有编制我们自己的定制数据图的能力。大数据的兴起是这一趋势的下一阶段，而且在未来的几年里，我们无疑将发明一些新词语，来描述存储、分析和处理更多信息的能力。此刻，我们可以回答任何相关的问题，并且难以置信是，可以很容易地找到我们所需要的信息。相关联地，我指的是制定了特定的政府政策或目标，决定了公司战略，或是塑造了一个人生活的那些问题。有关存在的问题、哲学的问题，那些是不同的种类。如何集体行动，以解决某些问题，如何经营一家高效的企业，如何去购买一所住宅，负担上大学的费用，是否去上大学，何时退休，所有这些问题都可以解决，不是通过我们的指标，而是靠我们自己。

互联网提供的免费工具，使许多这类事情成为可能。学校应该教而且应该常常付诸实践的技能，使任何人都能找到他们所需要的信息，并且去分析它。从本质上讲，依赖于 20 世纪的关键性指标，以构建一个关于"经济"的共同叙述，这是我们继续前行的障碍。我们都能获得解决我们面临的问题的数据，而且我们可以迅速且容易地做到这一点。阻止我们的唯一的事情，就是存在着

The Leading Indicators
经济指标简史

某种同样地影响着我们所有人，被称为"经济"的虚构概念。

在20世纪发明的指标，是当时最重要的创新之一。尽管它们远没有科学技术的创新那么耀眼，却使政策制定者和公众能够精心构建出应对经济波动的方法。尽管经济波动现在仍然很剧烈，但是比起大多数人类历史中的情况，已经温和多了。我们过于依赖这些指标的这一事实并不是一种控诉，它们确实带来了好处，并继续满足着人们的需要

不过，在这个新世界中，任何一个拥有智能手机的人，都可以比1950年的一组统计学家，访问到更多数据。我们有能力找到为解决我们现有的问题而需要的信息。从《末日审判书》开始，我们已经走了很长的一段路。我们的问题需要具体化，而且答案必须与如何理解信息有一定的联系，但是结果应当是从我们的关键性指标所定义的"经济"中获得必需的解放。这或许不是一个简单的世界，但它将会是真实的世界。这是一个我们可以欣然接受，点头表示感谢的世界，起初我们建成了统计大厦，然后以我们需要的数字武装着，并且以发现它们的工具作为装饰，转向我们的未来。

未来,属于终身学习者

> 我这辈子遇到的聪明人(来自各行各业的聪明人)没有不每天阅读的——没有,一个都没有。巴菲特读书之多,我读书之多,可能会让你感到吃惊。孩子们都笑话我。他们觉得我是一本长了两条腿的书。
>
> ——查理·芒格

互联网改变了信息连接的方式;指数型技术在迅速颠覆着现有的商业世界;人工智能已经开始抢占人类的工作岗位……

未来,到底需要什么样的人才?

改变命运唯一的策略是你要变成终身学习者。未来世界将不再需要单一的技能型人才,而是需要具备完善的知识结构、极强逻辑思考力和高感知力的复合型人才。优秀的人往往通过阅读建立足够强大的抽象思维能力,获得异于众人的思考和整合能力。未来,将属于终身学习者!而阅读必定和终身学习形影不离。

很多人读书,追求的是干货,寻求的是立刻行之有效的解决方案。其实这是一种留在舒适区的阅读方法。在这个充满不确定性的年代,答案不会简单地出现在书里,因为生活根本就没有标准确切的答案,你也不能期望过去的经验能解决未来的问题。

湛庐阅读APP:与最聪明的人共同进化

有人常常把成本支出的焦点放在书价上,把读完一本书当做阅读的终结。其实不然。

时间是读者付出的最大阅读成本

怎么读是读者面临的最大阅读障碍

"读书破万卷"不仅仅在"万",更重要的是在"破"!

现在,我们构建了全新的"湛庐阅读"APP。它将成为你"破万卷"的新居所。在这里:

- 不用考虑读什么,你可以便捷找到纸书、有声书和各种声音产品;
- 你可以学会怎么读,你将发现集泛读、通读、精读于一体的阅读解决方案;
- 你会与作者、译者、专家、推荐人和阅读教练相遇,他们是优质思想的发源地;
- 你会与优秀的读者和终身学习者为伍,他们对阅读和学习有着持久的热情和源源不绝的内驱力。

从单一到复合,从知道到精通,从理解到创造,湛庐希望建立一个"与最聪明的人共同进化"的社区,成为人类先进思想交汇的聚集地,共同迎接未来。

与此同时,我们希望能够重新定义你的学习场景,让你随时随地收获有内容、有价值的思想,通过阅读实现终身学习。这是我们的使命和价值。

湛庐阅读APP玩转指南

湛庐阅读APP结构图：

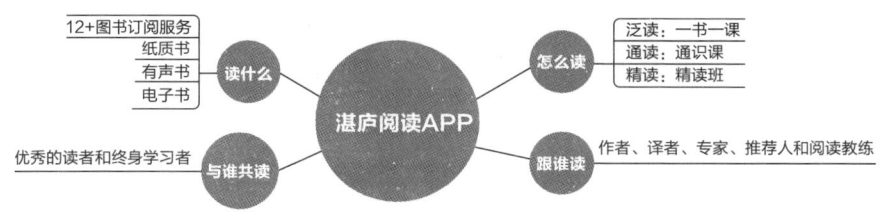

三步玩转湛庐阅读APP：

APP获取方式：
安卓用户前往各大应用市场、苹果用户前往APP Store 直接下载"湛庐阅读"APP，与最聪明的人共同进化！

使用APP扫一扫功能，
遇见书里书外更大的世界！

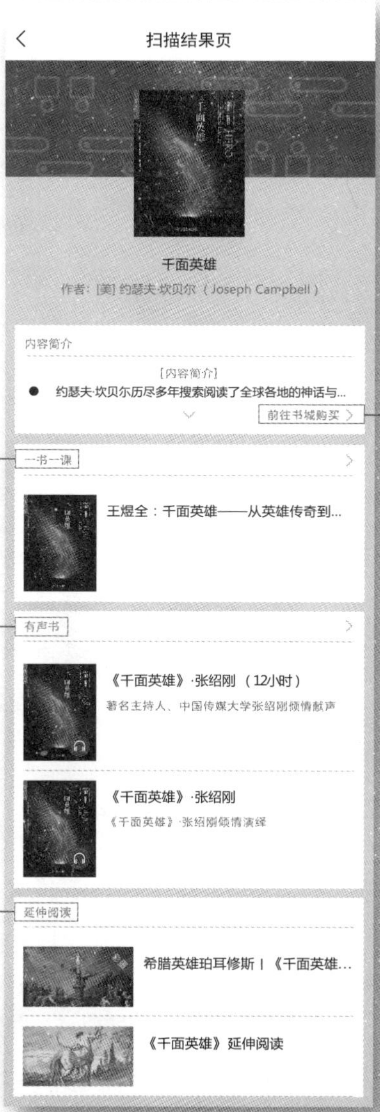

大咖优质课、
献声朗读全本一键了解，
为你读书、讲书、拆书！

快速了解本书内容，
湛庐千册图书一键购买！

你想知道的彩蛋
和本书更多知识、资讯，
尽在延伸阅读！

延伸阅读

《极简 GDP 史》

◎ 横扫各类财经图书殊荣。《华尔街日报》年度十大好书 /《金融时报》及麦肯锡年度商业佳作 / 世界商业图书 Axiom Business 大奖 /《Choice》年度商业杰作。

◎ 全球政商界精英联袂推荐。经济合作与发展组织秘书长安赫尔·古里亚，前英国央行行长默文·金，前美国白宫经济政策主任托德·布赫霍尔茨，美国经济学泰斗泰勒·考恩，强烈推荐！

《商界局外人》

◎ 股神巴菲特、戴尔公司董事长兼 CEO 迈克尔·戴尔、投资新贵比尔·阿克曼强烈推荐，查理·芒格亲自审定。中国知名投资人张化桥倾情作序。

◎《福布斯》杂志号召"美国商界人士人手一本"的杰作！

《3G 资本帝国》

◎ 中外商业领袖一致盛赞。巴菲特、吉姆·柯林斯深入参与写作过程，和君集团董事长王明夫、复星集团 CEO 汪群斌、高毅资产董事长邱国鹭倾情作序！

◎ 3G 资本"千亿美元并购大战"亲历者、百威英博亚太区副总裁王仁荣亲笔翻译。

《跳着踢踏舞去上班》

◎ 全球投资界公认解读巴菲特必读书。微软创始人比尔·盖茨、高毅资产董事长邱国鹭、东方港湾董事长但斌倾情推荐！

◎ 近 10 万字珍贵的巴菲特亲笔文稿全面集结，20 余篇深度揭秘巴菲特投资中里程碑事件内幕的重磅文章。

The Leading Indicators: A Short History of the Search for the Numbers That Rule Our World

Copyright © 2017, Zachary Karabell

All rights reserved.

本书中文简体字版由作者授权在中华人民共和国境内独家出版发行。未经出版者书面许可，不得以任何方式抄袭、复制或节录本书中的任何部分。

版权所有，侵权必究。

图书在版编目（CIP）数据

经济指标简史 /（美）扎卡里·卡拉贝尔著；刘静译 .—北京：北京联合出版公司，2018.3
ISBN 978-7-5596-1637-1

Ⅰ.①经… Ⅱ.①扎… ②刘… Ⅲ.①经济指标—历史 Ⅳ.① F222-09

中国版本图书馆 CIP 数据核字（2018）第 017928 号

著作权合同登记号
图字：01-2017-9105

上架指导：经济管理 / 经济史

版权所有，侵权必究
本书法律顾问　北京市盈科律师事务所　崔爽律师
　　　　　　　　　　　　　　　　　　张雅琴律师

经济指标简史

作　　者：[美]扎卡里·卡拉贝尔
译　　者：刘　静
选题策划：紫图文化
责任编辑：郑晓斌　徐　樟
封面设计：紫图文化　李新泉
版式设计：紫图文化　衣　波

北京联合出版公司出版
（北京市西城区德外大街 83 号楼 9 层　100088）
石家庄继文印刷有限公司印刷　新华书店经销
字数 214 千字　720 毫米 ×965 毫米　1/16　15.75 印张　1 插页
2018 年 3 月第 1 版　2018 年 3 月第 1 次印刷
ISBN 978-7-5596-1637-1
定价：69.90 元

未经许可，不得以任何方式复制或抄袭本书部分或全部内容
版权所有，侵权必究
本书若有质量问题，请与本公司图书销售中心联系调换。电话：010-56676356